COMMUNITY WELFARE & PRACTICE

지역사회복지론

서민호 김송고 김수림 김영일
김현경 백민수 윤명길 전대성 공저

양성원

머리말

현대사회는 전통적인 사회에서 산업화 사회 및 4차 산업혁명시대로 전환되면서 정치, 경제, 사회, 환경, 문화적인 다양한 측면에서 지역사회문제가 대두되고 있다. 이러한 지역사회의 문제와 위험요소들을 개인적 기능만으로 해결하기 어렵기 때문에 지역사회 차원에서 공동으로 지역사회의 당면한 문제에 대응·대처할 수밖에 없다.

지역사회(community)란 일정한 공간에서 혈연, 학연, 종교 등 공통성을 바탕으로 필연적으로 조직화된 집단이라고 규정할 수 있다. 즉, 공통적인 관심과 이해관계로 형성된 공동체를 의미하며, 어떤 것을 성취하는 데 도움이 될 수 있는 지역적 공감을 기반으로 한 집합체라고 할 수 있다.

사회복지는 공동체에 대한 이해와 공감이 먼저 선행되어야 하는 학문이다. 그러므로 사회복지사는 개인이나 가족, 집단 또는 지역사회의 다양한 욕구와 문제들을 함께 해결하거나 변화에 대한 관심을 가지고 공동체를 이해해야 하며, 지역주민들 스스로 삶의 질을 향상시키려는 노력에 공감하며 함께해야 한다.

따라서 본 교재는 사회복지학을 공부하는 예비 전문가들이 지역사회복지에 대한 기본적인 개념을 이해하고 이 과목에 대한 흥미를 유발할 수 있도록 하는 데 도움을 주고자 시작되었으며, 특히 한국사회복지교육협의회(2022)의 "사회복지 교과목 지침서"의 내용을 충실히 반영하고자 하였다.

구체적으로 1장 지역사회와 지역사회문제에서는 지역사회의 개념, 지역사회문제의 이해 및 지역사회의 변화에 대해 기술하였고, 2장 지역사회복지의 개념과 가치에서는 지역사회복지의 개념, 지역사회복지의 역사적 배경 및 지역사회복지의 역할 및 기능을 소개하였으며, 3장 지역사회복지의 발달과정에서는 한국과 외국의 지역사회복지의 역사에 대해 기술하였으며, 4장 지역사회복지의 기초이론에서는 구조기능주의 이론과 갈등이론, 체계이론과 생태체계이론 및 인간생태이론, 자원동원이론과 사회교환이론, 사회구성론과 권력의존이론, 엘리트주의와 다원주의, 거버넌스이론에 대해 소개하였다. 5장 지역사회복지의 실천모델에서는 사회복지실천의 개념 및 모형, 지역사회복지 실천모델 및 지역사회조직화를 위한 전문가의 역할에 대해 기술하였고, 6장 지역사회복지의 실천원칙, 대상 및 과정에서는 지역사회복지실천의 개념, 지역사회복지실천의 원칙, 지역사회복지의 대상, 지역사회복지의 실천과정, 지역사회복지 실천과정에서의 실천가의 역할에 대해 소개하였으며, 7장 지역사회복지의 실천기술 I 에서는 지역사회문제, 지역사회복지 프로그램의 기획, 네트워크 거버넌스 및 지역사회자원동원 및 개발기술에 대해 기술하였고, 8장 지역사회복지의 실천기술 II 에서는 옹호기술, 역량강화기술, 조직화기술, 지역사회교육기술 및 지역사회복지계획기술에 대해 소개하였다. 9장 지역사회복지의 체계와 추진기관에서는 지역사회복지관, 지역사회복지협의회 및 지역사회보장협의체에 대해 기술하였고, 10장 지역사회복지의 특수 실천분야에서는 사회적 경제, 지역복지 지원기관 및 비영리스타트업에 대해 소개하였으며, 11장 지방자치와 지방분권에서는 지방분권화와 지역사회복지, 주민참여와 마을만들기, 지역사회복지 전달체계의 통합화 및 읍면동 찾아가는 복지와 주민협력에 대해 기술하였고, 12장 지역사회복지운동의 이해에서는 지역사회복지운동, 로스만 모델과 지역사회복지운동, 지역사회복지운동의 의의 및 풀뿌리운동과 풀뿌리단체에 대해 소개하였으며, 13장 지역사회복지의 과제와 전망에서는 지역사회복지의 과제와 지역사회복지의 전망을 통해 앞으로 사회복지사로서의 역할에 대해 고민해 볼 수 있도록 하였다.

본 책이 사회복지실천가로서 지역사회복지에 대한 지식을 습득하고 활용하여 실제적으로 지역사회복지를 수행하는 데 도움이 되기를 소망해 본다. 마지막으로 출판을 맡아 주신 양성원의 강철원 사장님과 임직원 여러분의 수고에 진심으로 감사를 드립니다.

2023년 8월

저자 일동

차례

Chapter 01

지역사회와 지역사회문제

배울 내용

1. 지역사회의 개념
2. 지역사회문제의 이해
3. 지역사회의 변화

학습목표

1. 지역사회의 정의, 분류, 기능 및 특성을 파악한다.
2. 지역사회문제를 이해한다.
3. 다양한 지역사회 변화를 이해하고 해결방안을 모색해 본다.

Chapter 01

지역사회와 지역사회문제

1. 지역사회의 개념

오늘날 지역사회에 대한 개념은 지리적인 개념보다는 직업, 취미생활, 관습, 스포츠 등 활동 영역의 공동관심과 이해관계의 기능적인 기준에 가깝다고 할 수 있다(박기석, 2010). 지역사회를 이해하기 위해 지역사회의 정의, 분류, 기능 및 특성에 대해 살펴보면 다음과 같다.

1) 지역사회의 정의

사회학에서 사회학적 개념으로 사용하는 "지역"이란 말은 영어의 커뮤니티(community)에 해당된다. 이 말은 흔히 지역사회, 지역 공동체 또는 공동 사회 등으로 번역되고 있다. community의 어원은 communis라는 라틴어에서 유래되었는데, com(함께)와 munus(봉사하는 일)의 합성어로서 "공동 봉사" 혹은 "공동 참여"라는 뜻을 내포하고 있으며, 또는

common 혹은 communal과 같은 어원을 가지고 "공동 소유", "공동체", "공동 운명체" 등의 뜻도 가지고 있다(정남숙, 2014).

다시 말해 지역사회는 'community' 와 'common' 과 'communal'이라는 같은 어원을 가지고 공동체, 공동 사회라는 의미를 내포하고 있지만, 지역이라는 지리적 영역과 사회라는 인간의 집합체로서 지역사회가 구성되고 있으며, 그 구성원의 유대감이나 사회적 상호작용이 주요한 관점으로 중요시되고 있는 개념이라고 할 수 있다(정지웅 외, 2001). 또한 지역사회는 지리적 영역을 전제로 하지만, 인간의 집합체인 공동체로 그 구성원의 이익을 추구하고 이해관계를 같이 하는 집단 조직체로 정의하기도 한다(이태희, 전태숙, 2010). 지역사회에 대한 학자들의 다양한 정의를 살펴보면 표 1-1과 같다.

표 1-1. 지역사회에 대한 정의

구분	내용
Hillery(1955)	지역사회를 일정한 지리적 영역 내에서 공동의 유대감을 가지고 사회적 상호작용을 이루는 인간집단
MacIver(1928)	지역사회를 공동 생활권으로 보고 사회적 관념, 전통, 관습 등의 지역성과 동료의식, 역할의식, 의존의식 등 지역사회의식이 있어야 하며, 지역사회의 공동체적 특성을 강조
Nelson(1984)	일반적으로 제한된 지역에 거주하면서 공동의식을 가지고 조직된 관계를 통하여 공통된 이익을 추구하며 여러 가지 활동을 분담 · 수행하는 인간집단

표 1-1과 같이 지역사회의 개념은 매우 모호하며 한마디로 명확한 정의를 내릴 수 없으며, 학자들에 따라 다양한 정의를 내리고 있다. 하지만 지역사회라는 개념에는 두 가지의 속성이 있음을 보여주는 데, 하나는 다른 지역과는 다른 특수성(uniqueness)과 분리성(separatedness)을 나타내는 물리적 지리성 및 지역적인 경계를 가지며, 다른 하나는 사회적 혹은 문화적 동질성(homogeneity), 합의성(consensus), 자조성(self-help) 혹은 다른 형태의 집단행위와 상호작용을 갖는다는 것이다. 즉, 지역사회에 관한 학자들

의 정의는 이 두 속성 중 어느 것을 강조하느냐에 따라 달라지지만, 주로 세 가지 범주, 즉 지리적 개념으로서의 지역사회, 집단 상호작용을 강조하는 사회적 동질지역으로서의 지역사회, 지리적 및 사회적 동질성을 강조하는 자연 지역으로서의 지역사회로 정의하고 있다.

따라서 일반적으로 지역사회라고 하기 위해서는 일정한 조건이 만족되어야 할 수 있는데 그 조건을 보면 주민 간의 정신적 연계가 이루어질 수 있는 지리적인 영역이 요구되고, 지리적인 영역 내에 있는 주민들 간에 상호교류가 있어야 가능하며, 이것을 통해 공동 유대감이 형성될 때 비로소 이루어진다. 여기서 공동 유대감은 혈연·지연으로부터 나오는 원초적 공동의식보다 그 지역사회의 주민들이 사회생활을 통하여 획득된 공동의식이다. 그러므로 지역사회는 일정한 지리적인 영역 안에서 거주하면서 서로 간에 사회적인 상호작용을 하고 심리적인 유대감을 가진 하나의 인간집단을 말한다.

비록 지역사회에 대한 정의가 다양하지만, 사회복지 측면에서의 지역사회는 전통적인 개념과 현대적인 개념으로 그림 1-1과 같이 다각화해서 개념을 정리할 수 있다(강철희, 정무성, 2013).

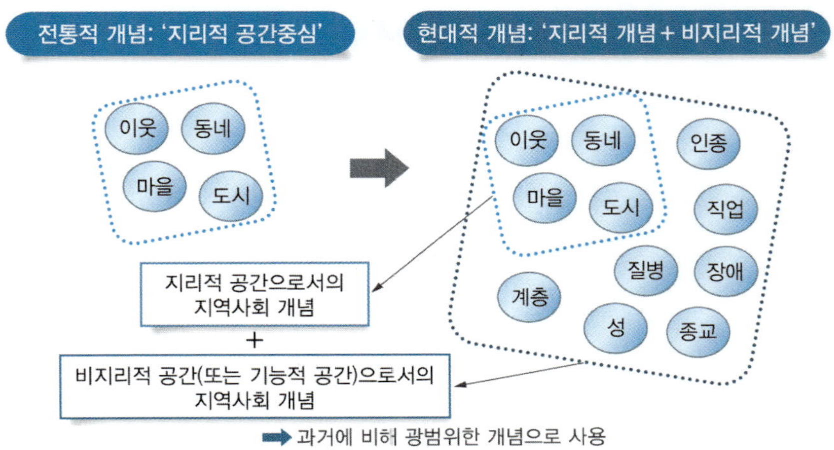

그림 1-1. 전통적 및 현대적 지역사회 개념의 변화

지역사회에 대한 전통적 개념은 영토성 · 지리성을 지리적 공간에 중심을 두는 것으로, 던햄(Dunham, 1958)은 지역사회가 관습 · 전통 · 언어 등과 같은 일상적 생활을 공유하며, 일정한 영토에서 거주하는 인구집단을 의미한다고 정의하였고, 워렌(Warren, 1963)은 지역사회를 지리적 공간이 주요 사회기능을 수행하는 사회시스템들의 결합체라고 정의하였다. 즉, 전통적 개념에서 지역사회의 의미를 살펴보면, 지리적 공간을 중심으로 이웃 · 동네 · 마을 · 도시 등 더 큰 지리적 공간을 포괄할 수 있는 것으로 본다.

이에 비해 지역사회에 대한 현대적 개념은 지리적 공간 외에 비지리적 공간(또는 기능적 공간)까지 포함되는 측면에서 정의하고 있는데, 앤더슨과 카터(Anderson & Carter, 1990)는 지역사회를 영토성 이외에 비영토적 지역사회라는 개념을 언급하면서 인종, 성, 직업, 장애, 질병, 종교, 사회계층과 같은 특정한 정체성이나 이해관계를 기초로 구성된다고 하였으며, 맥밀런과 차비스((McMilan & Chavis, 1986)는 지역사회를 비영토적 지역사회로 보고, 지역사회의 각 구성원들이 갖는 소속감과 공유된 신념, 헌신 등으로 구성된 인구집단으로 설명하고 있다. 즉, 현대적 개념의 비영토성 지역사회는 공통된 소속의식과 공통된 신념, 헌신감 등을 지닌 인구집단으로 이해할 수 있다.

2) 지역사회의 분류

지역사회에 대한 정의는 다양하지만 일반적으로 지역사회가 어떤 관계를 통해 이루어지고 있는가에 따라 구조적 지역사회, 기능적 지역사회 및 감정적 지역사회로 분류할 수 있다(이기원 외, 2023).

(1) 구조적 지역사회

구조적 지역사회는 지역사회 주민들 간에 시간적 · 공간적인 관계에 의해서 이루어지는 공동체를 의미한다. 예를 들어, 중소도시와 같은 시(市)는 물리적 집단으로 구조적 지역사회의 한 예이다. 구조적 지역사회는 집합체, 대면 공동체, 생태학적 문제의 공동체, 지정학적 공동체, 조직 및 문제해결 공동체로 구분할 수 있는데, 구체적으로 내용은 표 1-2와 같다.

표 1-2. 구조적 지역사회

구분	내용
집합체	집합체는 일반적으로 사람들이 모인 이유에 관계없이 집합 그 자체를 말한다. 큰 집단에서 소수의 집단에 이르기까지 다양하며 동일한 문제를 가진 집단을 말한다. 예를 들어, 뇌졸중의 위험을 가진 집단이나 환경적으로 위험한 집단(제련소 부근, 광산촌 주민 집단 등)과 사람들의 행태에 의하여 나타나는 위험한 집단(매춘 관련 집단의 미혼모 집단, 노숙자 집단, 마약 중독자, 알코올 중독자 집단 등)을 들 수 있다.
대면 공동체	대면 공동체는 지역사회의 기본적인 집단으로 구성된 상호 간에 교류가 빈번함으로 해서 소식이 서로 쉽게 전달되고 모든 사람들은 서로의 상황에 대해 알고 있다. 친밀성과 공동의식을 소유하고 있는 집단으로 가족, 이웃, 교민회 등이 여기에 해당되며, 대면 공동체는 도시보다 농어촌 지역에서 흔히 볼 수 있다.
생태학적 문제의 공동체	생태학적 문제의 공동체는 생태학적 문제, 즉 지리적 특성, 기후, 환경 변화 등에 의한 영향이 동일하게 작용하는 집단을 말한다. 예를 들어, 산림 파괴, 산성비, 대기오염, 수질오염, 토양오염 등으로 문제가 있는 공동체를 말한다.
지정학적 공동체	지정학적 공동체는 우리에게 가장 친숙한 지역사회로서 정치적 관련 구역단위이며 시 · 군 · 읍 · 면 · 리 등 합법적인 지리적 경계에 의해서 구분되는 집단이다. 법적 · 정치적 힘의 통제를 받으며, 지역사회 주민의 대변 활동을 수행한다. 이 공동체에는 지역적 갈등, 타협 및 부적절한 계획이 발생할 수 있다.
조직	조직이란 일정한 환경하에서 특정 목표를 추구하는 일정한 구조를 지닌 사회 단위로, 목표 지향적이고 합리성과 보편성을 지니고 있다. 이 조직은 특정 목표를 달성하기 위하여 환경과 끊임없이 상호작용을 하는 체제이며, 구성원이 수행하는 활동을 경계하기 위한 힘을 가지고 있다. 여기에는 보건소, 병원, 교회, 노동조합, 산업장 그리고 그 외 관료적인 공동체 등이 있다.

구분	내용
문제해결 공동체	문제해결 공동체는 문제점이 확인되고 다루어져 해결될 수 있는 범위 내의 경계면을 말하며, 문제해결을 위한 공동체는 특정 지역사회의 경계를 이루고 있지는 않다. 이 공동체는 문제를 해결하기 위하여 최대한의 지역을 확보하고자 할 때 지정학적 지역을 초월하며, 경우에 따라서는 생태학적인 문제를 지역사회와 일치할 수도 있다. 예를 들어, 오염지역과 오염문제해결을 위한 정부기관 등을 들 수 있다.

(2) 기능적 지역사회

기능적 지역사회는 어떤 것을 성취하는 데 도움이 될 수 있는 지역적 공감을 기반으로 한 집합체이다. 단순한 지리적 경계보다는 목표 성취라는 과업의 결과로 나타난 공동체이므로 지역사회 주민의 관심 및 목표에 따라 유동적이다. 기능적 지역사회는 동일한 요구를 가진 공동체와 자원 공동체로 구분할 수 있는데, 구체적인 내용은 표 1-3과 같다.

표 1-3. 기능적 지역사회

구분	내용
동일한 요구를 가진 공동체	주민들의 일반적인 공통의 문제 및 요구에 기초를 두어 나타난 공동체이다. 문제가 있는 영역과 이에 영향을 미치는 요인들이 있는 영역은 동일한 요구를 지니고 있는 지역사회로 볼 수 있으며, 이런 형태는 생태학적 문제의 공동체나 특수흥미 공동체와 같다. 이는 지역사회의 사회복지 접근 대상에 해당하며, 장애인 집단, 한부모 집단 등이 해당된다.
자원 공동체	자원 공동체는 지역적인 경계를 벗어나 어떤 문제를 해결하기 위한 자원의 활용 범위 내로 모인 공동체이다. 자원은 경제적, 인력, 소비자, 다른 지역사회에 대한 영향력, 물자 등으로 이러한 자원들은 문제해결, 요구충족 등에 필요하다. 예를 들어, 오염문제를 해결하기 위하여 요구되는 재원, 인력, 물자 등의 자원을 지리적 경계에서 제공하는 것이 아니라 동원이 가능한 범위로 확대하여 조달할 때 자원 공동체가 형성된다.

(3) 감정적 지역사회

감정적 지역사회는 지역사회에 대한 감각이나 감성이 중심이 되어 모인 공동체를 의미한다. 감정적 지역사회는 소속 공동체와 특수 흥미 공동체로 구분할 수 있는데, 자세한 내용은 표 1-4와 같다.

표 1-4. 감정적 지역사회

구분	내용
소속 공동체	자기가 속한 장소가 어디인가 하는 관점과는 달리 출생지와 같은 지연, 졸업 배경과 같은 학연 또는 종친회와 같은 인맥을 중심으로 동지애와 같은 정서적인 감정으로 결속된 지역사회이다.
특수 흥미 공동체	이 집단은 특수 분야에 서로 같은 취미, 흥미, 관심, 기호로 모인 공동체로서 특별한 논제나 화제가 발생했을 때 특히 부각된다. 예를 들어, 알코올 환자들의 자조모임, 정신장애인의 자조모임, 낚시 동호회, 등반 클럽, 일요 요가회 등이 있다.

3) 지역사회의 기능

지역사회는 어떤 지리적 공간에서 그 모든 구성원들이 사회적 상호작용을 하며 공통적인 유대관계와 공통적인 이해관계 위에 형성된 공동체로 볼 수 있으며, 동시에 그 구성원들의 삶의 질을 향상시킬 수 있는 다양한 자원을 제공하기도 한다. 이렇게 구성된 지역사회는 자원과 기회 및 학습의 장으로서 구성원들의 삶의 질을 높이는 데 고유의 기본적인 기능을 하고 있다. 워렌은 “사람들이 지리적으로 근접된 생활을 하게 되면 그들은 생활을 만족시키는 데 필요한 사회구조(social structure)와 사회적 기능을 발전시킨다”고 하였으며, 머튼(Merton)도 “모든 인간사회는 주요한 사회적 기능을 수행하는 지속적인 유형을 갖추게 된다”고 하였다.

이처럼 지역사회가 수행하는 제기능이란 자녀양육, 물자의 생산, 분배, 소비, 여가 등을 포함하는 인간활동을 의미한다. 모든 지역사회가 공통적으로 수행하는 주요기능(major functions)에 대해서 길버트(Gilbert)와 스펙트(Specht), 존슨(Johnson)과 워렌의 기술을 고려해 보면 그림 1-2와 같이, 다섯 가지, 즉 생산, 분배 및 소비, 사회화, 사회통제, 사회통합, 상부상조의 기능으로 구분할 수 있다.

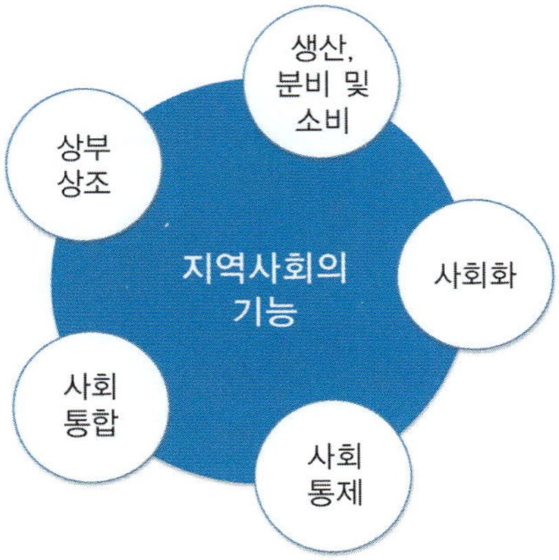

그림 1-2. 지역사회의 기능

(1) 생산과 분배 및 소비의 기능

지역사회 주민들이 일상생활을 영위하는 데 필요한 재화와 서비스를 생산하고 기본생활을 영위하는 데 필요한 분배와 소비가 원활하게 이루어질 수 있도록 생산, 분배 및 소비의 경제적 기능을 담당한다. 즉, 생산과 분배 및 소비의 기능은 그 지역사회 주민들이 일상생활을 영위해 나가는 데 필요한 재화나 용역을 효율적으로 생산하고 이를 일정한 경로를 통하여 분배하여 주민 각자의 요구에 따라 소비하도록 하는 기능을 말한다. 이러한 기능은 주로 기업을 통하여 이루어지고 있으나 정부를 포함한 각종 전문기관, 종교단체, 교육기관 등도 이러한 경제적 기능을 담당하고 있다.

(2) 사회화의 기능

지역주민들이 다른 사회구성원들과 상호작용을 통해 생활양식을 터득하고 문화적 전통을 학습하며 공동체 의식을 향상시키는 데 중요한 역할을 하는 사회화의 기능이다. 즉, 사회가 향유하고 있는 일반적인 지식, 사회적 가치, 그리고 행동 양태를 그 사회구성원들에게 전달시키는 과정을 말한다. 이러한 과정을 통해서 사회구성원들은 다른 사회의 구성원들과 구별되는 생활양식을 획득하게 되는 것이다.

(3) 사회통제의 기능

지역사회의 지역주민들이 지켜야 할 도덕적 규범이나 법, 규칙, 규범 등을 준수하도록 강제적 또는 비강제적으로 사회를 통제하는 사회통제의 기능이다. 이는 공동생활에서 필요한 질서 등을 통하여 올바른 지역사회로 유도하기 위함이다. 다시 말해 사회통제의 기능은 지역사회 구성원들에게 그 지역사회의 규범에 순응하게 하는 기능을 말한다. 모든 지역사회는 그 구성원들이 지켜야 할 도덕, 규범 및 규칙을 지니고 있는데 이러한 도덕, 규범 및 규칙 등을 준수하도록 하는 강제력을 지역사회가 지니고 있다. 이러한 기능은 일차적으로 정부가 강제력을 발휘하지만, 다른 여러 사회조직인 가정, 학교, 교회와 사회기관도 부분적으로 수행하게 된다. 만약 강제력이 결여된 경우, 사회질서가 파괴되어 비행과 범죄가 만연되는 사회해체 현상을 경험하게 될 것이다.

(4) 사회통합의 기능

안정된 지역사회를 유지하고 발전시키기 위하여 지역사회가 제공하는 제반활동에 지역주민들이 자발적으로 참여하는 사회통합의 기능이다. 즉, 사회통합의 기능은 지역사회가 전체사회를 유지 및 발전시키는 데 보완적 역할을 담당함을 의미한다. 전체사회가 긍정적인 방향으로 유지, 발전되기 위해서는 지역사회가 서로 연계되어 결속되어야 한다.

(5) 상부상조의 기능

지역사회 내의 지역주민들이 개인적인 차원에서 해결할 수 없는 어려운 문제나 시장실패의 경제제도에서 자립할 수 없는 경우, 지역사회에서 상호 간의 교류를 통해 해결해 가는 상부상조의 기능이다. 다시 말해 상부상조의 기능은 개인 또는 소집단이 스스로 해결하기 어려운 문제를 외부의 도움을 받아 그들의 욕구를 해결하는 과정을 의미한다. 오늘날 이러한 기능은 정부, 민간 지원 단체 또는 종교단체에서 지원하고 있는 경우가 많지만, 일차적으로 그 지역사회에서 이를 해결하게 된다.

이상에서 살펴본 것처럼, 모든 사회적 기능이 가장 단순한 사회에서는 가족이라는 단 하나의 사회제도에서 수행되었다. 그러나 사회가 점차 복잡해짐에 따라 개인과 집단들의 이러한 기능은 전문적으로 수행하게 되어 전문화(specialization)에 따른 사회제도, 즉 정치, 경제, 종교, 사회복지 등의 제도가 생성된 것이다. 그러나 지역사회의 이러한 기능들이 이상적 지역사회를 상정해 보았을 때 기대할 수 있는 기능이지 실제로 현대사회의 모든 지역사회에서 발생하는 것은 아닐 수도 있다. 실제로 현대사회의 많은 지역사회는 이러한 기능이 약화되는 문제를 갖고 있으며, 이러한 기능을 전혀 수행하지 못하는 경우도 많아 지역사회의 역할 상실, 자율성 상실, 또는 무관심의 문제를 만들게 된다. 그 결과 지역사회는 빈곤문제와 실직문제, 비행창출과 가정 붕괴 등의 문제발생으로 삶의 질을 떨어뜨리는 데 기여하는 역기능을 수행할 수도 있다(강철희, 정무성, 2013). 그러므로 지역사회복지 측면에서 중요한 과제는 지역사회의 순기능을 지속적으로 개발하고 강화하는 것이며, 지역사회의 역기능을 지속적으로 약화시키고 제거해 나가야 할 필요성이 있는 것이다.

4) 지역사회의 특성

모든 지역사회는 사회적 기능과 이를 수행하는 제도로서 형성되는 것이지만 각기 그 외형과 제도의 효과적인 운영 측면에서 표 1-5와 같은 네 가지의 특성을 지니고 있다. 즉, 지역의 자치성, 서비스 영역의 일치성, 지역에 대한 주민들의 심리적 동일시 및 수평적 유형 등이다.

표 1-5. 지역사회의 외형과 제도의 운영 측면에서의 특성

구분	내용
지역적 자치성	지역적 자치성(autonomy)은 지역사회가 중요한 기능을 하는 데 있어서 타 지역에 어느 정도 의존하는가에 관심을 두는 것을 의미한다. 하나의 지역사회는 개방체계로서 종·횡적으로 다른 지역사회의 환경으로부터 기능유지에 필요한 자원을 공급받게 된다. 즉, 어떠한 지역사회라도 자급자족에 필요한 물자나 서비스를 모두 생산할 수는 없다. 이러한 경우 타 지역사회와의 거래행위는 지역사회의 경제적 기능의 자립성과 의존성을 결정하는 변화의 요인이 된다.
서비스 영역의 일치성	서비스 영역의 일치성(coincidence of service areas)은 지역사회의 매점, 학교, 교회, 공공시설 등의 서비스 영역이 어느 정도 동일지역 내에서 이루어지고 있는가에 관심을 두는 것을 의미한다. 모든 서비스가 한 곳에 일치하여 모든 지역주민들이 동일지역에서 서비스를 공급받게 될 수도 있으나, 반대로 활동 지역과 서비스가 동일지역에서 행해지지 않을 수도 있다.
지역에 대한 주민들의 심리적 동일시	지역에 대한 주민들의 심리적 동일시(psychological identification)는 지역주민들이 자기 지역을 얼마나 중요한 준거집단(reference group)으로 생각하고, 얼마나 소속감을 갖는가에 관심을 두는 것을 의미한다. 현대사회에 있어서 애착이나 소속감은 좋은 지역사회를 구성하는 데 있어서 중요한 요인이 될 수 있다.
수평적 유형	수평적 유형(horizontal pattern)은 지역사회 내에 있는 서로 다른 단위 조직들(개인, 단체)이 구조적 또는 기능적으로 얼마나 관련성을 가지고 있는가에 관심을 두는 것을 의미한다. 지역사회에 따라 지역주민들은 그들의 감정, 행동양식, 사회조직 간의 상호관련성에 의해서 강화되기도 하고 약화되기도 하며 지역특성이 서로 다르게 나타날 수도 있다.

그리고 지역사회는 인간의 기능적 집단으로 볼 수 있기 때문에 공동체적 특징을 지니고 있다. 그러므로 지역사회의 가장 보편적 특성은 공동체적 사회집단을 기반으로 하는 공동생활권이라고 할 수 있다(이기원 외, 2023).

(1) 지리적 영역의 공유

지역사회가 성립되기 위해서는 주민 간의 정신적인 연계와 상호작용이 이루어질 수 있는 지리적 영역이 요구된다. 이러한 영역은 공간적 단위로 설명할 수 있으며, 상호교류가 가능하도록 근접성을 지니고 있어야 한다. 지역사회 주민은 같은 지역 내 범위 안에서 그들의 생활이 하나의 생활공동체에 속한 상태에서 연대감이 생기고 상호작용이 활발하게 이루어지게 되며, 지역적 공간성을 공유하기 때문에 인간관계를 형성할 때 지역을 중시하게 된다.

최근에는 대중매체와 교통망이 잘 발달되어 있기 때문에 상호교류가 가능한 지리적 영역이 광역화되고 있다. 그러나 지역사회로서의 공간적 영역은 일방적인 의사소통으로 이루어지는 것이 아니라 상호 의사소통이 가능한 영역으로 이루어지기 때문에 무제한적인 광역화로 진행되지는 않는다.

상호교류가 가능한 지리적 영역이 되기 위해서는 그 지역에 거주하고 있는 지역주민들 간의 공동 생활환경이 요구된다. 비슷한 생활 욕구에서 나타나는 공동 생활환경은 그 환경을 지배하고 있는 문화권이 있어야 하며, 이러한 문화권 또는 공동 생활권이 지역사회의 지리적 영역이라고 할 수 있다.

(2) 사회적 상호작용

지역사회는 일정한 지리적 영역으로만 형성되는 것이 아니라 지리적 영역 내에 거주하는 주민들 간의 상호교류가 있어야만 가능하다. 지역사회는 그 지역주민들의 공동

관심사 또는 공동 유대감이 이루어져야만 비로소 그 교류단위를 지역사회라고 할 수 있으며, 같은 생활권 내에 살고 있으면서 상호교류가 없다면 공동 관심사 또는 공동 유대감이 이루어질 수 없기 때문에 지역사회라고 보기 어렵다.

지역주민은 상호교류를 통하여 안정된 자아를 형성할 수 있는 사회화 과정을 경험한다. 만약 사회화 과정을 위한 상호교류가 이루어지지 않는다면 공동 이해관계나 공동 욕구가 이루어질 수 없기 때문에 그 지역사회에 대한 공동체 운명이 약화되어 전체 사회문제로 등장하게 된다. 그러므로 일정한 지리적 영역 내에 있는 주민들이 공동체적 운명체 또는 지역사회로서의 기능을 다하기 위해서는 주민들 간에 사회적 상호작용이 일어나야 한다. 예를 들어, 수많은 사람들이 아파트 건물에 인접하여 살고 있으면서 아파트 거주지로서 그리고 공동 주택에서 생활방식상의 결속을 가지고 있다. 그러나 사회적 상호작용이 없다면 지역사회라기보다는 고립된 개인들의 집합체로 남아 있는 것이다. 예를 들면 사회적 상호작용은 아이 돌보기를 서로 돕고 공동의 고충에 대해 단결된 행동을 취하는 것이다.

(3) 공동 유대감

지역사회는 일정한 지리적 영역 내에 살고 있는 주민 간의 상호작용을 통하여 공동 유대감이 형성될 때 비로소 이루어진다. 여기서의 공동 유대감이란 혈연 또는 지연 등으로부터 나오는 원초적인 공동의식이라기보다는 그 지역사회의 주민들이 사회생활 등을 통하여 획득한 공동의식을 의미한다.

지역주민은 일정한 상호교류를 통하여 공통적인 경험을 지니게 되고, 이는 지역사회의 공통적인 가치체계를 형성하게 된다. 이러한 가치체계는 그 지역주민의 기존 태도와 행위의 변화를 요구하게 되어 결국 새로운 규범과 제도를 창출하여 지역변화의 원동력이 된다고 할 수 있다. 그러나 너무 강한 공동체 의식은 많은 사람들이 직면하고 있는 사회문제의 원인이 되기도 하므로, 지역사회 공동의 유대감과 더 넓은 지역사회로의 발전이 조화를 이룰 수 있는 조정이 필요하다.

지금까지 살펴본 지역사회의 구성요소를 특성과 연관지어 정리하면 표 1-6과 같으며, 이러한 특성은 다른 지역사회와의 지속적인 상호작용으로 형성된다.

표 1-6. **지역사회 상호작용의 특성**

구분	내용
분리성	다른 지역사회와 물리적 · 지역적으로 구분 지을 수 있는 지역적 경계를 가지고 있다.
독특성	문화적 독특성을 가지고 있어 정체감으로서의 가치 및 태도 등이 주민의 행위를 결정한다.
동질성	이러한 문화는 주민들에게 공유됨으로써 동질적인 지역사회를 이루게 된다.
합의성	이들 지역사회는 공동의 목표를 가지고 합의함으로써 궁극적 목표인 자조성을 성취하려고 한다.
자조성	다른 형태의 지역사회와 상호작용을 한다.

2. 지역사회문제의 이해

개인은 자신의 삶의 질을 향상시키고자 노력하고, 지역은 지역주민의 삶의 질을 향상시키고자 노력한다. 이렇게 자신의 향상이 다른 사람, 다른 지역에도 향상의 효과를 가져온다면 더없이 좋겠지만 어떠한 일이든 이해관계가 항상 원만할 수는 없는 것이 현실이다. 이렇게 지역과 지역, 자치단체와 일부지역, 개인과 개인 등의 이해가 엇갈릴 때 사회적 문제는 발생하게 된다. 이러한 사회적 문제는 관련자의 사정과 입장에 따라 서로 다른 생각을 하기 때문에, 민주주의 정신에 따라 상호 양보와 타협으로 원만히 해결될 수 있다. 지역사회문제에 대한 이론적 접근은 직·간접적으로 관점을 달리하는 네 가지 사회학이론(구조기능주의 관점, 갈등주의적 관점, 사회심리학적 관점 및 상호작용주의와 교환주의 관점)에 기반을 두고 발전을 하였는데, 구체적인 내용을 살펴보면 다음과 같다.

1) 구조기능주의적 관점

구조기능주의(structural functionalism) 접근에 따르면, 생물유기체와 마찬가지로 전체사회는 상호의존적 관계를 갖는 다양한 부분체계 혹은 요소들로 구성되는데, 이러한 요소들은 전반적으로 전체사회의 유지와 존속에 기여하는 기능을 하게 된다. 결국 사회는 구성원 간의 가치합의를 바탕으로 잘 짜여져 있고 안정되고 균형이 잡힌 질서 있는 체계로 묘사된다.

기능주의이론에서 주요한 개념들은 규범, 역할, 사회화 등이다. 규범은 어떤 행동이 주어진 사회에서 적절한지에 대한 구성원들 간에 공유된 규칙이다. 역할은 어느 특정 지위에 부여된 행동기대의 총체이다. 그리고 사회화는 개인이 사회의 규범과 가치를 배우고 내면화하는 과정이다. 개인은 사회질서의 한 부분이 되고 사회구조의 요구에 부응하는 역할을 수행한다. 사회질서의 규범적인 측면을 강조하는 기능주의적 관점에서는 사회질서의 주요 특징을 갈등보다는 합의와 동조로 보고 있다.

기능주의이론이 갖는 또 하나의 중요한 전제는 부분은 전체를 위해 존재하므로 개인에 대한 물질적, 정신적 보상은 사회에 대한 기여도에 비례한다는 점이다. 이러한 전제로 생각해 보면, 현대 산업사회에서 노인들 대부분의 사회적 지위가 현저히 약화된 것은 산업화 이후 초래된 사회변동의 필연적 결과이자 극히 정상적인 현상으로 간주된다.

2) 갈등주의적 관점

갈등주의적 관점(conflictist perspective)은 지역사회의 갈등(자원, 권력, 불균형 배분)과 내부 결속력을 강화하며, 사회의 본질을 경쟁과 갈등의 관계로 파악하고 갈등이 사회 변화의 원인이 된다고 본다. 즉, 갈등이 사회발전의 원동력임을 강조하며 안정과 질서, 조화를 중시하는 기능주의 이론과 달리 무질서나 부조화를 인간이 피할 수 없는 부분이며 자연스러운 현상으로 본다. 인간의 본성은 악하며, 따라서 자연상태에서 인간은 자신의 이익을 극대화하고 타인의 이익을 극소화하려는 경향을 가진다고 가정한다. 이런 이유로 사회는 부나 권력과 같은 희소자원을 차지하려는 집단들 사이의 갈등이 필연적으로 존재하며, 사회의 힘 있는 지배집단들은 힘이 없는 집단들을 강제함으로써 사회질서는 유지된다고 본다.

3) 사회심리학적 관점

사회심리학적 관점(sociopsychological perspective)은 사회환경 속에서 직접 · 간접적으로 타인과 관계를 가지고 사회의 문화, 규범, 제도 등의 규제를 받고 생활하는 인간의 경험이나 행동을 사회적 여러 조건과의 관련에서 이해하려고 하는 관점이다. 게슈탈트 이론, 사회측정이론, 집단역학이론 등은 집단구성원들과 함께하는 사회복지실천의 체계 확립에 공헌하였다.

4) 상호작용주의적 관점과 교환주의적 관점

상호주의적 관점은 인간이 상호작용의 도구로써 언어나 몸짓 등의 상징을 사용한다는 점을 강조한다. 지역사회문제는 그 원인이 되는 특정 행위나 현상을 진단하는 전문가나 대표자의 판단에 따라 지역사회문제가 될 수도 있고 안 될 수도 있다. 상징적 상호작용론에서 사회는 어떤 집단이 어떤 시기의 상황이나 조건에 대하여 동의하는 공통적인 의미를 형성하여 임시적으로 유지하는 조직이다. 사회라는 조직은 일정기간 동안 안정적인 상태를 유지하고 있겠지만, 구성원들이 사회현상에 대하여 새로운 의미를 부여하게 되면, 그 사회에서는 구성원들이 어떤 현상에 대해 문제라고 공통적인 의미를 부여하면 비로소 사회문제가 된다는 것이다. 그리고 교환주의적 관점은 사회적 행동은 개인 간의 자원을 교환하는 반복적인 행위에서 비롯된다고 본다. 지역사회문제의 발생은 바로 교환관계의 단절이나 불균형에서 비롯되는 것이며, 그 원인은 개인이나 집단의 교환자원 부족과 고갈에서 찾을 수 있다. 예를 들어, 노인 지위의 약화는 일반적으로 산업사회에서 여러 가지 면으로 노인에게 문제를 안겨 주고 있다. 즉, 교환자원의 가치평가 절하는 의존성을 증가시키고 이는 권력의 약화를 초래하고, 권력의 상대적 약화는 또한 교환관계에서의 교환조건의 약세를 초래하여 결국 노인은 개인 및 사회와의 관계에서 문제를 경험하게 된다는 것이다.

그리고 지역사회 내 문제는 그 지역의 환경 및 자원 등에 따라 차이가 있을 수 있다. 지방분권에 대한 기대와 우려는 지역복지 현장에서 공존할 수 있으며 지방자치가 지역주민의 욕구에 좀 더 민감하거나 지역의 실정에 맞게 복지를 실현한다는 기대와 함께 반대로 복지를 축소할 수 있다는 우려를 갖기 때문이다.

이처럼 각 지역사회가 지역 내 복지수요를 반영해 효율성을 높게 만들 필요가 있으며, 지역사회문제는 다양한 이해당사자들 간의 소통과 참여를 토대로 협력해야 할 시대적 염원이고 희망이라고 할 수 있다. 지역사회 주민들의 욕구를 반영하고 효율성을 높이기 위해서 지역주민들의 자발적인 참여와 협력을 기반으로 한 공공과 민간 사이의 연계협력이 필요하다.

지역사회 내 문제를 해결하기 위해서는 1차적으로 그 문제의 원인과 현상에 대해 이해하고, 그 문제가 지역사회에서 얼마나 심각하고 구성원들에게 피해를 주는지도 파악해야 한다. 그리고 문제를 해결하지 않을 경우 발생할 수 있는 문제에 대해서도 생각해 보고 우선적으로 해결해야 할 문제를 고려해야 한다.

공공이 주도하는 지역사회의 문제 접근이 지역의 민간 영역과 갈등을 낳을 수 있는 문제가 있으므로 공공과 민간이 함께 협력해 서비스를 극대화하거나 해결하기 위한 방법을 모색해야 한다. 따라서 지역사회 구성원들 스스로가 문제를 해결하기 위한 노력을 하고 있는지를 파악하고 직·간접적으로 관련한 자원과 동원 가능한 자원이 무엇인지 확인하고 이러한 내용들을 기반으로 지역사회문제를 해결하기 위한 실천과 평가가 이루어져야 한다.

3. 지역사회의 변화

최근 지역사회의 기능적 측면의 해체로 인해, 자연환경을 포함한 시설·환경체계의 약화, 지역주민 공동목표 의식의 상실, 지역사회의 가치관 문제, 주민갈등, 지역공동체의 약화, 지역사회의 생활기능이 약체화되었으며, 자본주의 발달에 따른 생산과 소비의 분리, 농촌과 도시의 불균형 발전에 의하여 공동체 존립기반 자체가 붕괴의 과정을 거칠 것으로 예상되고 있다. 이처럼 지역사회의 변화를 도시화, 지방소멸, 불평등과 빈곤으로 인한 양극화, 무한경쟁의 심화, 문화의 균질화와 다문화 및 지구환경의 위기로 구분하여 살펴보면 다음과 같다(고문익, 2021; 구형수 외, 2016; 박혜숙 외, 2021; 장윤재, 2016).

1) 도시화

도시화는 오늘날 세계에서 중요한 사회적 · 경제적 현상 중 하나이다. 도시화 발전 수준은 이미 도시의 사회 · 경제적 계획 내 핵심 요소로 여겨지고 있다. 도시화의 일반적인 정의는 농촌 인구가 도시 지역으로 집중하는 과정을 의미한다. 따라서 도시 지역의 인구가 전 지역 인구의 차지하는 비율로 도시화 수준을 나타낸다. 게다가 비교적 간단하고 쉽게 사용할 수 있으므로 인구 통계학, 지리학, 사회학 및 경제학 등 연구 분야에서 이 도시화 정의를 보편적으로 인정하였으며 적용되고 확대되었다. 또한 농촌 인구가 도시로 집중되거나 이전하는 과정이 사회, 인구, 공간, 경제 등 여러 방면의 변화를 포함하기 때문에 도시화라는 용어는 농촌에서 도시로의 인구구조의 변화, 경제 구조의 변화, 지역 공간의 변화 및 생활 방식의 변화로 4가지 변화 과정도 포함하고 있다(그림 1-3).

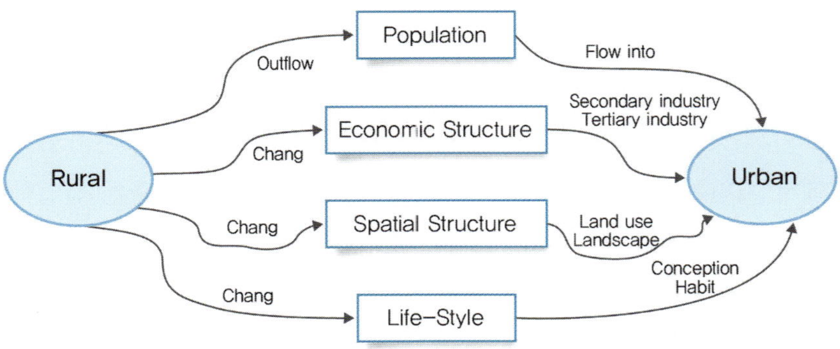

그림 1-3. 도시화에 대한 일반적 정의에 대한 개념

인구 도시화 관점에서 인구가 농촌에서 도시로 집중되는 과정을 도시화로 정의한다. 1차 산업 종사자의 수가 줄고, 2차, 3차 산업 종사자의 수가 증가하는 과정이 도시화 발전과정이다. 다음은 공간의 도시화 관점에서 도시화는 활력적인 도시화, 사회구조의 도시화 및 생활 방식의 도시화로 나누어져 있다. 그 내용은 지역 내 인구 규모, 산업 구조, 관리 수단, 환경조건, 생활 수준 및 생활 방식 등 단일요소에서 다면적 요소로, 요소가 집중적인 것에서 분산된 것으로의 변화 과정을 포함한다. 마지막으로 농촌·도시화 관점에서 도시화는 농촌생활 방식에서 도시생활 방식으로의 질적 변화의 과정이다. 따라서 도시화는 단순한 도시인구 증가와 도시규모의 확장이 아니다. 도시화는 사회, 경제, 인문, 공간과 환경의 여러 가지 방면의 변화를 포함한다.

그러나 현 단계의 도시 확장과 도시화 발전과정은 자원의 과도한 사용과 환경오염을 대가로 경제·사회 발전의 목표를 실현하고 있다. 이러한 발전방식으로 많은 사회·환경 문제를 발생시키고 있다.

한국의 도시화율[1)]이 경제협력개발기구(OECD)의 평균보다 훨씬 높은 것으로 보고되고 있으며, 새롭게 제기되는 도시문제를 해결하기 위해서는 도시정책 통합, 고령자 주택공급 확대, 다문화 결합 등이 제안되고 있다. OECD 한국도시정책보고서(2023)에 따르면, 2010년 한국의 도시화율(OECD기준)은 85.4%로, OECD 34개 회원국 평균인 47.1%의 두 배에 가까운 것으로 나타났다. 이는 일본(76%), 미국(84%)보다도 높고, 영국(90%)엔 다소 못 미치는 수치이다. OECD는 이런 한국의 높은 도시화 수준이 경제발전 전략에서 기인한 것으로 분석하고 있는데, 1960년대 이후의 빠른 산업화로 인해 노동력과 자본이 도시에 흡수되며 급격한 도시화를 주도했다는 것이다.

그러나 OECD는 전체인구의 85.4%가 도시에 사는 지금, 한국은 새로운 변화에 직면했다고 지적하고 있다. 즉, 1990년대 이후 출산율이 저하되고 도시인구가 주변부로 확산되며, 현재 한국의 도시인구성장률이 연간 0.62%에 달하는 등 침체기에 들어섰다는

1) 전체인구 중에 도시지역에 사는 사람의 비율이다. 우리나라는 땅의 용도지역, 즉 행정구역상 도시로 지정된 곳을 도시지역으로 규정한다. 반면 OECD는 기반시설과 노동력의 접근성 등 경제적 입지를 포괄적으로 고려한다. 따라서 OECD 기준에 따른 도시지역은 도심지로 통근이 가능한 도시 배후지역까지 포함하는 좀 더 큰 단위가 된다.

것이다. 또한 심화되고 있는 불균등한 도시화 양상 역시 문제로 꼽았다. OECD조사에 따르면 최근의 도시인구 감소세 속에서도 서울 등 일부 대도시에 대한 압도적인 인구 쏠림현상은 거의 변화가 없었다. OECD는 그에 따라 한국이 새롭게 맞닥뜨린 도시문제로 고령화, 노동력 감소, 에너지 소비증가와 오염, 기후 등을 지적하며, 경쟁력을 강화할 수 있는 질적 도시관리를 제안했다.

2) 지방소멸

2018년 8월 13일 발표된 한국고용정보원의 '한국의 지방소멸 2018 보고서'에 따르면, 국토 228개 시 · 군 · 구 89곳(39%)이 소멸 위험 지역(소멸 위험지수 0.5 미만)으로 분류되고 있다. 이 중 경북에 19곳이 포함되어 있으며, 특히 소멸 고위험지역 11곳 중 경북의 의성군, 군위군, 청송군, 영양군, 청도군, 봉화군, 영덕군 등 총 7곳이 포함되어 타 시도보다도 경북지방의 소멸위험이 더 큰 상황이다. 이 중 경북 의성군은 소멸위험이 전국 1위로 가장 먼저 소멸될 지역으로 분류되고 있다(고문익, 2021).

소멸의 위기에 당면한 지역의 특징은 인구감소와 고령화를 포함, 공동체의 기능이 붕괴되는 것이며, 이러한 지역의 고착된 사회 · 경제적 문제해결을 위하여 근린단위의 정책대응이 필수적이다. 지방 중 · 소도시에 위치하고 있는 근린지역의 4.5%는 소멸의 위기에 당면해 있으며, 이러한 근린지역의 66.2%가 소멸지역에 이르는 3단계의 과정 중 두 번째 단계인 준한계근린 위치에 해당한다. 보통 3단계는 존속근린 → 준한계근린 → 한계근린으로 구분한다. 해외에서는 소멸위기 근린지역에 대한 지속적인 거주환경을 보장하면서 소멸지역으로 진행되는 단계에 따라서 맞춤형으로 대응전략이 마련되고 있는 추세이다.

우리나라는 지속적인 인구감소, 급속한 고령화의 증가 및 영유아 인구의 지속적인 감소로 어려움을 경험하고 있을 뿐만 아니라 자체수입의 감소로 인하여 재정적 압박을 받고 있다. 따라서 현재 지방자치단체는 재정적인 여건을 고려할 때 과거와 같이 공동투자하기에는 불가능하며, 선택과 집중은 한정된 재원을 전국 시 · 군 · 구에 골고루 배분하는 것이 아니라 권역별로 유망한 산업이나 일자리를 창출하는 데 집중적으로 투자해 나가야 할 것이다.

구형수 등(2016)은 한국 축소도시의 문제점을 표 1-7과 같이, 인구학적 측면, 물리적 측면, 경제적 측면, 사회적 측면에 따라 구분하고 있다.

표 1-7. 한국 축소도시의 문제점

구분	내용
인구학적 측면	인구학적 측면에서의 문제점은 생산가능인구 유출과 저출산 · 고령화 현상의 심화이다. 축소도시에서 독거노인의 수도 증가하는 추세를 보이고 있다는 것이다.
물리적 측면	물리적 측면에서의 문제점은 빈집의 증가이다. 기성 도심 내 빈집의 수가 증가하고 있다는 것이다. 공동주택의 공실률이 증가하고 있으며, 단독주택보다 높은 비율을 보이고 있다는 것이다.
경제적 측면	경제적 측면에서의 문제점은 재정 여건의 악화이다. 유휴 · 방치 부동산이 증가하고 고령화 현상이 심화되어 공공지출이 증가하였다는 것이다. 이에 따라 공공서비스 공급에도 차질이 빚어질 가능성이 크다고 보고 있다.
사회적 측면	사회적 측면에서의 문제점은 지역공동체 붕괴와 범죄 증가 등이 있다. 또한 읍 · 면 지역의 주민들은 접근성의 제약으로 인해 기초생활서비스 이용에 어려움을 경험하고 있다.

이러한 축소도시를 방지하기 위한 정책방향에 대해 구형수 등(2016)은 그림 1-4와 같이 제안하고 있다.

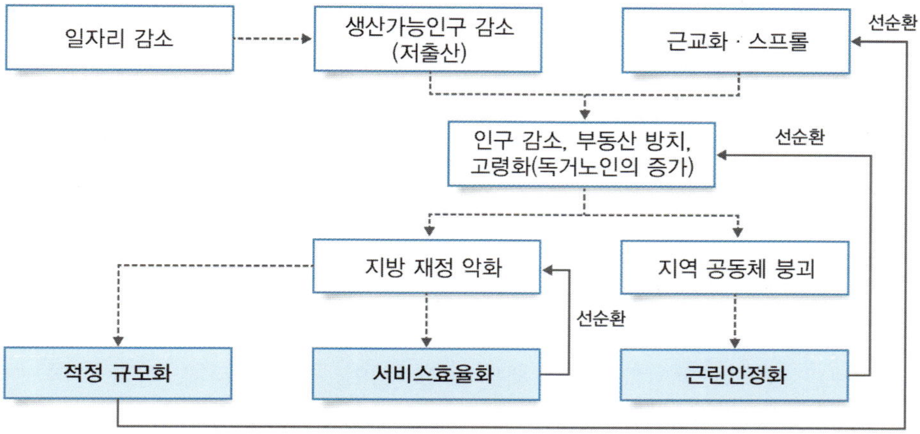

그림 1-4. **축소도시를 방지하기 위한 선순환 구조**

첫째, 확대된 도시의 규모를 인구 규모에 맞게 축소하고, 도시생활거점을 중심으로 도시기능 재배치를 유도해야 한다는 것이다. 둘째, 공공서비스 공급의 효율성을 높여 운영비용을 절감시키고, 유휴시설을 사회복지시설로 전환시켜 복지서비스 수요를 충족시킨다는 것이다. 셋째, 인구 유출과 빈집 증가로 인해 소멸위기에 처한 지역의 삶의 질을 향상시켜 지역 공동체를 회복하여 사회적 안정을 도모한다는 것이다.

3) 불평등과 빈곤으로 인한 양극화

지구상에 존재하는 60억 명의 인구 중에 거의 절반에 해당하는 인구(26억 명 정도)는 생계를 위해 하루에 2달러도 안되는 돈을 벌고 있고, 5분의 1은 1달러에도 미치지 못하는 돈을 벌고 있다. 세계 전반에 걸쳐, 세계화는 여전히 생활수준을 높이지 못하고 있다. 지금까지의 지표들을 보면, 앞으로도 생활수준을 높이기는 쉽지 않아 보인다. 세계

자본주의는 일반적으로 다수를 위한 장기적인 사회이익을 위한 것이라기보다는 오히려 소수에게 이익이 되는 단기간의 이윤을 지향하는 경향이 있기 때문이다.

오늘날 한국사회는 불평등과 경제 양극화로 인한 총체적 위기를 맞이하고 있다. 신자유주의 세계화라는 격랑에 휘말린 한국사회는 심각한 경제 양극화와 이로 인한 사회적 갈등이 심화되어 가고 있다(장윤재, 2016). 특히 심각한 저출산, 고령화로 인해 인구구조가 변화하면서 양극화의 문제는 더욱 심해질 것으로 우려되고 있다. 이와 같은 한국사회의 급속한 양극화는 정치 갈등을 유발하며, 사회통합의 걸림돌로 작용하고 있다. 무엇보다 양극화로 인한 경제문제는 자살, 실업, 청소년 문제, 범죄, 이혼, 계급재생산 등의 여러 사회문제에 영향을 끼칠 수 있고 정치적으로는 민주주의의 사회적인 기반을 약화시킬 수 있으므로 심각한 문제라고 할 수 있다. 세계화를 단지 경제적인 현상으로만 이해할 수 없는 것은, 세계화가 한 국가의 경제, 사회, 문화, 정치 등의 거의 모든 영역에 영향을 주고 있기 때문이다.

4) 무한경쟁의 심화

'경쟁'이라는 단어는 어의적으로 '함께 추구한다'라는 뜻을 내포하고 있다. 경쟁의 논리가 기술적인 진보와 생산성의 향상을 가져오는 데 큰 기여를 했다는 것은 인정할 수 밖에 없는 사실이다. 인간의 욕구 수준을 지속적으로 높여 감으로써 새로운 창조와 진보를 가능하게 한 것이다. 정치적인 측면에서도 그러한데, 경쟁 심리는 민주주의 발전에 있어 핵심적인 동인이었다. 정치적 의지를 관철시키고자 하는 이익집단이나 정당 간의 열띤 경쟁을 통하여 민주주의가 뿌리내릴 수 있었다.

그러나 나라마다 사회와 경제의 상호의존적 측면과 불평등한 권력구조가 강화될수록 경쟁의 파급효과는 더욱 확산되어, 특정 분야에 국한되지 않고 전 분야에 걸쳐 경쟁

관계가 형성되었다. 이 같은 추세가 심화되며 경쟁을 통한 범세계적 패권 지배의 가능성이 더욱 커지고 있다. 시너지 효과를 위해 '함께 추구한다'라는 의미의 경쟁 개념이 '승자가 모든 것을 지배한다'라는 개념으로 변질된 것이다.

이처럼 경쟁자본주의가 지배 이데올로기로 부상하게 될 때, 시장 규제완화와 자유화 추세 속에서 개별 민족국가의 정부는 더 이상 금융·산업 분야의 역동성을 통제하지 못하게 된다. 또한 금융·산업 분야에서 독점구조가 점차 확산되는 추세를 보이며, 「노동보호법」이나 사회보장제도가 와해된다. 빈익빈 부익부가 심화되고 절대 빈곤층이 갈수록 증가할 것이며, 환경보호를 위한 정부 간 규제가 연기되거나 무효화가 될 수 있다.

5) 문화의 균질화와 다문화

세계화의 진전에 따라 문화의 중요성이 더욱 커지고 있다. 근로시간이 단축되면서 근로자의 여가시간이 증가하고 자아실현에 대한 개인적 욕구와 문화 활동에 대한 요구가 확대되면서, 문화는 개인적 삶의 부차적인 영역이 아닌 중심적인 영역이 되어 가고 있다. 즉, 문화생활의 영위가 개인적 삶의 질(quality of life)을 결정하는 핵심적인 요소가 되고 있다고 할 수 있다.

한국사회의 다문화성은 어느 다문화사회와 마찬가지로 인종적, 문화적, 종교적 다양성을 가진 외국인의 국내 유입으로 본격화되었다. 한국 내의 미군주둔으로 인한 미국인의 유입과 한국 경제가 발전함에 따라 외국인 투자자들의 국내 방문과 거주가 늘어나고 영어교육의 과열로 인한 영어 원어민의 국내 유입이 가속화되는 등 외국인의 증가가 이루어지고 있었다. 1990년대 중반부터 결혼 이민의 증가로 인해 다문화 가구 혹은 가족에 대한 관심이 점차 높아지기 시작하였다. 2022년 통계청의 발표에 의하면,

국내 거주 외국인 규모가 빠른 속도로 증가하고 있고 외국인 거주자의 유형도 다양화되는 추세이다.

오늘날 한국사회는 다양한 분야에서 '세계 속의 한국'을 지향하면서 많은 노력들을 기울이고 있다. 그러나 동시에 이주민의 형태로 현재 우리 안에 들어와 있는 다양한 세계들에 대해서도 주의 깊게 살펴볼 필요성이 있다. 그리고 이러한 다문화 상황에서 사회의 구성원들에게 새롭게 요구되는 과제가 무엇인지 고민하고 대안을 모색하며, '단일민족으로서의 우리'만이 아닌 '세계시민으로서의 우리'로 살아가기 위해 관련 주체들의 내부적 사회통합에 대한 노력도 이루어져야 한다. 그런 의미에서, 사회의 통합과 안정을 유지하면서도 내부의 다양성을 인정하고 상생의 관계로 발전하기 위한 다문화 교육의 필요성은 자연스러운 일이다.

6) 지구환경의 위기

세계화는 경제를 비롯하여 정치, 사회, 문화 등 모든 영역에서 다양한 행위주체 간에 상호의존성이 심화되고 있는 가운데, 그에 따라 더불어 풀어야 할 공통의 문제도 점점 더 많아지고 있다. 가장 절박한 문제가 바로 환경문제인데, 지구 온난화, 오존층의 파괴, 생태계 파괴와 생물종의 감소, 그리고 이상기후의 만연 등 고도의 산업화 과정에서 생겨난 지구환경의 위기는 현대문명과 인류의 생존자체를 위협하고 있다.

이처럼 '환경적으로 건전하고 지속가능한 발전'이 세계화 시대에 있어 전 세계적 과제가 되고 있다. 이러한 과제의 달성을 위해서는 각국의 생산시스템을 포함한 전반적인 경제시스템과 각 개인의 소비양식이 효과적으로 에너지를 소비하면서 환경 친화적으로 전환되어야 한다. 더불어 지식정보문명의 성과를 환경문제의 해결에 있어 폭넓게 이용하는 것이 중요하다. 예를 들어, 공해를 유발하지 않는 깨끗한 기술과 녹색환경산업의 중요성을 부각하며 각국은 이를 위한 장려를 위해 전력을 기울이는 것이다. 이러한 노력들이 이루어지기 위해서는 환경문제에 대한 경각심도 필요하지만, 더 근본적으로는 자신이 살아가고 있는 터전에서 어떻게 평화롭게 관계할 것인가에 대한 질문과 해답에 대한 고민이 함께 이루어져야 할 것이다.

Chapter 02

지역사회복지의 개념과 가치

배울 내용

1. 지역사회복지의 개념
2. 지역사회복지의 역사적 배경
3. 지역사회복지의 역할 및 기능

학습목표

1. 지역사회복지의 정의, 가치 및 접근방법을 설명할 수 있다.
2. 지역사회복지의 역사적 배경을 이해한다.
3. 지역사회복지의 역할 및 기능을 이해하고 현장의 적용방안을 모색해 본다.

Chapter 02 지역사회복지의 개념과 가치

사람이 태어나서 죽기까지 우리는 많은 곳에 소속되어 살아간다. 즉, 가정에서 태어나서 성장하면서 유치원도 다니고 학교도 다니며, 종교생활을 통해 각종 종교조직에도 소속되며 성인이 되어서는 직업을 가지고 사회생활도 하게 된다. 이런 여러 단위의 작고 큰 조직들을 통해 사람들은 인간관계를 형성하게 되고, 그 조직의 구성원으로서 해야 할 책임, 의무, 규칙, 역할 등을 습득하게 되고 훈련받는다. 무엇보다 중요한 것은 사람은 누구나 자신이 소속되어 있는 조직을 통해 서로 돕고 협력하는 방법을 자연스럽게 체득하게 된다는 것이다.

1. 지역사회복지의 개념

1) 지역사회복지의 정의

지역사회복지의 개념을 살펴보기 전에 먼저 복지에 대한 개념부터 살펴보면, 웹스터 사전에 의하면 복지라는 용어는 welfare로서 "행운 · 건강 · 번영 · 행복 등의 상태(state or condition with regard to good fortune · health · prosperity · happiness ect)"로 정의되어 있다. 이처럼 복지란 well-being의 상태로 만족스러운 상태를 의미하고 있다. 따라서 복지는 행복, 건강, 만족, 번영의 뜻을 모두 포함하는 아주 좋은 상태라고 할 수 있다.

이러한 복지의 개념을 바탕으로 지역사회복지에 대한 정의를 내리면, 지역사회복지(community welfare)란 말은 매우 포괄적인 개념으로 전문 혹은 비전문 인력이 지역사회 수준에 개입하여 지역사회에 존재하는 각종 제도에 영향을 주고, 지역사회의 문제를 예방하고 해결하고자 하는 일체의 사회적 노력을 의미한다. 이러한 조직적 · 비조직적 노력은 동서고금의 모든 형태의 지역사회에 존재하여, 흔히 '사회복지'라는 보다 일반적이고 광범위한 개념과 동일한 것으로 혼동하고 있다.

그러나 지역사회복지라는 것은 개인복지나 가정복지보다 넓은 차원의 개념이며, 아동복지 · 청소년복지 · 노인복지라는 대상층 중심의 복지활동보다는 지역성(locality relevance)이 뚜렷하다는 데서 그 차이를 발견할 수 있다.

그리고 지역사회복지에 대해서는 각 나라마다 다양한 개념으로 정의가 되고 있는데, 미국의 경우는 지역사회조직, 지역사회개발 등의 개념으로 많이 활용되어 오고 있다. 미국에서는 지역사회 차원에서 전개되는 사회복지 활동을 각종 지역사회의 문제해결을 위한 방안으로 다양한 분야의 전문적인 사회복지서비스 전달과 사회사업의 개입방법으로서의 지역사회조직의 맥락에서 파악하고 있다. 반면 영국은 지역사회보호의 개념으로 지역사회복지에 대해 정의하고 실천모델로 삼아 왔다. '지역사회보호'는 보호를 필요로 하는 사람들에게 가능한 가정이나 지역사회 환경에서 서비스가 제공되도록 하는 사회적 보호의 형태이다. 즉, 수용시설의 보호개념에서 지역사회에서 대상자를 보호하는 개념으로 전환되는 것이다. 또한 일본은 '지역사회' 또는 '재택복지'의 개념으로 사용되어 왔다. 일본의 지역사회복지 특징은 개인 · 지역주민의 자원봉사활동의 조장, 재택자에 대한 복지서비스의 강화로 요약할 수 있다. 국가의 정책으로서 지역복지와 재택복지가 등장한 것은 1960년대 말에서 1970년대 초이며, 그 이후 재택복지에 비중을 둔 정책이 발전하여 오늘에 이르고 있다. 재택복지의 내용은 정상화(normalization), 가정봉사원 파견서비스, 주간보호서비스(day service), 단기보호서비스(short stay service) 등의 활용에 중점을 두었다.

우리나라의 사회복지계에서는 지역사회복지에 대한 명확한 개념 및 정의가 내려져 있지 않지만 몇 년 전부터 지역사회복지라는 용어를 흔히 사용해 오고 있다. 1980년대까지 수용시설 중심의 복지에서 90년대에 들어서는 영국이나 일본의 지역사회복지의 개념을 사용하기 시작하면서 지역시설 중심, 지역보호 중심의 개념으로 변화되어 왔다. 그러나 아직까지도 지역사회복지에 대한 개념에 대해 명확히 확립되어 있지 않은 상황인데, 그 이유는 지역사회란 개념에서 지리적 범위를 전제로 한 지역성을 지나치게 강조한 데서 비롯되고 있다. 지방자치제의 실시로 일정한 행정구역을 기초로 한 지역사회의 문제해결과 지역주민의 욕구충족을 위한 사회복지활동을 지역사회복지라고 하는 것도 지역성을 전제로 그 개념이 사용되고 있다는 것을 증명해 준다.

지역사회복지의 특징은 목적 지향적, 실천 지향적, 공동체적 문제에 초점, 지방정부의 역할비중의 증가, 지역주민의 주도적인 역할을 갖는 것이라고 요약할 수 있다.

먼저 지역사회복지의 개념과 특징이 갖추어지기까지 그 배경은 무엇인가를 살펴볼 필요가 있다. 결국 지역사회복지의 개념과 특징은 지역사회복지가 실천하고자 하는 가치에 그 기본을 둔다고 하겠다. 가치가 중요한 것은 우리가 지역사회복지를 해야 하는 당위성과 실천방향을 제시하는 것이며, 역할 및 기능을 조명해 볼 수 있는 근거가 되는 것이다. 따라서 우리는 이 가치에 의해서 우리가 지역사회복지를 실천하는 이유를 찾을 수 있다.

2) 지역사회복지의 가치

지역사회주민과 관련하여 지역사회복지에서 추구하고 있는 가치는 지역주민의 참여와 주민의 행복과 주민의 욕구 등을 들 수 있다. 지역사회복지의 가치를 지역사회 맥락에서의 가치, 조직과 단체 맥락에서의 가치 및 지역사회주민 맥락에서의 가치로 구분하여 살펴보면 표 2-1과 같다.

표 2-1. **지역사회주민과 관련된 가치**

구분	내용
지역사회 맥락에서의 가치	• 일반적으로 사회복지의 가치는 인간의 존엄성, 자유, 평등, 사회적 연대, 사회정의 등을 들 수 있다. • 지역사회의 욕구와 문제: 사회복지사는 지역사회가 욕구나 문제를 지니고 있고, 이러한 욕구나 문제가 해결되지 않으면 지역사회가 제 기능을 할 수 없음을 인정하고 욕구충족을 위해 최선의 개입을 하여야 한다. • 지역사회 문화: 지역사회는 그 지역만의 개별적인 것을 존중받고 싶어 한다. • 지역사회의 능력: 지역사회 스스로 생존해 나갈 수 있는 유용한 자원이 있음을 강조하는 것으로 이러한 능력과 강점의 차원에서 지역사회를 이해하여야 한다.
조직과 단체 맥락에서의 가치	• 뚜렷한 목적: 사회복지사는 지역사회의 조직이나 단체의 목적을 분명히 이해한 후 그들의 목적을 존중해야 한다. 뚜렷한 목적을 가지고 있을 때 지역사회의 통합이 이루어질 수 있다. • 분명한 위계와 역할: 위계와 역할은 조직이 가지고 있는 책임과 권한 관계를 의미한다. • 연대와 연계의 가능성: 연대나 연계는 조직들이 서로 협력하여 한 목표를 달성해 나가기 위한 개체 간 결합을 의미한다.
지역사회 주민 맥락에서의 가치	• 궁극 목표는 주민의 행복이다. • 공통된 주민의 욕구: 지역사회복지는 지역사회의 욕구나 문제에 초점을 둔다.

표 2-1과 같이, 지역사회복지의 가치를 여러 가지로 찾아볼 수 있지만 지역사회복지의 실천을 위한 네 가지 핵심가치를 살펴보면 그림 2-1과 같이, 사회통합, 정상화, 탈시

설화 및 주민참여로 구분할 수 있다.

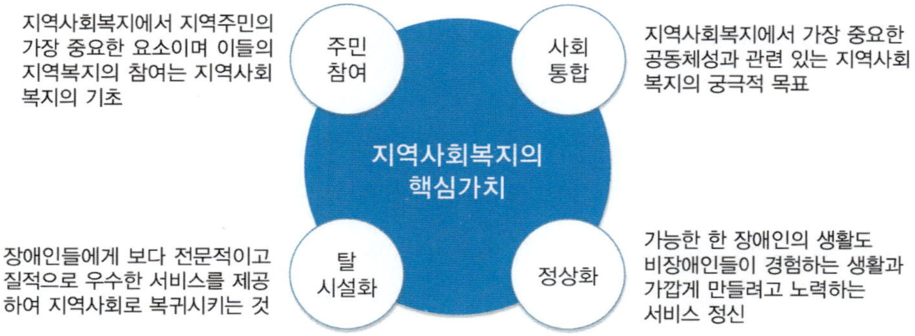

그림 2-1. **지역사회복지의 핵심가치**

(1) 사회통합

지역사회복지에서 가장 중요한 공동체성과 관련 있는 사회통합은 지역사회복지의 궁극적 목표이다. 1994년 UN이 개최한 세계사회발전정상회의에서는 핵심 주제어의 하나로 사회통합을 설정하고 다음과 같은 두 가지 의미를 다차원적으로 정의하였는데, 첫 번째는 배제와 대비되는 포용이라는 의미로서, 더 많은 사람들에게 더 많은 정의, 물질적 복지, 정치적 자유의 혜택을 주는 것을 의미하고, 두 번째는 해체와 대비되는 조화와 유대라는 의미로서 가족, 공동체 등이 해체되고 범죄나 부패 등으로 사회질서가 와해되는 것을 방지하는 것을 사회통합이라고 정의하고 있다.

최근 우리나라는 사회적 양극화 문제가 점점 심각해지면서 더욱 사회통합에 대한 필요성이 고조되고 있고, 이를 위한 다양한 정책과 제도를 제시하고 있다. 특히 지역사회복지에서 지역사회 내의 계층 간 격차를 줄이고 사회의 전반적인 불평등 감소를 통해 삶의 질을 제고해 나가는 것이 필요하고, 지역사회에서 보호를 요하는 대상자들이 일반 주민들과 함께 생활할 수 있도록 간극을 줄이는 노력을 해야 한다.

(2) 정상화

장애인에 대한 1970년대 이후에 나타난 서비스 경향의 원칙으로서 처음 정상화 개념을 사용한 니르제(Nirje)는 정상화 원리를 지적장애인의 삶의 형태와 일상생활 조건을 가능한 한 일반적인 상황과 사회 속에서 살아가는 방법들과 가깝게 해 주는 것이라고 정의하였다. 이 정의에서처럼 정상화란 가능한 한 장애인의 생활도 비장애인들이 경험하는 생활과 가깝게 만들려고 노력하는 서비스 정신을 뜻한다고 볼 수 있다. 이 정상화 원리에 대한 개념을 역사적으로 보면, 1960년대 후반 북미 지역에서 인간복지 개념의 하나로 대두된 개념이며 1960년대 말에는 스칸디나비아의 지적장애인을 위한 복지 문제로부터 유래되었고, 그 후 북미 지역에서 정교화, 일반화, 체계화되었다. 이 원리는 사회에서 가치 이하로 평가된 사람들을 위한 복지에 적용되었을 때 적절하고 설득력 있는 원리이다.

정상화 원리의 가장 중요한 목적은 사람들이 그 사회 속에서 사회적으로 가치 있는 역할을 수행할 수 있도록 하거나 지원해 주는 데 있다. 이를 위한 방법으로, 첫째, 가치 이하로 평가된 사람의 사회적 이미지를 증진시키는 것이며, 둘째, 이들의 능력을 실제로 증진시키는 것이다. 이처럼 정상화 원칙은 특별한 장애나 욕구를 가진 사람도 지역사회와 분리된 시설이나 병원이 아닌 일상적인 삶을 유지할 수 있는 생활환경과 삶의 방식을 유지하도록 하는 것으로 사회통합, 탈시설화와 밀접하게 관련되어 있다.

(3) 탈시설화

수용시설은 원래 장애인들에게 보다 전문적이고 질적으로 우수한 서비스를 제공하여 지역사회로 복귀시키는 것이 기본 취지였다. 그러나 1960년대 후반 수용시설 대부분이 지역사회인과 접촉이 거의 없는 외곽지역에 위치하여 사회적으로 폐쇄적이어서 물리적 · 사회적인 환경이 장애인들의 재활에 부적절하다는 평가를 받으면서 탈시설화

운동이 전개되었다. 탈시설화 운동은 정상화 원칙에 입각하여 대규모의 수용시설에 입소하기보다 소규모의 다양한 시설에서 지역사회의 생활을 유지할 수 있도록 하고자 하였다. 생활시설의 폐지라기보다 생활시설의 소규모화, 그룹홈 주간보호시설, 단기보호시설과 같은 지역사회에 밀착된 시설을 지향하는 것을 의미한다. 또한 시설의 폐쇄적인 체계를 개방적으로 변화시키는 것 역시 탈시설화라고 볼 수 있다.

(4) 주민참여

지역사회복지에서 지역주민의 가장 중요한 요소이며, 이들의 지역복지의 참여는 지역사회복지의 기초가 된다. 이러한 주민참여는 주민의 욕구와 문제해결의 주체로 주민 주체성을 강조하는 것이다. 지방자치시대에서 주민참여는 정부기관 및 그 구성원인 공직자의 의사결정에 영향을 미치고자 행하는 일반주민의 행위이다. 이는 제도적 행위와 비제도적 행위를 모두 포함하는 것이라고 말할 수 있다.

주민참여는 지방자치제도의 실시 이후 더욱 강조되는 가치이다. 따라서 지역사회 내에서 서비스 이용자이면서 동시에 제공자로서 지역주민의 역할이 중요하다. 이에 주민이 지역사회의 주인공으로서 주체성을 가지고 지역주민의 욕구 파악에 앞장서고 정책결정이나 집행과정에 개입하여 영향력을 행사하는 행정참여까지 해야 한다.

3) 지역사회복지의 접근방법

지역사회복지의 개념을 살펴보는 방식으로는 대개 구조적으로 다루려는 접근과 지역사회를 기능적으로 다루려는 접근방식으로 크게 나누어 살펴볼 수 있다. 그리고 개념적으로 전자를 구조적 개념모델, 후자를 기능적 개념모델로 부르고 있는데 구체적인 내용은 다음과 같다(노윤석, 2003).

(1) 구조적 개념모델

이 모델은 지역사회복지가 성립하는 조건을 계급 · 계층적인 자본주의 사회로 인정하여 대체로 저소득층에 대해 그 생활수준의 저변을 지원하는 공적 정책을 다루고자 하는 것이다. 즉, 사회복지이론에 있어서 제도정책론이나 운동론 · 노동론의 기초를 지역사회복지로 보면서 지역사회복지를 정책과 제도의 한 영역으로 본다. 그러므로 구조적 개념모델은 공적 책임하에서 지역사회복지정책을 실시해야 하고, 그 전제가 되는 일반생활에 대한 공공정책의 정비 · 확충을 강조한다.

먼저 정책 제도적 접근은 국가 독점 자본주의의 단계에서 정부가 자본축적에 따른 빈곤화와 표면화된 생활문제에 대처하기 위해 지역사회복지정책을 규정한 것으로 본다. 이에 대해 운동론적 접근은 지역사회복지정책을 정책과 운동의 대결관계를 포함해서 매개가 되는 복지운동의 의의와 연결하여 복지를 보고자 하는 것이다.

(2) 기능적 개념모델

기능적 개념모델은 사회복지이론에 있어서 기능론과 처우방법론을 기초로 하며 지역사회복지를 사회적 욕구충족의 사회적 서비스 또는 사회자원의 공급체계로 다루고자 한다는 것이 큰 특징이다. 기능적 모델에서는 지역사회복지를 욕구와 자원의 대응관계와 수급체계로서 다루며 지역사회복지를 일정한 지역사회에 있어서 욕구충족의 기능체계로 간주하는 것으로 지역주민에 대한 표준적인 생활을 보장하고자 하는 공적인 부문과 사회적인 부문을 복합적인 연결망으로 생각한다.

기능적 모델은 주체론적 접근과 자원론적 접근으로 구분할 수 있는데, 주체론적 접근은 사회복지서비스를 받고 있는 주민이나 요보호자 측에서 지역사회복지의 체계를 기능적으로 구성, 전개하려는 것이며 자원론적 접근은 사회복지서비스를 공급하는 정책주체, 경영주체의 입장에서 서비스와 자원을 구비하고 있는 지역적 제안이나 특성을 고려하여 지역사회 공급체계를 구성하는 것이라고 할 수 있다.

2. 지역사회복지의 역사적 배경

지역사회복지 사업이 시작된 것은 상당히 오래되었다. 즉, 지역사회주민의 욕구를 해결하기 위하여 지역사회자원이 동원된 것은 지역사회라는 공동생활권의 형성과 더불어 시작되었다고 해도 과언이 아니다. 왜냐하면 지역사회가 형성된다는 것은 사회구성원의 자구적, 자조적 노력의 필요성에서 출발하였기 때문이다.

이러한 자구책으로서 조직된 집단이 동 · 서양을 막론하고 전통적인 사회에 있어서도 일찍이 존재하여 왔다. 우리나라 전통사회에 있어서도 향약 및 계(契) 조직을 비롯한 많은 부락조직이 발달하였으며 정부의 구호정책도 주로 부락단위의 창제(創製)였던 것이다. 도시화 · 공업화와 더불어 부락민의 욕구와 문제가 그 부락의 책임으로 해결할 수 없게 됨에 따라 지역사회복지의 성격이 점차 확대되고, 정부도 이에 대한 관심을 갖게 되어 지역사회복지에 대한 국가 개입이 증대되어 가고 있다.

현대적인 의미의 사회복지와 이에 포함되는 지역사회복지, 지역사회개발과 조직 등의 용어가 사용된 것은 주로 서양에서는 20세기 이후이고, 우리나라의 경우에는 1940년대에 들어와서부터라고 볼 수 있다. 우리나라에도 1958년 NACOM에 의하여 지역사회개발의 시범사업이 시작되었고, 1960년대 농촌진흥청이 이를 적극 시행하였으며, 1970년대에는 새마을운동이 전국적으로 전개되었다. 새마을운동은 근면, 자조, 협동의 정신 아래 환경개선, 소득증대, 정신개발의 3대사업을 실시하였는데, 이것은 새마을추진위원회를 중심으로 지역사회복지사업을 실시하였으나 서구의 모델과는 상이하였다. 즉, 지역사회의 개념은 잠정적이고 조작적인 개념이기 때문에 지역사회의 구조 및 기능의 변화와 함께 시대와 상황에 따라 다양하게 규정된다.

우리나라에 있어서 지역사회조직사업은 사회복지와 관련된 중간집단이 분야별로 많이 조직되어 있으며(예를 들어, 한국사회복지협의회, 사회사업시설연합회, 한국장애자재활협회 등), 한국사회복지협의회가 법정단체가 되어 그 지방협의회를 조직하였으므로 이러한 중간집단에 의한 지역사회복지사업에 대해 활발한 사업을 진행하고 있다.

그리고 1870년 이래 오늘날까지 서구의 지역사회복지 특히 지역사회조직의 역사적 특성과 관련해서 살펴보면, 오늘날의 지역사회복지의 실천모델에 대해서 웨일과 갬블(Weil & Gambel)은 인보관 운동과 자선조직협회 운동 및 농촌개발운동에서 그 발전의 원천을 찾아야 된다고 하였다. 19세기 후반 영국과 미국에서 자선조직협회(COS: Charity Organization Society)운동과 인보관(Settlement House)운동이 전개되었는데, 이러한 운동은 사회복지의 전문적인 실천방법 중의 한 예로서 지역사회조직의 발전과 지역사회복지 서비스 제공의 출발점이 되었다.

3. 지역사회복지의 역할 및 기능

지역사회복지는 지역주민의 복지를 증진시키기 위한 사회복지의 한 분야로 그 방법과 분야는 다양하다고 할 수 있다. 지역사회복지에 관한 논의에 있어서 지역사회복지를 지역복지라고 하기도 하고 지역사회사업, 지역사회개발, 지역사회조직, 지역사회보호들과 혼용해서 사용하기도 한다.

지역사회복지는 광의의 정책목표로서 지역주민의 복지증진을 의미하는 경우도 있지만 일반적으로 실제적인 의미로 사용하는 경우도 많아 그 내용과 구성요건이 다양하지만 지역사회복지의 종류에는 재가복지서비스, 환경개선서비스, 조직화 활동 등 지역사회에 나타나고 있는 여러 가지의 제문제를 해결하기 위해 노력하는 역할들을 지역사회복지가 담당한다. 따라서 지역사회복지를 실천함에 있어서 지역사회조직이나 지역사회보호와 같은 개입방법들을 이해할 필요가 있다.

1) 지역사회조직

브래거와 스페히트(Brager & Specht)는 지역사회조직에 대해 지역사회를 구성하는 개인, 집단, 이웃의 사회복지를 원하는 방향으로 향상시키기 위해 지역사회수준에서 전개되는 일련의 활동이라고 일컫는다. 지역사회조직은 공·사 사회복지기관의 전문사회사업가에 의해서 보다 조직적이고 추구하는 변화에 대해 의도적이며 계획적이고 과학적인 지식과 기술을 사용한다는 점에서 다른 지역사회복지활동과 구별된다.

지역사회조직에 대한 정의는 수많은 학자들과 전문가들에 의해 제시되었는데, 이에 대해 하퍼와 던햄(Harper & Dunham, 1959)은 다양한 정의들 중에서 지역사회조직의 주요한 사상을 표 2-2와 같이 요약하고 있다.

표 2-2. **지역사회조직의 주요한 사상**

- 협동·협력·통합의 사상이다.
- 욕구충족과 자원 간의 균형을 가져오고자 하는 사상이다.
- 프로그램 간의 관계에 관심을 둔다는 사상이다.
- 지역사회조직의 철학적 개념은 민주적 과정과 전문가주의 간의 실무적 관계를 제공한다는 사상이다.

로스(Ross, 1995)는 지역사회조직은 지역사회의 욕구 또는 목적을 발견하고, 이것을 확산시키며, 이것을 해결하기 위하여 내적 · 외적 자원을 동원하며, 그렇게 함으로써 지역사회에 있어서 협동적 태도와 실천을 증진시키는 과정을 의미한다고 하였다. 그리고 린데만(Rindeman)은 지역사회조직이란 자신들의 문제를 민주적으로 다루고자 하는 지역사회주민들의 염원과 전문가와 전문기관으로부터 최고의 서비스를 얻고자 하는 염원을 연결시켜 주는 의식적인 노력이라고 정의하였다. 또한 로스만(Rothman, 1974)은 지역사회조직을 하나의 현상으로 보는 것보다는 세 가지의 독특한 지역사회의 관계로 보아야 한다고 주장하면서 세 가지의 유형으로서 표 2-3과 같이, 지역사회개발 모델, 사회계획 모델, 사회행동 모델을 제시하였다.

표 2-3. 지역사회조직 세 가지 모델의 특성

구분	지역사회개발	사회계획	사회행동
목표	과정중심목표 지역사회의 통합자조, 민주적 역량배양	과업중심목표, 주요한 사회문제의 해결	과정 및 과업중심 집단성원의 정치적 영향력 증대, 체제의 변화에 따른 결과
지역사회의 구조와 문제상황에 대한 전제	주민이 상호 고립되고 문제해결의 능력과 기술결여	지역사회가 수많은 문제를 내포	지역사회 내 혜택과 권한의 분배가 불균형하여 계층화됨
변화를 위한 전략	의견 교환에 의한 합의	사실발견과 분석	갈등, 대결
워커의 역할	조력자, 격려자	전문가, 계획가	갈등, 대결
권력구조에 대한 이해	권력자도 지역향상을 위해 노력한다고 봄	권력의 소재는 전문가의 후원자나 고용기관으로 봄	권력구조는 행동을 전개하는 외부표적(강압세력)
클라이언트 집단에 대한 한계	전 지역사회	전 지역사회 또는 일부계층, 특수지역	고통받는 전문가의 지원을 요하는 집
지역사회구성원 간의 이익에 관한 견해	상호조화 가능	상관없음	이익이 상충되며 조화를 이룰 수 없음

구분	지역사회개발	사회계획	사회행동
클라이언트 집단에 대한 견해	잠재력을 지닌 정상인	서비스혜택을 받는 소비자	체제의 희생자
클라이언트의 역할에 대한 견해	적극적 참여자	서비스의 수혜자	혜택을 받는 자, 적극적 참여자

지역사회조직화에 대해서 루빈과 루빈(Rubin & Rubin, 1986)은 지역사회조직화와 지역사회개발의 목표를, 첫째, 집단화된 조직 속에서 영향력을 발휘하여 공유된 문제를 해결함으로써 궁극적으로 주민들의 삶을 향상시키고, 둘째, 부와 권력 배분에서의 불균등을 감소시키며, 셋째, 민주적 가치와 실천을 연습하고 향상시키며, 넷째, 주민들의 일상생활 개선이나 개인적 성취감의 확대를 통해 주민 개개인의 잠재력을 성취하도록 고무하고, 다섯째, 공동체의식을 고양하여 지역사회를 강화시키는 것으로 정의하고 있다.

지역사회조직사업에 대하여 머레이(Murray, 1995)에 따르면, 지역사회는, 첫째, 충족되지 않은 욕구나 달성하고자 하는 목표를 찾아내고, 둘째, 이들 욕구나 목표의 순위를 정하며, 셋째, 이들 욕구와 목표를 달성하고자 하는 자신감과 의지를 발전시키고, 넷째, 이들 욕구와 목표를 달성하는 데 필요한 자원을 찾아내고, 다섯째, 이들 욕구나 목표를 달성하기 위한 실천을 하며, 여섯째, 이렇게 함으로써 지역사회 내에 협력적인 태도와 실천력을 증대, 발전시키는 과정을 의미한다.

다시 말해 지역사회조직사업이란, 개별지도사업, 집단지도사업과 함께 전문사회사업의 한 방법으로서 지역사회를 구성하는 개인, 집단, 이웃(neighborhood)의 사회적 복리를 원하는 방향으로 향상시키기 위해 지역사회 수준에서 전개하는 일련이 과정을 말한다. 지역사회조직을 통해서 성취하려는 구체적 목표는 네 가지가 있는데, 첫째, 지역사회주민의 참여와 통합을 강화시키려는 목표, 둘째, 지역사회(또는 클라이언트)의 환경에의 대처능력을 강화시키려는 목표이고, 셋째, 사회적 조건과 서비스를 개선하려는 목표, 넷째, 특정 불이익집단의 이익을 신장시키고자 하는 것이다.

지역사회조직의 유형으로는 지역사회개발, 사회계획, 사회행동 등이 있으며 이를 통한 실천모델은 웨일과 갬블(1995)에 의해 8가지로 나눌 수 있다. 즉, 근린지역 사회조직, 기능적인 사회조직, 지역사회의 사회·경제적 개발, 사회계획, 프로그램과 지역사회 연결, 정치·사회행동, 연합 및 사회운동이 있다.

현대의 지역사회조직사업이 달성하고자 하는 목적에 대해 던햄(1970)은 세 가지 형태의 목표로 구분하는데, 첫째, "과업중심의 목표"이다. 과업중심의 목표는 지역사회의 특정 요구를 충족시키거나 특정문제를 해결하기 위해서 취하는 구체적인 과업의 완수에 역점을 두는 것이다. 둘째, "과정중심의 목표"이다. 이 목표는 지역사회주민들의 참여, 자조, 협동 능력을 개발, 강화함으로써 문제를 해결할 수 있는 능력을 갖도록 해주는 것이다. 셋째, "관계중심의 목표"이다. 관계중심의 목표는 지역사회구성원 간의 사회관계에 있어서 변화를 시도하는 데 역점을 두는 것이라고 하였다.

반면에 로스만은 지역사회조직의 목표를 두 가지 형태로만 구분하는데, 과업중심의 목표와 과정중심의 목표로 구분한다. 과업중심의 목표는 구체적인 사업을 완성하거나, 지역사회의 기능과 관련한 문제를 해결하는 데 관심을 두는 것으로서 서비스를 제공하거나, 새로운 서비스를 강구하거나, 특수사회입법을 통과시키는 것을 말한다. 그리고 과정중심의 목표에 대해서는 지역사회에 있는 여러 집단 간의 협동적인 관계를 수립하고 지역사회문제의 해결을 위한 자치적 구조를 창출하고 역량기반을 향상시키고 지역사회의 일에 광범한 관심과 참여를 갖도록 자극하고 협동하는 태도와 실천을 양성하고 토착적인 지도력을 증진시키도록 하는 등 체제의 유지와 증진을 지향하는 것이다(이상민, 1998).

위에서 설명한 지역사회조직의 목표에 대한 던햄과 로스만 학자 간의 견해를 정리해보면, **표 2-4**와 같다(노윤석, 2003; 서정창, 2002).

표 2-4. **던햄과 로스만의 지역사회조직 목표에 대한 관점비교**

구분	Dunham	Rothman
과업중심의 목표	구체적인 과업완수에 역점 – 지역사회의 특정 욕구를 충족 – 지역사회의 특정 문제를 해결	구체적인 사업을 완수 – 서비스 제공 – 새로운 서비스 강구 – 특수사회입법을 통과시키는 것
과정중심의 목표	지역사회주민의 능력 배양 – 주민의 참여, 자조, 협동능력개발, 강화함으로 문제해결을 위한 능력을 기름	체제의 유지와 증진을 지향 – 집단 간의 협동적 관계수립 – 자치적 구조창출, 역량기반향상 – 지역에 대한 관심과 참여유도 – 협동적 태도와 실천을 양성 – 토착적인 지도력을 증진
관계중심의 목표	지역사회 구성요소 간의 사회관계에 대한 변화 시도	

이상의 논의를 종합해 보면, 지역사회조직이라는 것은 지역사회 내의 주어진 환경 속에서 지역사회구성원들의 사회적 복지와 이익을 향상시키기 위한 일련의 집단활동을 의미한다고 할 수 있다. 이 의미는 몇 가지로 해석해 볼 수 있는데, 첫째, 지역주민의 관심과 참여를 이끌어 내어 주민들의 잠재력을 증진시키도록 하는 것이며, 둘째, 조직 간이 자조 · 협력관계에 기초해 스스로의 자생적 지도력을 키우는 것이다. 셋째, 자원의 발굴 및 조정 · 조직 간의 연계 강화를 통해 지역사회의 능력을 강화시키고 이를 통한 지역주민의 삶의 질과 복지를 구현하는 것을 의미한다. 이러한 지역사회조직사업의 과정을 통해서 조직구성원들은 자신들의 삶을 자율적으로 통제하는 민주적인 능력을 키울 수 있게 된다.

2) 지역사회보호

지역사회복지의 개념은 협의와 광의의 개념으로 나누어 살펴볼 수 있는데, 협의의 개념으로 살펴보았을 때 지역사회복지는 재가복지를 포함한 영국의 지역사회보호와 동일시하는 견해가 있다.

전통적으로 영국에서 지역사회보호의 개념은 수용시설이 아닌 곳에서 서비스 대상자에게 각종 사회복지 서비스를 제공하는 의미로 시설복지에 대체되는 개념으로 사용되어 왔다. 그러나 최근에는 이와 같이 시설보호의 반대개념으로 사용되어 온 지역사회보호가 그 범위가 넓어져서, 와그너 보고서(Wagner Report)에서는 시설보호도 지역사회복지의 한 요소로 보고 있다. 그러나 아직까지 지역사회보호는 일반적으로 시설보호를 배제하고 가정 또는 가정과 유사한 생활환경에서 인간이 독립적으로 생활을 영위하도록 각종 서비스를 지역사회 내에서 제공해 주는 것을 의미한다. 그 이유는 지역사회복지를 협의로 볼 때는 대인적 서비스(personal social service)와 밀접히 관련되어 있기 때문에 지역사회차원에서 사회복지대상자에게 제공되는 사회복지서비스를 강조하는 경향성을 보이는 반면, 제도나 정책의 변화와 같은 거시적 활동체계를 도외시하고 있다는 점에서는 문제가 되기 때문이다.

지역사회보호는 가능한 사회적 보호를 필요로 하는 사람의 가정 또는 그와 유사한 지역사회 내의 환경에서 서비스를 제공하는 사회적 보호의 형태이다. 지역사회보호의 특징은, 첫째, 가정 또는 가정과 유사한 환경, 즉 통원치료 기관, 그룹 홈과 같은 보호의 장이 전제된다는 점이다. 둘째, 서비스 제공을 위해 동거하는 직원이 없다. 셋째, 일상적인 생활의 결정은 개인에 의하여 이루어진다는 것이다. 넷째, 가정에서의 보호 또는 가정 외로부터 서비스를 받는다는 점이다.

우리나라에서는 아동 · 청소년 · 여성 · 노인 · 장애인 등을 대상으로 국가적 차원에서 또는 민간사회복지시설을 통해 지역사회보호를 실시하고 있다. 아동의 경우는 저소득가정이나 맞벌이 자녀를 위한 보육시설(어린이집, 탁아시설), 방과후 교실 등이 있으며, 가정폭력이 사회적 문제로 대두되면서 아동학대가 증가함에 따라 사회복지기관을 통해 아동학대예방센터 및 보호시설 등을 운영하기 시작하였다.

청소년은 가출 및 약물남용, 집단따돌림, 청소년의 문화공간 부족으로 인해 육체적, 정신적으로 의지할 공간, 대상, 역할이 없는 상황에서 일시적으로 보호할 수 있는 쉼터와 청소년 문화공간 확보를 위해 앞장서는 품 공동체 및 복지관에서 운영하는 청소년 문화프로그램 등이 그 예라고 할 수 있다.

여성은 보호 및 인권의 사각지대에 가장 많이 노출되어 있으며, 특히 여성 장애인의 경우는 인권이 유린되어진 채 방치되어 있음을 일부 사회복지기관들의 설문조사 결과 많이 나타나고 있다. 이혼, 가정 내의 폭력, 성폭행 등으로 인해 가정을 꾸려 나갈 수 없거나 사회의 보호가 매우 필요한 이들을 위한 자립시설, 보호시설 등이 많지는 않지만 지역사회 내에서 운영되고 있다. 하지만 아직까지 여성 장애인을 위한 쉼터 및 보호시설이 없으며, 지역사회 내의 주민들이 이들을 위한 보호시설의 운영을 적극적으로 반대하고 있어 여성 장애인들을 위한 복지센터 설립이 난항을 겪고 있다.

우리사회가 노령사회로 진행되어 가면서 노인에 대한 지역사회보호 서비스도 강화되고 있다. 노인복지센터 또는 복지관 중심으로는 치매노인 주간보호소, 중풍 등 거동불편 노인을 위한 주간보호시설 및 노인학대예방센터 등이 설치되어 지역사회 내에서 서비스를 제공하고 있다. 특히 저소득가정이나 맞벌이가정에서는 육체적 질환으로 고생하는 노인의 수발이 어려워 정신적, 경제적 어려움을 겪었으나 지역사회 내의 이러한 보호시설로 인해 어려움을 감소시키고 있다.

장애인의 경우는 지역사회보호에서도 아직까지 많이 미흡하고 사각지대에 놓여 있는 대상이다. 장애인들을 위한 편의시설 부족 및 사회, 지역주민의 부정적 인식으로 인해 외부와의 접촉이 적고 수용시설에 많이 의존하고 있는 실정이다. 그러나 장애인도 지역사회에서의 보호를 통해 사회통합을 꾀할 필요가 있다. 때문에 장애인을 위한 자활지원센터, 한국장애인고용촉진공단의 각 지역 사무소 또는 복지관에서의 재활시설 및 기금지원을 하고 있으며, 장애인을 위한 그룹홈들이 운영 중에 있다.

노숙자를 위한 지역사회보호는 IMF 이후 급증하게 된 거리의 실직자들을 보호하고 이들의 자활을 돕기 위한 시설로 운영되고 있다. 지역사회보호의 특징과 관련지어 보면 지역사회보호와는 다소 거리가 멀기는 하지만 지역사회복지관을 중심으로 노숙자 보호센터, 즉 희망의 집을 운영하고 있다.

Chapter 03

지역사회복지의 발달과정

배울 내용

1. 한국의 지역사회복지 역사
2. 외국의 지역사회복지 역사

학습목표

1. 한국의 지역사회복지의 발달과정을 이해하고 앞으로의 발전 방향을 모색해 본다.
2. 영국의 지역사회복지의 발달과정을 이해한다.
3. 미국의 지역사회복지의 발달과정을 이해한다.

지역사회복지의 발달과정

Chapter 03

1. 한국의 지역사회복지 역사

한국에서 우리 정부에 의한 공식화된 지역사회복지가 시작된 것은 해방 이후라고 볼 수 있으나 해방 이전에도 지역사회 내에 지역사회복지의 주요 정신으로 볼 수 있는 공동체의식을 기반으로 한 다양한 활동이 이루어지고 있었다. 한국의 지역사회복지 역사를 해방 이전부터 지역사회복지 태동기, 지역사회복지 형성기, 지역사회복지 발전기로 나누어 살펴보면 다음과 한다(구자헌, 1970; 김광희, 2011; 김범수, 신원우, 2014; 박태영, 채현탁, 2014; 오정수, 류진석, 2014; 원석조, 2008; 이경은 외, 2016; 최일섭, 류진석, 2003).

1) 지역사회복지의 기원

해방 이전의 지역사회복지는 크게 일제 강점기 이전과 일제 강점기로 나누어 발달과정을 살펴볼 수 있다. 일제 강점기 이전에는 주로 전통적인 인보상조의 관행들이 주류를 이루었으나, 국가에서 공적으로 이루어지는 지역사회복지 지원도 일부 존재하여 지역사회 내 연대의식을 고취시켰다.

(1) 일제 강점기 이전

일제 강점기 이전의 지역사회복지 활동은 촌락 단위의 자발적 · 자생적인 전통 인보상조 관행과 국가에 의한 공식적 인보제도로 구분할 수 있다.

① 전통 인보상조 관행(촌락 단위의 복지활동)

전통 인보상조 관행으로는 다음과 같은 다양한 활동이 있었다. 우선 상부상조의 민간 협동체로서의 '계'이다. 계는 한국 사회만의 독특한 조합적 특징을 갖는 조직으로 특히 각종 지출에 대비하기 위한 경제적 성격을 가진 계가 활발하였다. 이는 현재도 친목모임 등에서 지속적으로 경제적인 연대의식을 고취시키고 있다. 둘째는 '두레'이다. 두레는 농사일을 협력하기 위해 만들어진 공동노력 풍습으로, 상호부조 · 공동오락 · 협동노동 등을 목적으로 마을 단위로 조직하였다. 산업화 · 도시화되면서 두레는 대부분 사라졌으나 여전히 농촌 지역에서는 협동노동의 방식이 남아 있다. 셋째는 '품앗이'이다. 품앗이는 노동력을 상시적으로 차용 또는 교환하는 조직으로 농촌에서 농번기에 빈번히 이루어졌다. 오늘날에는 품앗이의 정신이 육아에서 발현되고 있는데, 공동육아로 모이는 공동체에서 나타나는 모습이 그것이다. 넷째는 '향약'이다. 향약은 향촌의 자치규약이면서 지식인들 간의 자치적인 협동조직이다. 향약은 지역사회나 그것이 시행되는 시기에 따라 내용이 조금씩 달라졌으나 기본적으로는 유교적 예를 보급하는 데에 그 목적이 있었다. 오늘날 사회에서는 각 지방자치단체별로 존재하는 조례가 향약과 유사한 성격을 가진다고 볼 수 있다. 다섯째는 '사창'이다. 사창은 재앙이나 흉년에 대비하여 미리 향민에게 곡식을 징수 또는 기증받아 저장해 두는 촌락 단위의 구휼제도로 의창, 상평창과 더불어 삼창의 하나다. 민간의 자발적인 구빈기구이나 국가의 지도와 감독을 받은 것이 특징이다.

② 국가에 의한 공식적 인보제도

해방 이전의 국가에 의한 인보제도는 성문법으로 규정되거나 관습적인 규범으로, 강제성이 아니라 당위성을 가진 재량권적인 시책이었다. 이는 크게 세 가지로 나누어 살펴볼 수 있다.

첫째는 애민육조(愛民六條)로 표현되고 있는 여섯 가지 복지시책이다. 이것은 『목민심서』에 기록된 것으로 양로(養老), 자유(慈幼), 진궁(賑窮), 애상(哀喪), 관질(寬疾), 구재(救災)를 말한다. 양로(養老)는 어른을 공경하라는 의미로 노인을 대상으로 하는 복지시책이며, 자유(慈幼)는 고아를 대상으로 한 복지시책으로 어린이를 사랑하라는 의미이다. 진궁(窮)은 가난한 사람들을 구제하라는 의미로 다른 사람의 힘에 의존하지 않고서는 살 수 없는 사람들을 대상으로 하며, 애상(哀喪)은 지극히 가난하여 상을 치를 수 없는 사람들을 대상으로 하는 복지시책으로 상을 애도하라는 의미이다. 관질(疾)은 환자를 구호하라는 의미로 불치의 환자나 위독한 병자를 대상으로 하며, 구재(救災)는 수재 · 화재 · 기근 등 재앙을 당한 사람들을 대상으로 하는 복지시책으로 재난을 구제하라는 의미이다.

둘째는 오가작통법이다. 이는 다섯 가구를 1통으로 편성하고 다섯 가구 중에서 나이가 많거나 지위가 높은 사람이 대표인 통수를 담당한 조선시대 인보제도이다. 즉, 각 하급 지방행정 구획을 일정 수의 호수로 세분화하여 그 구역 내에 거주하는 모든 구성원이 인보상조와 연대책임으로 서로 돕는 일종의 지방자치 제도를 말한다.

셋째는 국가단위의 상설 복지기구이다. 의창, 상평창, 진휼청, 동서대비원, 혜민국 등 크게 다섯 가지로 나누어 볼 수 있다. 의창은 고려시대와 조선시대, 흉년이 든 해에 기민을 구제하기 위하여 양곡을 저장 · 보관해 두는 제도로 빈민에 대해 무상의 구제를 했다는 점에서 오늘날의 국민기초생활보장제도와 그 기본성격이 유사하다. 상평창은 고려시대와 조선시대 빈민에 대해 곡물을 대여하고 상환하도록 한 제도이다. 진휼청은 조선시대 흉년에 빈민을 구제하는 국가기관을 말하며, 동서대비원은 치료를 목적으로 하는 의료구호기관이고, 혜민국은 의약, 의복을 제공하는 기관이다.

(2) 일제 강점기

일제 강점기 지역사회복지 활동의 이해를 돕기 위해서는 그 배경을 먼저 살펴보고 구체적인 내용을 확인해야 한다.

① 배경

일제 강점기는 근대적 의미의 지역사회복지 사업이 싹트기 시작한 시기이다. 일본이 자국의 이익을 위해 한국 농업을 식민지적 구조로 변경하여 토지조사 사업, 산미증산 계획 등을 실시함으로써 전통적인 자생복지활동이 위축되고 해체되었다.

일부 매판지주들과 결탁한 관제협동조합들로 인해 재래적 민간협동단체는 자연 붕괴되었으며, 부락의 자치단체였던 동리계는 읍면제도 등 새로운 행정제도의 실시와 행정기구의 정비로 해체되었다. 학교교육 제도의 실시로 학계 및 향계 등도 서당 폐지와 함께 소멸되었고, 은행과 금융기관의 발달로 이자계와 같이 금융을 목적으로 했던 각종 협동체는 도태되거나 위축되었다. 혈족단체인 종계와 화수계는 개인주의 사상의 침투로 붕괴되었으며, 산업을 목적으로 하는 계는 농회, 수리조합 등 새로운 산업단체의 발달로 소멸되었다.

이 시기의 사회복지는 근대적인 복지이념에 의해 시행되었다기보다는 일제 식민정책의 일부인 시혜 또는 자선으로 우리 민족의 충성을 얻으려는 정치적인 의미가 강한 시기라고 할 수 있다.

② 일제 강점기 지역사회복지의 주요 내용

일제 강점기 시기의 지역사회복지는 크게 조선사회사업협회, 조선구호령 및 사회복지시설과 사업으로 구분할 수 있다.

첫째, 조선사회사업협회는 1929년에 설립되었고 사회사업단체 간의 상호 연락, 조사연구, 강습 · 강연회, 지식교환 등의 활동을 하였다. 현대적 의미의 사회복지사협회와 유사한 기능을 가진 조직이나, 이 협회는 관의 통제를 받았다.

둘째, 조선구호령[1]은 1944년에 제정 · 실시되었고 해방 후 1961년 「생활보호법」 제정으로 폐지되었다. 조선구호령의 대상은 65세 이상의 노쇠자, 13세 이하의 유아, 임산부, 불구 · 폐질 · 질병 · 상이 및 기타 정신 또는 신체의 장애로 인하여 노동을 하기에 지장이 있는 자이며, 급여내용은 생활부조, 의료, 조산, 생업부조, 장제부조로 이루어져 있다. 구호는 자산조사 및 신청주의에 의해 실시되었고 거택보호를 원칙으로 하였다. 거택보호가 불가능하다고 인정되는 경우에는 구호시설수용, 위탁수용 또는 개인의 가정 혹은 적당한 시설에 위탁수용을 할 수 있도록 규정하였다. 조선구호령은 근대적 의미의 공적부조의 출발이라 할 수 있으며, 해방 이후 전개된 「생활보호법」의 모태가 되었다.

셋째, 사회복지시설과 사업이다. 일제 강점기에는 육아시설(전국 22개소, 이후 숫자만 표시), 임산부상담소(5), 탁아시설(4), 영아건강상담소(5), 빈궁아교육기관(9), 불량아감화시설(5), 맹아보호시설(2), 육아협회 등 어린이 보호시설이 많이 설립되었다. 또한 요보호자를 보호하는 제도로는 1927년에 서울에 설치되었던 방면위원제도가 있는데, 이를 통해 요보호자에 대한 보호, 구제, 직업알선 등 사례관리를 시도하였다. 방면위원제

1) 조선구호령의 배경을 살펴보면, 일제 강점기에 들어와 일본 본토에서는 1874년에 제정된 구휼규칙을 1929년에 폐지하고 구호법(救護法)을 새로 제정하여 보다 향상된 현대적 구빈행정을 시행하였으나, 한국에서는 이 법을 시행하지 않고 유사시에 은전을 베푸는 형태로 극히 한정된 범위의 요구호자에 대한 구빈사업을 실시하였다. 그러던 중 1944년 3월 군사적 목적을 위하여 한국민에게 징병과 노무징용을 강요하게 되면서 비로소 일본의 구호법을 기초로 하고 모자보호법과 의료보호법을 부분적으로 추가해서 종합한 법인 조선구호령을 제정하였다.

도를 효과적으로 수행하기 위하여 인보관[2]을 설치하였는데, 최초의 인보관은 동부인보관이었다. 그 후 북부인보관, 마포인보관, 서부인보관, 용강인보관, 성동인보관, 영등포인보관 등이 개설되었다. 이처럼 서울에 인보관이 개설된 것은 당시 일본의 빈민구제제도인 방면위원사업과 인보사업을 병행하여 보다 효과적으로 사업을 수행하기 위함이었는데 당시 사회적 상황으로 미루어 보아 질서유지나 지배강화를 이루기 위한 통치의 목적도 있었던 것으로 짐작할 수 있다.

2) 지역사회복지 태동기: 해방 이후~1980년대 전반

해방 이후 한국전쟁을 거치면서 외국의 원조기관들이 전쟁고아들을 위한 시설보호와 빈민구호 활동에 주력하면서 지역사회복지의 기초적인 틀이 마련되었다.

(1) 사회복지공동모금운동

해방 후 빈민과 빈곤아동에 대한 구호활동에 있어 열악한 국가재정으로 인한 어려움을 타개하고자 민간자원을 동원하기 위한 모금회가 설립되었다. 1951년 「기부금품모집금지법」으로 시작하여 1971년 민간주도의 공동모금 운동이 전개되었으나 관심과 여건 부족으로 정체되었다. 그러나 지역사회 전체를 주 대상으로 모금하고, 이를 지역사회를 위한 활동에 배분하여 집행하도록 했다는 점에서 지역사회복지 활동에 대한 자발적인 참여 기회를 확대했다는 의의를 가진다.

2) 사회복지관의 모체로 볼 수 있는 인보관은 외국 선교사들이 설립하였다. 한국 최초의 인보관은 1906년 미국 감리교 여선교사였던 메리 놀스(Miss Mary Knowles)가 원산의 6평 초가집에서 시작한 반열방으로 알려져 있다. 반열방에서는 여성들을 위한 교육이나 보건 등의 사업을 시작하였다.

(2) 외국민간원조기관의 활동

외국민간원조단체 한국연합회(Korean Association of Voluntary Agencies: KAVA)[3]는 외국에 있는 본부의 지원으로 우리나라에 보건사업, 교육사업, 생활보호, 재해구호 또는 지역사회개발 등의 사회복지사업을 진행한 비영리적 사회사업기관으로서, 그 사업자원이 외국에서 마련되고 외국인에 의해 운영된 기관이었다. 1952년에 7개 기관이 모여 조직하였던 것이 1955년 사무국 설치로 연합회로서의 기능을 갖추게 되었고 1964년 70여 개로 증가하였다. 이후 1970년대 후반부터 철수하거나 철수계획을 세우기 시작하였다.

이러한 KAVA가 우리나라 사회복지사업에 미친 영향은 다음과 같다. 우선 소속된 기관들이 상호 정보교환을 함으로써 원조의 중복을 피하도록 함과 동시에 상호 간에 전문지식을 얻을 수 있는 기회를 제공하였다. 한때 우리나라 민간복지사업의 주축을 이루었으며, 우리나라에 사회사업(복지)이라는 새로운 학문이 도입되는 자극제도 되었다. 또한 미국식 전문사회사업의 실천방법과 관련된 이론을 국내에 소개하는 데 중요한 역할을 하였다.

(3) 지역사회개발 사업

우리나라의 지역사회개발 사업은 1955년 UN에 의해서 후진국의 경제 · 사회발전을 위해 주창되었다. 그 후 1958년 지역사회개발위원회 규정이 공포되면서 지역사회개발사업이 본격적인 체제를 갖추고 시작되었다. 지역사회개발 사업은 1970년대 새마을운동 사업으로 전환되어 지역사회복지실천을 위한 기반이 되었다는 점에 의의가 있다. 그러나 관주도의 반강제적 운동이라는 점에서 지역사회복지의 자발성 원칙에는 다소

3) KAVA는 전쟁 난민 및 고아를 돕기 위한 시설보호사업으로 시작되어 보건사업, 교육, 지역개발사업, 전문 사회복지사업을 전개하였다. 특히 KAVA는 사업추진에 있어서 정부기관과 유대를 가지고 효과적으로 협조한 점이 두드러진다.

위배되는 측면이 있다.

새마을운동[4)]은 1970년대 산업화와 근대화 과정에 지대한 기여를 하였으나 초기의 지나친 관주도 경향과 1980년대 이후 정치적 영향 등으로 동시에 부작용도 많았다. 또한 농촌의 수입이 많아진 가운데 이루어진 것이 아니기 때문에 현재까지도 많은 농가는 빚에 허덕이는 실정이며, 생산량 증가를 위해 농약을 많이 뿌린 것이 환경을 오염시키는 주범이 되었다.

무엇보다도 중앙정부가 주도하는 상의하달의 하향식 운동에서 오는 문제점이 가장 크게 제기되었다. 관에 의한 하향식 지원은 새마을운동 일선 조직의 자생력을 현저하게 떨어뜨려 농민이나 농촌마을이 정부의 지원, 외부의 지원에 더욱 의존하게 하는 의타심과 수동적 자세를 심어 주었다. 또한 형식에 있어서도 비민주적이었고, 다양한 현상과 지방의 특성을 반영하는 데에는 한계가 있었다. 즉, 정부의 권고 혹은 지시로 1인 혹은 소수의 지도자에 의해 주도됨에 따라 반드시 지역주민 전체의 이익과 일치되는 것이라고 볼 수 없었으며, 지도자가 지역을 떠나거나 지도자로서의 책임을 포기할 경우 사업 자체의 추진이 위태롭게 되기도 하였다. 획일적 · 물량위주적 · 전시효과적인 사업수행으로 인해 생산성이 떨어지고 시대의 변화에 따른 새마을운동의 새로운 모습을 보여 주지 못했다는 점도 문제로 제기된다. 즉, '근면 · 자조 · 협동'을 강조함으로써 주민들의 의식변화라는 과정중심의 목표를 중시하는 모습을 보이기도 하였으나, 실제로는 과업중심적인 목표를 달성하는 데 치중하였다. 지역주민의 태도와 행동에 있어서의 내면적인 변화보다 가시적인 실제효과에 더 치중하여 물량적 효과로 성과를 평가한 것이다. 이로 인해 농촌마을 공동체의 자율성을 약화시켰고, 전통적인 농촌공

4) 새마을운동은 앞서 언급한 대로 지역사회개발위원회 규정이 공포된 이후 1970년대부터 시작된 우리나라의 지역사회개발 사업이다. 기본이념은 근면 · 자조 · 협동이며 농한기 농촌마을 가꾸기 시범사업 형태로 시작되었다. 농촌의 생활환경개선 사업에서 시작해 소득증대 사업으로 확대되었고, 도시에서는 의식개선 운동으로 전개되기도 하였다. 1980년대에 들어서 새마을운동은 민간주도로 전환되어 '새마을운동중앙본부'가 창립되었고 1988년 제6공화국이 들어서면서 원래 추구했던 이념 목표와는 달리 정치적 목적과 연관되거나 관변운동이라는 비판을 받으면서 위축되고 퇴색하기 시작하였다.

동체의 지혜와 전통도 단절시키는 결과를 초래하였다.

3) 지역사회복지 형성기: 1980년대 후반~1990년대

1990년대는 재가복지서비스가 확대되고 지역사회복지실천 주체가 전문화 · 다양화되었다. 또한 지역사회 중심의 자활사업이 전개되었고 지방자치제도(1995년)가 실시되었다는 특징이 있다. 이 시기의 지역사회복지 측면의 주요 흐름을 구체적으로 살펴보면 다음과 같다.

(1) 사회복지관의 발전

사회복지관은 1983년 「사회복지사업법」 개정으로 가, 나, 다형 사회복지관으로 나뉘면서 국가보조를 받기 시작한 이후 1980년대 후반에 영구임대아파트단지 내에 사회복지관 건립이 법으로 제정되었으며, 1989년 사회복지관 운영 · 건립 국고보조사업지침이 마련되면서 사회복지관이 국가보조금을 받고 운영되기 시작하였다. 이렇게 국가가 공식적으로 사회복지관을 지원한 데에는 1980년대 당시 제5공화국이 도시화 · 산업화 과정 중에 대두하게 된 빈곤문제를 공공 전달체계 도입보다는 민간 전달체계인 사회복지관을 통하여 해결하는 정책을 선택하였기 때문이다. 이로 인해 공공 전달체계 개편이 늦추어지게 되고 현재 공공 전달체계인 희망복지지원단 등과 민간 전달체계인 사회복지관의 역할 정립 등의 문제가 발생되는 한계도 있었다.

그 후 사회복지관은 매우 큰 양적 팽창을 하였는데, 1990년의 58개소에서 2020년 이후에는 전국에 450개소 이상이 설치 · 운영되고 있다. 1995년 지방자치제의 실시로 민간 영역에서 사회복지관을 건립하면 이를 지방자치단체에서 위탁하는 형태가 증가하였고, 재정구조도 국고보조금, 지방비, 법인 자부담으로 이루어지게 되었다. 즉, 민간법인에서 운영하고 정부의 지도감독이 이루어지는 형태가 되었다. 한편 1997년 「사회복지사업법」이 개정됨에 따라 사회복지시설 평가제도가 도입되고 1999년에는 사회복지시설 평가가 시작됨으로써 사회복지기관의 전문성 향상을 도모하는 계기가 되었다. 또한 2004년부터 대상별 6대 사업분류에서 기능별 5대 사업분류로 변화되고, 2012년 기능별 3대 사업분류로 사례관리사업과 지역사회조직화사업이 강조되는 등 지역사회복지실천이 보다 강화되어 갔다.

(2) 재가복지봉사센터의 설립

탈시설화의 흐름이 나타나면서 지역사회 내에서 사회적 취약계층에게 서비스를 제공하는 재가복지가 관심을 받기 시작한 1980년대 후반, 한국노인복지회, 은천노인복지회, 북부노인종합복지관, 남부노인종합복지관 등 민간단체들을 중심으로 본격적인 재가복지서비스가 시작되었다. 그러다가 1992년에 재가복지봉사센터 설치, 운영 지침이 제정되면서 본격적으로 정부 차원의 재가복지가 이루어지기 시작하였다.

재가복지봉사센터는 지역사회에서 일정한 시설과 전문인력 및 자원봉사자를 갖추고 필요한 재가복지서비스를 제공하는 사회복지시설을 말하는데, 이는 기존의 사회복지관에 전담인력, 장비 등 사업비를 추가 지원하여 사회복지관의 부설 형태로 설치·운영되었다. 재가복지봉사센터는 사업 운영에 있어 자원봉사자 등 지역사회 내에서 동원·활용 가능한 자원 등을 고려할 것을 명시하고 있다는 점이 특징인데, 이는 전문인력이 다수의 서비스 이용자에게 직접 서비스를 제공하기에는 부족한 현실을 타개하려는 의지가 반영된 것이고, 이러한 점은 추후 장기요양보험제도에서 요양보호사 양성을 적극적으로 하게 된 계기가 되었다.

(3) 지역사회 중심의 공공부문 전달체계 개편 논의

공공부문 전달체계에서는 1987년부터 사회복지전담공무원이 기초자치단체에까지 배치되는 질적인 향상이 있었다. 그러나 광역자치단체에서 기초자치단체를 거쳐 클라이언트로 연결되는 일방적·수직적 전달체계상 지역주민의 복지욕구에 대한 능동적 대처의 곤란, 보건과 복지서비스의 대상자 일치를 근거로 한 서비스 공급조직 통합으로 보건복지의 포괄적 서비스 제공의 필요, 보건복지 서비스 환경의 변화와 통합적 서비스 공급요구의 증대라는 필요성이 대두되면서 공공부문 전달체계의 개편 논의가 활발하게 일어났다. 이로 인해 1995년 7월부터 전국 5개 지역(서울 관악구, 대구 달서구, 경기 안산시, 강원 홍천군, 전북 완주군)의 보건소 내에 복지사업담당부서를 신설한 '보건복지사무소'를 시범사업으로 운영하였다.

그러나 복지업무담당부서가 시·군·구청의 사회복지과와 보건복지사무소로 이원화됨에 따라 업무분장이 불명확한 경우 업무협조가 원활하지 못했고, 농촌지역의 경우 도시지역에 비해 대중교통수단 이용 등의 불편으로 주민접근성의 저하문제가 여전히 해소되지 못하고 있다는 지적이 나왔다. 또한 시범사업 추진업무 중 보건복지 연계서비스의 비중이 낮아 당초 목적인 보건과 복지조직의 통합효과는 아직 미미하다고 평가되었다. 이에 시·군·구청의 복지업무를 점차적으로 이관하여 복지업무 추진체계의 일원화를 꾀하고 수요자 중심의 포괄적·효율적인 서비스를 제공할 수 있는 정보체계를 구축하며 프로그램을 지속적으로 개발해 나가려 하였지만 효과적으로 이루어지지 못하였고 결국 보건복지사무소 시범사업은 1999년 12월 종료되었다. 그리고 지역사회 중심의 민관협력을 꾀하기 위해 2001년 '사회복지협의체' 시범사업이 운영되었다.

(4) 지역사회행동 모델로의 확산

1980년대는 빈부 격차와 상대적 빈곤문제가 새로운 쟁점으로 떠올라 역동적인 지역사회조직화가 펼쳐진 시기이다. 첫째는 센터 중심의 활동으로 탁아소, 공부방, 민중교회 등을 거점으로 하여 주민들의 생활 욕구를 일정 부분 채워 주면서 주민 의식화 프로그램을 전개하였다. 지역사회 탁아소연합회는 이 시기에 시작된 지역 간 네트워킹의 대표적인 사례이다. 둘째는 주로 빈민지역의 철거반대 투쟁이다. 이는 센터 중심의 지역사회조직화와는 달리 해당 지역의 주민들이 직접 주도하였다. 대표적인 철거 반대 투쟁은 목동에서 시작되었는데, 목동 주민들은 알린스키 방식의 대결 전술을 사용하면서 3년 간에 걸쳐 정부의 강제 철거에 맞섰다.

1980년대 후반 이후 각 민간단체들을 중심으로 '바른 삶 실천운동(YMCA)', '공해추방운동', '경제정의실천운동', '복지권실천운동(참여연대)' 등의 복지 이슈와 관련된 사회운동이 이루어졌으나, 이슈 중심적 접근으로 지역사회와 구체적으로 연계된 측면은 미약하였다. 그러나 저소득층 지역사회의 재개발 반대운동, 핵발전소설치 반대운동 등의 주민운동은 지역적 근거를 배경으로 한 사회행동의 일환으로 볼 수 있다. 이처럼 복지와 관련된 이슈 또는 지역사회의 문제해결을 위해 사회행동 모델로 점차 변화되는 추세이다.

4) 지역사회복지 발전기: 2000년대

2000년대 이후에는 지역사회복지 측면에서 다양한 제도가 체계적으로 수립되고 시행되었다.

(1) 자활지원사업의 확대

2000년 10월에 「국민기초생활보장법」이 시행되면서 지역사회 중심의 자활지원사업이 본격적으로 시작되었다. 자활지원사업에는 지역사회 내에서 빈곤문제를 해결하기 위한 사례관리와 같은 전문적인 실천활동도 함께 요구되고 있다. 지역사회에서 자활지원을 담당하였던 많은 조직이 지역자활센터로 지정되었다.

자활지원사업 프로그램은 크게 취업지원, 창업지원, 유통지원, 자산형성지원으로 나누어진다. 이 중 취업지원 프로그램으로 고용복지연계사업인 희망리본 프로젝트가 2009년에 시범사업으로 실시된 이래 전국적으로 확대되어 진행 중이고, 자산형성지원 프로그램인 희망키움통장 사업은 2010년부터 실시되고 있다.

(2) 재가복지서비스 통합

1992년에 설치된 재가복지봉사센터가 지속되다가 민간복지서비스전달체계 개선계획의 일환으로 2010년 1월 1일부터 종합사회복지관 부설 재가복지봉사센터가 종합사회복지관의 '재가복지봉사서비스'로 흡수 통합되었다. 현재 별도의 재가복지봉사센터는 운영되고 있지 않지만 2008년 7월부터 실시된 장기요양센터의 노인장기요양보험제도로 인해 재가복지가 확대된 양상을 보이고 있다.

(3) 공공 전달체계의 재편

보건복지사무소 사업 중단 이후 복지 전문 인력 활용의 미흡, 복지행정의 일관성 및 전문적 집행 미흡, 수요자 위주의 복지서비스 제공 미흡이라는 문제점이 드러나 지역사회 중심의 공공부문 전달체계로의 개편을 꾀하게 되었다. 결국 그 결과로 사회복지사무소 시범사업이 2004년 7월부터 2006년 6월까지 실시되었고, 2006년 7월 이후에는 시 · 군 · 구에 주민생활지원국을 설치하여 운영하였다.

그러나 저출산, 고령화, 여성의 경제활동 참여 확대, 근로빈곤층 증가 등 복지수요에 대응하여 복지제도, 예산이 크게 확대되어 사회안전망은 발전하였음에도 불구하고 복지체감도는 낮은 것으로 나타났다. 따라서 기존의 분절적 지원에서 벗어나 복지, 보건,

고용, 교육 등 다양한 서비스를 통합적, 맞춤형으로 연계, 제공함으로써 대상 가구의 복합적 욕구에 효과적으로 대응하여 복지체감도를 향상하고자 2010년 1월부터 사회복지통합관리망인 '행복e음'을 통해 시스템을 구축하고, 희망복지지원단을 신설하여 지역사회 수요자 중심의 통합사례관리가 시행되고 있다.

2013년에는 사회보장정보시스템이 개통되어 각 부처의 복지사업 정보가 연계되었다. 그럼에도 여전히 복지사각지대가 존재하고 그로 인한 자살 등이 이슈화되면서 2014년 12월에는 이른바 '송파 세모녀법'으로 불리는 「국민기초생활보장법」「긴급복지지원법 개정안과 사회보장급여의 이용 · 제공 및 수급권자 발굴에 관한 법률」 제정안이 통과되어 2015년 7월부터 시행되었다. 법률시행에 따른 정책 변화의 골자는 전국 읍 · 면 · 동별 지역사회보장협의체의 구성이다. 이 조직은 먼저 지자체 단위로 구성되어 있는 지역사회복지협의체의 기능을 더욱 강화하고, 나아가 복지 단위를 읍 · 면 · 동 중심으로 재구성하는 동시에, 복지사각지대 발굴 · 해소, 공동체 회복을 통한 지역보호체계 구축 등의 사업도 주도한다.

(4) 복지재정의 지방이양 및 중앙으로의 환원

2004년 7월 국고보조사업을 지방으로 이양하는 국고보조금 정비방안이 확정되었고, 같은 해 12월에는 사회복지사업비의 지방이양을 위한 한시적 분권교부세가 도입되어 5년 간 운영되었다. 분권교부세 도입으로 인한 여러 가지 부작용이 나타났으나 2009년에 다시 5년 연장되어 진행함으로써 복지재정의 지방분권화를 도모하였고, 2015년 분권교부세를 보통교부세에 통합하게 되었다. 분권교부세가 폐지되면 지방의 재정 자율권이 다소 높아질 것으로 전망되었지만 분권교부세가 용도가 특정되지 않은 보통교부세로 통합될 경우, 지자체 간 복지에 대한 투자 격차가 커질 수 있는 우려도 제기되었다.

(5) 지역사회복지계획 수립

2003년 7월에는 「사회복지사업법」이 개정되어 시 · 도지사 또는 시 · 군 · 구청장이 4년마다 각 지역사회의 욕구에 맞는 지역사회복지계획과 연차별 시행계획을 수립하도록 의무화되었다. 2005년 7월에는 이를 주체적으로 수행할 지역사회복지협의체가 설치, 운영되어 2006년에 제1기 지역사회복지계획을 수립하였다. 현재 제1기 지역사회복지계획(2007~2010년)과 제2기 지역사회복지계획(2011~2014년), 제3기 지역사회복지계획(2015~2018년), 제4기 지역사회복지계획(2019~2022)이 완료되었고, 제5기 지역사회복지계획(2023~2026)이 진행 중이다. 지자체 차원에서 복지계획을 민과 관이 협력하여 수립하고 이를 연차적으로 실천함으로써 지역사회복지 발전에 획기적인 전환점을 마련하였다. 즉, 지역의 다양한 복지관계자와 주민들이 계획 수립에 참여함으로써 주민의 복지체감도를 높일 수 있게 되었다는 점에 그 의의가 있다. 한편 「사회보장급여의 이용 · 제공 및 수급권자 발굴에 관한 법률」 시행으로 2015년 7월부터 지역사회복지협의체가 지역사회보장협의체로 명칭이 변경되고, 그 역할이 확대되었다.

(6) 지역사회 중심의 정책 수립

2004년 1월에는 「아동복지법」이 개정되어 지역아동센터가 법제화되었다. 2006년 정부는 '사회투자국가'를 선언하면서 기존의 사회복지정책을 재조명하고 보완하였는데 사회투자와 관련하여 4대 역점과제가 선정되었고, 그중 희망스타트프로젝트, 아동발달지원계좌사업이 포함되었다. 2007년 아동발달지원계좌인 디딤씨앗통장사업과 아동보호 통합서비스인 희망스타트 시범사업이 실시되었고, 2008년에는 희망스타트 사업이 드림스타트 사업으로 변경되어 실시되고 있다.

2006년에는 「자원봉사활동기본법」이 시행되었다. 이 법은 자원봉사를 통한 공동체의식 함양 및 국가경쟁력 향상을 표방하고 자원봉사활동에 대한 체계적 지원과 자원봉사자에 대한 보호 등을 그 주된 내용으로 하고 있다. 이에 자원봉사활동에 대한 국가 및 지방자치단체의 책무를 명시하였고, 그 간 법령에 의한 설치근거를 갖고 있지 못하여 사실상의 운영에 어려움이 있던 자원봉사센터와 자원봉사협의회에 법적 지위를 부여함으로써 자원봉사 인프라 구축의 기반을 마련하였다는 점에서 의의가 있다.

또한 2007년에는 사회서비스 전자바우처사업이 실시되었다. 기존 사회복지서비스는 공급자 지원방식으로 이루어져 수요자의 선택권이 제한된 한계를 가져 수요자 중심의 직접 지원방식으로 바우처(서비스 이용권) 제도를 도입하게 되었다. 2012년에는 「사회서비스이용 및 이용권 관리에 관한 법률」이 시행되어 사회서비스 사업에 대한 법적 구속력이 강화되었다. 이로 인해 지역사회주민들이 자신의 욕구에 부합한 사회서비스를 보다 손쉽게 이용할 수 있게 되었다.

2012년 12월에는 자주적 · 자립적 · 자치적인 협동조합 활동을 촉진하고, 사회통합과 국민경제의 균형 있는 발전에 기여함을 목적으로 한 「협동조합 기본법」이 제정되었다. 이로 인해 5인 이상이 결사하면 협동조합을 설립할 수 있게 되어 협동조합 설립이 용이해졌다. 특히 지역주민들의 권익 · 복리 증진과 관련된 사업을 수행하거나 취약계층에게 사회서비스 또는 일자리를 제공하는 등 영리를 목적으로 하지 아니하는 협동조합인 사회적협동조합을 이 법에서 명시하고 있어 사회적 경제를 보다 활성화시키는 토대가 되었다.

2. 외국의 지역사회복지 역사

1) 영국의 지역사회복지 역사

영국의 지역사회복지 역사의 발전은 크게 5단계로 구분하여 살펴볼 수 있다. 첫째, 지역사회복지의 기원(1800년대 후반~1940년대)에 해당되는 단계이다. 영국의 지역사회복지의 시작은 1901년 「엘리자베스 구빈법」으로 볼 수 있다. 그러나 이 법은 사회질서 유지와 노동력 확보라는 사회통제의 목적으로 제정 및 시행되어 현대적 의미의 지역사회복지와는 다소 거리가 있다. 현대적 의미의 전문화된 지역사회복지는 19세기 후반에 민간 영역에서 나타났는데, 지역에 거주하는 요보호대상자의 가정을 방문하여 구체적인 도움을 제공한 자선조직협회운동 및 빈민지역에 함께 거주하면서 교육문화활동과 사회문제에 대한 조사활동을 통하여 사회문제를 해결하려고 노력한 인보관 운동은 인도주의적 지역사회복지의 기원으로 볼 수 있다.

자선조직협회[5]는 19세기에 들어 자원봉사활동이 폭발적으로 증가하는 데서 기원을 두고 있다. 즉, 민간 차원의 자선이 비효과적이라는 비판이 나타나면서 1869년에 이를 조직화하기 위해 자선조직협회가 설립되었다. 자선조직협회는 런던시를 몇 개의 구역으로 나누어 각 구역에 구빈위원회를 두고, 우애방문원을 통해 구제대상자를 직접 면

5) 자선조직협회(Charity Organization Society: COS)는 19세기 말 성행하였던 자선조직의 무분별한 활동과 비효율의 문제가 지속되자 이들을 지역단위로 조직화하고 체계적 자선을 시행하고자 하는 노력으로 시작되었다. 1869년 런던에 최초로 설립되었고 자선단체 활동을 하는 중산층 이상의 사람들이 주도하였다. 적자생존의 논리에 기반을 둔 사회진화론의 영향을 받았고 빈곤을 개인의 도덕적 결함이나 나태와 같은 행태에서 기인한 것으로 보았다. 또한 자선의 오용과 남용을 막고 빈민들의 의존문화를 근절하려고 하였다. 이는 우애방문원들을 역할모델로 활용하여 빈민들의 삶을 변화시키겠다는 의도를 가진 것이었다. 특히 구호를 받을 만한 자격이 있는 빈민인가의 여부를 조사하고 가난한 사람들을 가치 있는 사람과 가치 없는 사람으로 구분하여 자격이 있는 빈자에 대해서만 전문적 사회복지서비스를 제공하였다. 빈곤의 원인에 대해 개인에게만 그 책임을 물었다는 점에서 한계를 가진다.

접하거나, 가정을 방문하여 적절한 도움을 주었다.

한편 인보관 운동[6]은 다른 경로를 통해 발달하였다. 1884년 사회계층 간의 간격을 좁히고 인간의 가치를 회복하고자 자발적인 지원활동이 전개되었다. 이러한 인보관 운동은 어떤 토지에 정착하는 것을 의미하는 말로, 지역주민을 교화하고, 사회계급 간의 거리감을 좁히기 위하여 지역에 함께 거주하면서 그 지역의 모든 문제를 같이 생각하며 해결하고자 하는 사업이다.

이러한 두 조직(자선조직협회와 인보관 운동)의 활동은 지역사회복지의 기조에 큰 영향을 주었다. 즉, 자선조직협회는 개별사회사업, 사회복지협의회 등과 같은 협의기구에 영향을 미쳤으며, 인보관 운동은 지역사회조직과 집단사회사업의 방법론 등 사회복지관의 실천 방식에 영향을 주었다.

둘째, 사민주의(사회민주주의) 시대의 지역사회복지(1945년~1967년) 단계이다. 이 시기 제2차 세계대전 이후 노동당이 승리함에 따라 베버리지보고서의 착실한 수행이 이루어졌고, 복지국가의 기틀이 다져졌다. 즉, 국민의 복지욕구 충족의 일차적 책임은 국가가 지고 지방정부가 관할하는 지역사회복지로 전환하기 시작하였다.

셋째, 지역사회복지의 황금기(1968년~1972년)이다. 이 시기에는 세계 경제가 호황을 누리면서 완전고용이 실현되고 임금노동자를 위한 사회보험이 인정되는 등 사회복지가 지속적으로 발전하였다. 이 시기에는 또한 지역사회를 기반으로 사회복지서비스를 제공해야 한다는 사회복지에 대한 인식과 태도의 변화도 일어났다.

넷째, 신자유주의와 지역사회복지의 쇠퇴기(1973년~1997년) 단계이다. 이 시기 국가

---

6) 인보관 운동(Settlement House Movement)은 1884년 바네트(Barnett) 목사가 최초의 인보관인토인비홀(Toynbee Hall)을 설립하면서 시작하였다. 빈곤을 개인적 문제가 아닌, 산업화 · 도시화로 인해 나타나는 · 사회문제의 결과물로 인식하여 대학생, 성직자, 지식인들이 빈곤주민의 거주지역에 직접 인보관을 세우고 함께 생활하였다. 주민들에게 빈곤 등 사회문제에 대한의식화 교육활동을 진행하여 사회적 원인과 빈곤의 메커니즘을 깨닫게 하는 데 주력하였고, 아동위생, 보건, 기술, 문맹퇴치 등 다양한 교육활동 및 문화활동을 진행하여 주민들의 잠재력을 이끌어 내고자 하였다. 또한 빈곤문제, 주택문제, 노동착취문제, 공공위생문제 등 각종 사회문제에 관심을 두고 이를 해결하기 위한 사회개혁활동 및 입법활동을 펼쳤다.

재정위기는 인플레이션과 실업률이 높아지고 공공지출의 감소와 사회복지의 퇴보로 이어졌다. 1988년에는 '국민보건서비스 및 지역사회보호법'이 공표되었다. 그린피스보고서[7]에 담긴 지역사회보호의 개념은 지방정부의 역할보다는 가족 등 비공식부문과 민간조직부문, 자원부문의 역할을 강조하였다.

마지막으로 지역사회복지의 변화기(1997년~현재)로 보수당이 강행한 사회복지의 축소는 시민들의 반발을 일으켰고, 1997년 다시 노동당 정부가 집권하게 되었다. 이에 따라 사회복지에서 '제3의 길'은 노동연계복지로 제시되었는데, 복지는 노동으로 이어져야 한다는 '사회투자'로서 강조되었다. 또한 신자유주의 사회복지정책은 지역사회의 중요성을 강조하면서 지역사회복지로 연결되었다.

2) 미국의 지역사회복지의 역사

미국의 지역사회복지 역사는 영국과 마찬가지로 크게 5단계로 구분하여 살펴볼 수 있다. 첫째, 지역사회복지의 태동기(1860년대 후반~1910년대)이다. 이 시기 미국의 자선조직협회는 영국의 영향을 받아 설립되었다. 자선조직협회는 환경보다는 개인의 변화에 초점을 두었다. 따라서 개인의 적응과 치료에 중점을 두고 전통적 방법인 개별사회사업을 중시하였다. 자선조직협회는 효율성과 과학적 조사를 토대로 서비스를 제공하였고, 이것은 오늘날 사회조사에 기반한 지역사회복지 기술에 많은 공헌을 하였다.

한편 인보관 운동도 영국의 영향을 받아 뉴욕에서 시작되었다. 인보관 운동가들은 빈곤원인의 제거, 도시생활 및 노동환경 개선에 관심을 가지고 사후치료보다는 사전예

7) 1988년에 제출된 보고서로 정부나 지방당국 외에 민간부문, 자원부문(voluntary sector)의 역할을 강조하였고 서비스 소비자의 선택권을 증진시켜야 한다고 주장하였다. 또한 돌봄계획을 수립하고 욕구를 판단하며 민간서비스 간의 경쟁을 유도하고 서비스에 대한 감독을 강화하는 등의 사례관리방식을 도입해야 함을 피력하였다. 이에 정부는 서비스의 공급자가 아닌, 서비스의 구매 · 조정자로서 그 역할에 변화가 일어났다는 특징을 가진다.

방을 우선시하였다. 인보관 운동은 사회구조적 문제 때문에 빈곤문제가 발생한다고 인식했으며, 직접 빈곤지역에서 빈곤한 자들과 함께 거주하면서 문제해결에 도움을 주고자 노력하였다.

둘째, 지역사회복지의 형성기(1920년대~1950년대)이다. 이 시기 미국은 제1차 세계대전과 대공황으로 인해 도시문제, 빈부격차문제, 인종갈등 문제가 심각해졌다. 대공황 이후 연방정부에 의한 공공복지가 발달했는데, 이는 지역사회복지실천 분야에서 새로운 기회가 되었다. 즉, 과거에 민간사회복지 조직을 중심으로 이루어진 빈민구제활동이 정부기관으로 이양되었으며, 지역중심의 사업활동이 국가적 차원으로 확대되었다.

셋째, 지역사회조직의 실험기(1960년대~1970년대)이다. 이 시기에는 다양한 전략과 접근을 활용한 사회행동 및 옹호계획을 통한 지역사회행동 프로그램이 개발되었다. 대표적인 것이 하이랜더 시민학교이다. 미국의 인종문제에 획기적인 변화를 가져온 시민권 운동은 10년간 하이랜더에서 열린 수십 번의 모임과 워크숍의 결과라고 할 수 있다.

넷째, 지역사회복지의 변화와 새로운 모색(1970년~1980년대)의 시기이다. 신자유주의 이념의 확산에 따라 이 시기의 핵심은 복지예산 삭감이었는데, 사회복지정책은 사회복지조직 간의 경쟁을 심화시켰다. 이는 경쟁논리에 따라 사회복지서비스의 효율성을 증진시키는 계기가 되기도 하였다. 지역사회복지기관들의 프로그램 실행에는 창의성과 조직의 혁신이 증진되는 계기가 되었다.

마지막으로 지역사회복지의 활성화 시기(1990년 이후)이다. 이 시기에는 근로와 복지를 연계하는 생산적 복지를 강조하였다. 지역사회에 대한 개입방식은 지역사회조직과 지역사회에 기초한 옹호적 접근에 대한 강조보다는 사회복지기관의 계획과 행정, 조직발전, 평가개발에 주안점을 두었다. 이 변화는 다양성, 다중문화주의, 억압이라는 사회적 이슈에 효과적으로 대응하려는 노력으로 구체화되었다.

Chapter 04

지역사회복지의 기초이론

배울 내용

1. 구조기능주의 이론과 갈등이론
2. 체계이론과 생태체계이론 및 인간생태이론
3. 자원동원이론과 사회교환이론
4. 사회구성론과 권력의존이론
5. 엘리트주의와 다원주의
6. 거버넌스이론

학습목표

1. 구조기능주의 이론과 갈등이론을 이해하고 지역사회복지실천의 적용방안을 모색해 본다.
2. 체계이론과 생태체계이론 및 인간생태이론을 이해하고 지역사회복지실천의 적용방안을 모색해 본다.
3. 자원동원이론과 사회교환이론을 이해하고 지역사회복지실천의 적용방안을 모색해 본다.
4. 사회구성론과 권력의존이론을 이해하고 지역사회복지실천의 적용방안을 모색해 본다.
5. 엘리트주의와 다원주의를 이해하고 지역사회복지실천의 적용방안을 모색해 본다.
6. 거버넌스이론을 이해하고 지역사회복지실천의 적용방안을 모색해 본다.

Chapter 04 지역사회복지의 기초이론

1. 구조기능주의 이론과 갈등이론

1) 구조기능주의 이론

사회적 현상을 거시적 관점으로 접근하는 가장 오래된 전통을 가진 관점 중 하나는 기능주의(Functionalism)다. 기능주의 관점은 다윈(Charles Robert Darwin)의 진화론에 영향을 받아 콩트(Conte)와 스펜서(Spencer)의 사회유기체설에 의해 기초가 형성되었고, 이후 뒤르켐(Durkheim)의 사회실재론 등을 통해 다양하게 발전되었다. 즉, 개개의 관습이나 제도를 이해하기 위해서는 전체의 문화 속에서 어떻게 기능하고 있는가를 규명해야 함을 시사하고 있는 이론이다(박균열, 2005). 이처럼 기능주의는 관습, 제도, 가치 등에서 나타나는 다양한 사회적 현상을 전체 사회 속에서 수행하는 기능에 의해서 구조적으로 설명하는 관점이다(이경은 외, 2022).

(1) 구조기능주의의 관점

구조기능주의는 사회의 여러 요소가 적대적 환경 속에서 어떻게 다양한 욕구들을 충족하여 균형상태를 이루는지, 또한 이를 통해 어떻게 각자가 존속과 발전을 도모하는지 관심을 갖고 사회를 분석하는 이론이다. 즉, 사회욕구의 충족성, 체제의 안정성, 균형상태의 달성 여부를 중심으로 인간의 다양한 행동과 심리상태를 바라보는 것이다. 구조기능주의는 현 상황을 사회의 각 부문이 서로 잘 통합되어 있고 필수적인 기능이 적절히 수행되어 질서 정연한 균형을 이루고 있는 최적의 상태로 간주한다. 따라서 만약 어떤 사회문제가 발생하였다면 이는 외부 환경의 변화로 인하여 조화로운 현 상황에 균열이 생기고 이로 말미암아 기존에 원활히 작동되던 기능이 수행되지 못하게 됨으로써 특수한 욕구가 적절하게 충족되지 못한 상태, 즉 역기능 혹은 기능불량 상태에 돌입한 것으로 해석한다. 그러나 구조기능주의는 설령 이와 같은 위기가 찾아오더라도 사회는 주어진 환경에 적응하는 능력을 본질적으로 가지고 있다고 가정한다. 따라서 장기적으로 균형상태를 다시 찾아갈 수 있을 것으로 본다.

새로운 상황에서 생긴 새로운 욕구들을 적절하게 충족시키는 기제를 발전시킴으로써 언젠가는 다시 균형을 달성할 수 있다고 보는 구조기능주의 세계관에서는 현 상황이 조화와 안정을 이룬 더할 나위 없이 효율적이고 효과적으로 욕구가 충족되는 최적의 상태인 것으로 간주한다. 이러한 측면에서 구조기능주의는 현상 유지에 초점을 맞춘 다분히 보수적이고 정태적인 이론이라고 할 수 있다.

(2) 구조기능주의 이론의 지역사회복지실천 적용

구조기능주의 관점에서 지역사회는 대략 다섯 가지 기능을 수행하는 사회 · 경제적 단위로 정의할 수 있는데, 그림 4-1과 같이 경제활동, 교육활동, 사법경찰활동, 정치 및 여가활동, 자조 및 복지활동 관련 활동들이다.

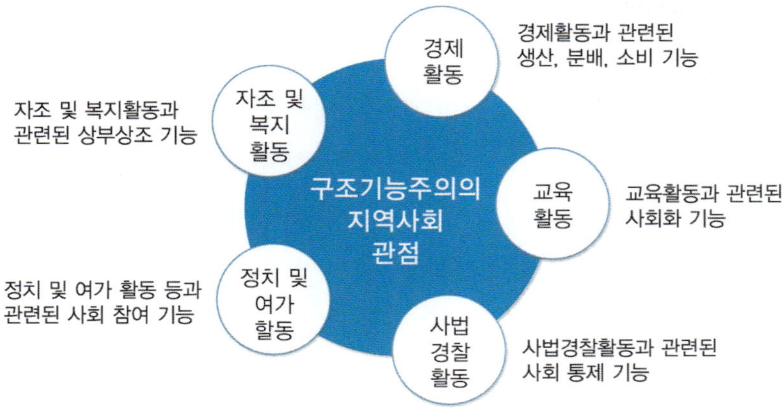

그림 4-1. 구조기능주의의 지역사회에 대한 관점

이러한 기능과 관련된 활동들이 지역사회 주민의 욕구를 적절히 충족시키는 방향으로 수행될 때, 우리는 구조기능주의 관점에서 해당 지역사회를 '구조기능적으로 작동한다'고 말한다. 반면 지역주민의 욕구를 적절히 충족시키지 못하는 방향으로 수행될 때 우리는 해당 지역사회를 '역기능' 혹은 '기능불량' 상태에 놓여 있다고 표현한다. 따라서 구조기능주의 입장에서 사회복지사는 다섯 개의 기능 가운데, 특히 어떤 기능이 제대로 수행되지 못하고 있는지 세밀하게 파악하고 그 기능의 회복에 초점을 맞춰 개입을 계획하는 방식으로 지역사회복지를 실천할 수 있다. 하지만 기능주의는 현상 유지에 초점을 맞춘 보수적이고 정태적인 이론이기 때문에 사회행동 모형에 입각한 지역사회복지실천과 같이 지역사회에 급진적인 변화를 일으키는 방식으로 기능 회복을 시도하는 사회복지개입은 어렵다.

무엇보다 지역사회 권력의 전복이나 주요 자원을 둘러싼 투쟁적 정치활동을 역기능적 요소로 치부함으로써 복잡하게 나타나는 지역사회의 정치 동학을 정밀하게 분석하고, 그 결과를 토대로 지역사회의 권력 지형을 변화시키는 급진적 실천 부문에서 한계를 드러낼 수밖에 없다.

2) 갈등이론

갈등이론(Conflict Theory)은 기능주의 관점에 대항하는 이론으로 사회 내 집단 간의 상호작용에 초점을 맞추고 있으며, 특히 사회계층화(social stratification)의 과정을 통하여 형성되는 집단에 관심을 가지고 있다. 갈등주의의 이론적 기초는 마르크스(Marx), 짐멜(Simmel), 베버(Weber)와 같은 사회학자들의 영향을 받았다.

(1) 갈등이론의 개념

갈등이론의 틀을 마련한 인물은 과학적 사회주의 이론을 정립한 마르크스이다. 마르크스의 사회주의 이론은 이후 계급투쟁 이슈에 관심을 가진 다렌도르프(Dahrendorf)에 의해 발전적으로 계승되었는데, 마르크스와 다렌도르프는 표 4-1과 같은 갈등주의적 사회관을 공유하고 있다.

표 4-1. 마르크스와 다렌도르프의 사회관

- 사회는 조직적으로 문제를 양상하고 있으며, 갈등과 불화는 사회에 광범위하게 퍼져 있다
- 상호적대적 이해관자들에 의하여 양산된 갈등은 전체 사회에서 발생하는 것을 피할 수 없다
- 이해관계의 대립은 부족한 자원을 둘러싼 경쟁에서 비롯되는데, 이 경쟁은 불공정하며 권력을 지닌 자가 그렇지 않은 자의 희생을 담보로 자신의 특권을 수호하는 방향으로 불평등한 결과를 가져오게끔 이루어진다.
- 결과적으로 사회는 서로 다른 이해관계를 가진 두 개의 집단, 즉 가진 자와 가지지 못한 자로 양분된다.
- 이러한 갈등을 해결하려는 노력은 또 다른 적대적 이해관계를 생성하여 새로운 갈등을 양산한다.
- 갈등은 결과적으로 사회의 단절적, 파괴적, 비약적 변화를 초래한다.

신갈등론자 다렌도르프(1959)는 인간을 불평등에 대한 투쟁적 존재로 보면서 모든 사회적 갈등은 경제적 분배 관계에서 일어난다고 설명하고 있다. 사회의 본질은 권위

를 둘러싼 갈등이며, 따라서 사회갈등은 정상적이며, 오히려 평화와 질서의 상태가 비정상적이라고 주장한다. 다시 말해 사회에서 현실적으로 나타나는 질서는 사회의 본질적인 모습이 아니며 이것은 강제적으로 조정된 결합에 불과하다는 것이다. 갈등주의 이론은 다렌도르프가 주장한 것처럼 갈등은 변화의 잠재력을 내포하고 있으므로 오히려 지역사회 갈등의 제도화를 통하여 폭력을 예방하고 지역사회복지를 추구할 수 있다고 본다.

(2) 갈등이론의 지역사회복지실천 적용

갈등론적 관점에서 지역사회는 희소자원의 획득을 둘러싼 불평등하고 불공정한 경쟁의 결과인 가진 자와 가지지 못한 자로 양분된 사회적 단위로 간주되며, 여기서 가진 자는 소수이나 가지지 못한 자는 다수를 차지한다. 따라서 지역사회는 다수의 희생을 담보로 소수의 특권이 옹호되는 강자 위주의 권력구조로 왜곡된 사회 조직이라고 볼 수 있다. 왜곡된 지역사회의 권력구조는 허위의식의 유포에 의하여 세련되고 안정적으로 유지되는데, 이와 관련된 몇 가지 예를 우리는 인종주의, 계급이데올로기, 가부장주의, 경제개발지상주의 등에서 찾아볼 수 있다.

따라서 갈등론에 입각한 지역사회복지실천은 불평등을 경험해 온 가지지 못한 자들이 그동안 박탈된 권력과 자원에 접근할 수 있도록 역량을 강화하고 억압에서 해방될 수 있도록 다양한 지지, 옹호, 대변 활동을 하는 것에 대한 이론적 근거를 마련해 주는 것이다. 이를 위해 지역사회복지 실천가는 클라이언트 체계에 발생할 위험성을 면밀히 검토하고 파급효과를 다각도로 예측한 후 실천을 계획해야 한다.

2. 체계이론과 생태체계이론 및 인간생태이론

1) 체계이론

체계이론은 일반체계이론이라고도 한다. 일반체계이론은 생물학자인 버틀란피(Bertalanffy, 1969)가 처음으로 제시한 이론으로, 체계를 구성하는 요소들의 상호작용과 복잡한 체계의 특성을 이해하기 위해 개발하였다. 체계이론을 통해서 개인과 사회문제를 직선적 원인론이 아닌 상호연결된 전체로 이해하고 파악한다. 즉, 개인과 환경은 일방적으로 어느 한쪽에 영향을 미치는 것이 아니라 둘 다 원인인 동시에 결과로서 상호적 원인관계로 형성된 전체로 이해하는 순환적 원인론으로 설명하였다. 이 이론에서 체계는 유사한 관계의 성격을 지니고 있다고 인식하기 때문에 모든 형태의 사회 및 조직 그리고 체계에 적용될 수 있다. 또한 체계이론에서는 '환경 속 인간 관점(PIE: Person in Environment)'을 가지고 있어, 인간을 외부환경 · 체계와 끊임없이 상호작용하는 상호의존적 존재로 이해하고 설명하고 있다. 따라서 개인은 자신의 욕구에 맞는 환경을 수정 혹은 환경의 요구에 맞게 행동을 수정하는 능력을 지닌 존재로 인식한다(Bertalanffy, 1969).

체계를 구성하는 단위들은 상호의존적인 동시에 상호작용하기 때문에 체계의 한 부분의 변화는 다른 체계와 전체로서의 체계에 영향을 미친다. 체계의 구조적 특성을 살펴보면 위계(Hierarchy)를 가지고 있어 대상체계, 하위체계 그리고 상위체계가 존재한다. 또한 홀론(holon)이라고 하여 한 체계는 상위체계에 속한 하위체계이면서 동시의 다른 체계를 포함한 상위체계가 된다고 주장한다.

(1) 체계의 구조적 특성

① 경계

경계는 체계의 외부와 내부 또는 한 체계와 다른 체계를 구분하는 구획, 선 혹은 침투성을 지닌 테두리이며, 경계선은 체계 내부로의 에너지 흐름(투입)과 외부로의 에너지 유출(산출)을 규제한다. 예를 들어, 가족의 경계는 명확하면서도 융통성이 있는 것이 바람직하며, 경계가 지나치게 경직 또는 혼란스러운 경우는 가족 내 문제가 발생할 가능성이 높다고 보는 것이다.

② 체계

체계란 개념은 나름의 독특한 특성을 가지고 있다. 첫째, 체계란 상호의존적이고 상호작용하는 각각의 부분들로 구성된 전체, 즉 부분들 간의 관계를 맺고 있는 일련의 단위들로 정의된다. 둘째, 체계의 한 부분에 미치는 영향은 체계를 구성하는 다른 요소에 전해지며, 반대로 체계의 다른 구성요소에 미치는 영향이 체계의 한 부분에 영향을 미치기도 한다. 셋째, 체계는 스스로 규정한 안정상태를 유지하려는 경향성을 가지며 이것을 항상성이라고 한다. 넷째, 체계는 외부 혹은 내적인 영향에 대해 적응적인 방법 혹은 비적응적인 방법으로 안정상태를 회복하려는 경향, 즉 항상성의 원리에 의해 작용한다. 체계의 특성은 표 4-2와 같다(강세현 외, 2020).

표 4-2. 체계의 특성

구분	내용
개방체계	경계의 투과성을 지닌 체계로서 체계 내에서 정보와 자원을 자유롭게 교환하고, 체계 내·외부로부터 성장 및 발달에 필요한 정보나 에너지를 자유롭게 교환하고 받아들임으로써 체계 자체의 기능을 유지·발전시킬 수 있다. 예를 들어, 입회와 탈퇴가 자유로운 단체가 여기에 해당된다.
폐쇄체계	다른 체계와 상호작용하지 않아 고립되어 있는 체계로서 정보나 에너지의 투입(input) 또는 산출(output)이 거의 없다. 폐쇄체계를 구성하고 있는 부분들은 시간이 지남에 따라 구성원들 사이의 구별이 거의 없어지게 되며 점차 동일성을 가지게 된다. 따라서 체계 내의 조직 구성 및 그 기능이 쇠퇴하게 된다. 예를 들어, 가족이나 특별한 자격을 가진 사람만을 회원으로 하는 조직들이 여기에 해당된다.

구분	내용
대상체계	분석 대상이 되는 체계로서, 예를 들어 어떤 가족의 갈등이 관심사라면 이 가족이 대상체계이다.
상위체계	대상체계 외부에 있으면서 그 체계에 기능적으로 영향을 미치는 사회단위로서, 예를 들어 어떤 가족이 다니는 종교기관(교회, 성당, 사원, 사찰 등)은 대상체계의 상위체계이다.
하위체계	2차적, 종속적 체계로 큰 체계 속에 있는 작은 체계를 말한다. 대상체계 내부에 있으면서 내부의 다른 하위체계들과 상호작용하면서 체계를 구성하는 것으로, 예를 들어 어떤 가족의 하위체계에는 부부체계, 부모자녀 체계(부자체계, 모자체계, 부녀체계, 모녀체계), 형제자매 체계 등 매우 다양한 체계가 있다.

(2) 체계의 과정적 특성

모든 체계는 과정적 특성을 갖는다. 과정적 특성이란 사회체계 모두 사회환경과 투입–전환–산출–환류라는 교환과정을 거치게 되는 것이다. 체계는 환경으로부터 투입을 받아 자체의 전환 메커니즘을 거친 산출물을 환경으로 배출하며, 그 결과를 다시 체계로 환류하는 행동적인 과정을 가진다. 이러한 체계는 지속적으로 의사소통하며 체계의 모든 부분과 모든 수준 사이에 끊임없는 상호작용의 사이클을 제공한다. 체계의 과정적 특성을 살펴보면 그림 4-2, 표 4-3과 같다.

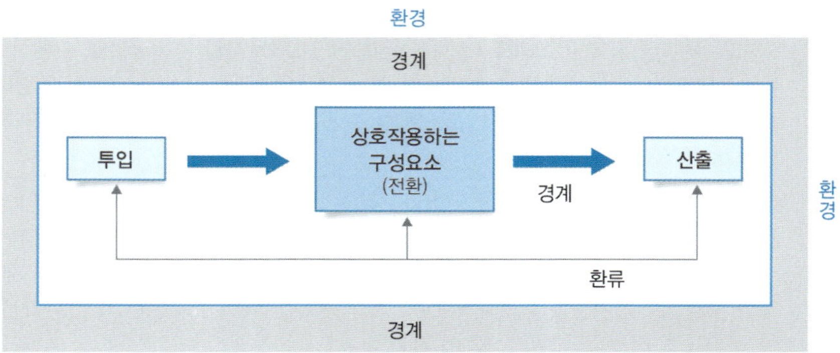

그림 4-2. **체계의 과정적 특성**

표 4-3. 체계의 과정적 특성

구분	내용
투입	투입은 환경으로부터 에너지, 정보, 의견 등을 받아들이는 과정이다. 투입은 과업과 관련된 투입과 유지 관련 투입으로 나누어진다. 전자의 투입은 체계가 관심을 갖는 지각된 욕구, 기회 혹은 문제이며, 후자의 유지 관련 투입은 지각된 욕구나 문제 혹은 기회를 위해 필요한 자원이다. 예를 들어, 사회복지기관에 대상자가 개인의 욕구를 해결하기 위해 찾아간다고 했을 때 대상자의 욕구와 문제는 과업과 관련된 투입이다. 그러나 대상자의 욕구와 문제를 해결하기 위한 여러 형태의 자원들은 유지 관련 투입이 된다.
전환	전환이란 투입된 자원, 에너지 등을 가지고 체계 내에서 산출을 이끌어 내기 위해 투입을 산출로 변환시키는 과정으로 투입된 에너지를 자신에게 적절하게 변형 또는 재조직화하는 과정을 말한다.
산출	체계 내에서 변형된 물적 자원, 에너지와 정보를 환경으로 방출하는 과정으로 환경에 대한 적극적인 반응이다. 과업 관련 투입은 유지 관련 투입을 통한 전환과정을 통해 산출을 낳는다. 산출은 과업산출, 유지산출, 소모로 분류할 수 있다.
환류	환류는 정보의 투입에 반응하는 행동을 가져오며, 새로운 정보에 자신의 행동결과를 포함시켜, 그것에 의하여 다음의 행동을 수정하는 의사소통의 조직망을 의미한다. 이러한 환류는 체계의 평형을 유지시키거나 변화를 촉진함으로써 체계를 혼란시키는 작용을 하는데, 긍정적 및 부정적 환류로 구성되어 있다. 첫째, 긍정적 환류는 체계가 그 목적과 관련하여 올바르게 행동하고 있으며 같은 종류의 행동이 더 요청되는 것을 의미한다. 둘째, 부정적 환류는 체계가 그 목적달성을 어렵게 하는 행동을 하고 있는 정도를 전달하며, 체계행동의 수정을 가져온다.

(3) 체계이론의 지역사회복지실천 적용

체계이론은 생물학자 버틀란피에 의해 정립된 이론으로서 우주 삼라만상의 생성과 운행, 소멸을 체계적 관점에서 보는 학술적 접근을 말한다. 체계는 다수의 부분들로 이루어진 상호작용의 연결망으로 정의된다. 체계는 부분들로 이루어진 전체를 의미하며, 하나의 체계는 전체이면서 동시에 또 다른 전체의 부분일 수 있다는 것을 의미하는데, 체계의 이와 같은 양면성을 홀론이라고 한다. 전체의 부분으로서 체계들은 자기 자신 그리고 전체의 생존과 발전이라는 공통된 목적을 공유하고, 체계의 생존과 발전이라는 목적을 달성하기 위하여 체계는 다른 체계들과 안정적이고 예측 가능한 협업 관계를 맺는다. 따라서 효과적인 지역사회복지 실천을 위해서는 인간 내면 체계뿐만 아니라 그를 둘러싸고 있는 환경체계가 인간에게 미치는 영향과 상호작용에 대한 정확한 이해를 갖추어야 한다. 사회체계이론의 관점에서 지역사회를 바라볼 때 지역사회의 구성 요소들이 상호 긴밀하게 연결된다. 그리고 집단이 형성되며, 형성된 여러 집단이 서로 결합하여 제도를 이룬다. 제도를 이룬 여러 집단이 서로 결합하여 지역사회를 이룬다고 보고 있다.

이에 사회복지사는 지역사회의 문제를 통합적 관점에서 문제의 원인과 해결방안을 다각적으로 연결해 주는 도구로 사용될 수 있으며, 개입 시 전체로서의 지역사회체계와 더불어 지역사회체계 내의 하위체계를 동시에 고려하여 인간과 환경 간을 이해해야 하는 현장에 다양하게 적용할 수 있다. 구체적으로 지역사회복지 실천을 위해 사회체계이론을 적용하면, 첫째, 지역사회가 어떻게 구성되어 있는지? 둘째, 지역사회 구성원 사이의 관계는 어떠한지? 셋째, 지역사회와 외부환경은 어떻게 상호작용하는지의 세 가지 측면에서 지역사회를 이해하고 나아가 지역사회가 갖는 욕구와 문제를 설명하고 해결하는 데 유용하다.

2) 생태체계이론

생태체계이론은 체계적인 틀을 기반으로 해서 생태학적인 시각으로 접근하는 것을 의미하며 인간이 어떻게 환경과 상호작용하는지 포괄적 관점을 제공해 주고 있어 사회서비스 제공 및 사회복지실천에 이론적 근거를 뒷받침해 주고 있다. 생태체계이론(ecosystems perspective)은 생태학(ecology)[1]과 일반체계이론(general system theory)이 결

1) 생태학은 동물과 무기적 · 유기적 환경에 일어나는 자연의 경제(economy of nature)에 대한 지식으로서, 자연에

합된 것이다.

이 이론을 주장한 브론펜브레너(Bronfenbrenner, 1979)는 인간의 발달과정을 분석할 때 체계론적 관점을 강조하면서 '생태적 체계(Ecological systems)' 용어를 사용하였다. 또한 성장하는 유기체와 그 유기체가 실제 거주하고 변화 및 성장하는 환경 간의 일어나는 조절과정에 초점을 맞추는 광범위한 접근법인 '인간발달 생태학이론(The Ecology of Human Development)'을 제안하였다. 그는 인간발달 생태학을 스스로 성장하는 인간과 그 인간이 살아가는 인접 환경 간 평생에 걸친 점진적 상호작용과정을 과학적 연구로 정의한다. 인간을 독립적인 유기체로 인식하기보다는 주변 환경과의 상호작용을 통해 변화하는 결과물로 보았다. 즉, 인간을 환경과 상호작용을 통해 발달하는 유기체로 보았다.

(1) 생태체계이론의 개념

브론펜브레너(1979)가 연구한 생태학적 환경은 상호의존적인 동시에 체계와 체계에 담긴 일련의 겹 구조 형태를 하고 있다. 생태학적 환경은 스스로 성장 및 발달하고 있는 개인에게 직접적인 영향을 미치는 인접 환경뿐 아니라 더 광범위한 환경까지 포함한다. 이러한 환경을 미시체계(microsystem), 중간체계(mesosystem), 외체계(exosystem), 거시체계(macrosystem) 및 시간체계(chronosystem)로 구분하였다(강순희 외, 2022; 김규수, 정운석, 2001; 이광혁, 2019; 이선영, 2004; Bronfenbrenner, 1994).

서 함께 살아가는 식물과 동물의 상호의존에 관한 학문이다(Kilsdonk, 1983). 홉스(Hobbs, 1975)는 생태학 개념을 인간과 인간 생활환경의 관계에 관한 연구로 정의하였고, 저메인(Germain, 1973)은 개인체계와 환경이 상호작용하는 과정에서 적응을 성취해 가는 방법을 연구하는 학문이라고 정의하였다.

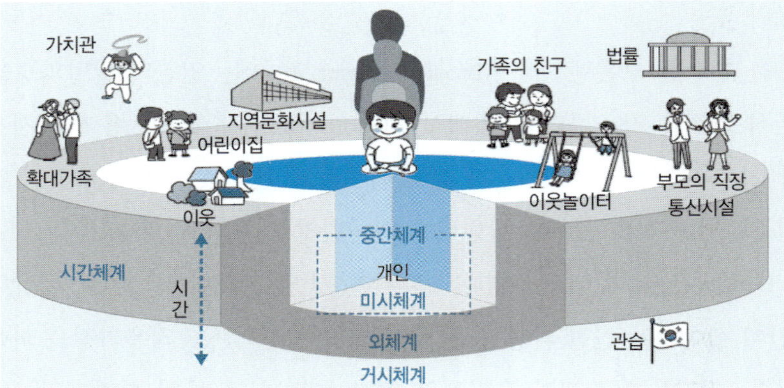

그림 4-3. 브론펜브레너의 생태학적 환경모형

출처: Berk, L. E.(2000). *Child development*(5th ed.). Boston, MA: Allyn & Bacon.

① 미시체계

미시체계(microsystem)는 인간 개인의 특성과 개인에게 직접적인 영향을 주는 체계로서 생태학적 환경의 가장 안쪽에 위치하는 체계로 친밀한 사회환경 안에서 경험하게 되는 상황과 직접 접촉하는 물리적 환경 안에서 경험하게 되는 상황을 말한다. 구체적으로 가정, 아동집단, 청소년집단, 노인집단, 이웃, 교회 등과 같이 일대일로 만나서 직접 친숙한 대인관계를 형성하는 물리적 · 사회적 환경이며, 발달하는 개인이 독특한 물리적, 물질적인 특성을 가진 환경 내에서 경험하는 활동, 역할 및 대인관계의 유형이다. 여기서 환경이란 가정, 복지시설, 공원 등과 같이 사람들이 쉽게 대면하여(face to face) 상호작용에 참여할 수 있는 장소이며, 상호작용하는 사람은 상대방에게 환경 일부분을 구성해 주고 있다고 본다.

미시체계는 개인의 특성과 관련이 있다. 개인의 특성으로는 성별, 연령, 종교, 경제력 및 고용상태, 혼인상태, 정신건강 등으로서 개인 자신의 물적, 심리적, 사회적 특성을 포함한다. 또한 가족, 친구, 친척, 이웃, 종교 생활 집단이 이 체계에 포함된다. 이들은 개인의 삶에 관련되어 있는 특성들을 소유하는데, 비슷한 집단의 사회 · 경제적 지위, 교육수준, 정치적 신념 등이다.

② 중간체계

중간체계(meosystem)는 개인의 삶에 존재하는 미시체계들이 다양하게 겹쳐서 상호작용하는 미시체계 간 관계망이다. 중간체계는 미시체계 각각에 존재하는 발달 촉진적 혹은 저해적 특징과 과정의 상호작용이 만들어 내는 상승효과에 초점을 맞춘다. 예를 들어, 가족 관계, 형제 관계, 이웃 친구와의 관계, 교회 관계 같은 사회적 관계들이 밀접하면 할수록 개인의 삶의 질이 향상된다는 것이다.

중간체계는 발달하는 개인이 적극적으로 참여하는 둘 이상의 환경 간의 상호관계로 이루어진다. 예를 들어, 아동의 경우 가정, 이웃 동료, 학교, 친구집단 사이의 관계들이며, 성인의 경우는 직장, 사회생활 사이의 관계이다. 그러므로 중간체계는 발달하는 개인이 새로운 환경으로 이동 및 적응할 때마다 형성되거나 확대된다.

③ 외체계

외체계(exosytem)란 하나 이상의 환경으로 구성되어 있으며, 발달해 가는 개인이 그 환경들 속에 적극적으로 포함되지는 않지만, 그 환경 내에서 발생하는 사건들에 영향을 주거나 영향을 받는 환경으로 정의된다. 즉, 외체계는 성장하는 유기체가 적극적인 참여자로 관여하고 있지는 않지만, 개인이 속해 있는 가장 근접한 환경을 둘러싸고 있는 환경으로서, 이 환경에서 일어나는 일에 영향을 주거나 영향을 받는 사건이 발생하는 환경을 의미한다. 외체계 결정 중, 어떤 것은 사회적 환경을 의미하는 것으로 개인에게 영향을 준다. 그러나 그 영향력은 일차적으로 비개인적이고, 간접적이며, 일방적이다.

④ 거시체계

거시체계(macrosystem)는 개인이 속한 사회나 하위문화의 이념 및 제도의 유형으로 사회문화적 규범과 같은 커다란 체계를 말하며 개인에게 직 · 간접적인 영향을 준다. 거시체계는 규범, 규칙, 역사, 가치 등을 이야기할 수 있고, 법률적, 교육적, 종교적, 문화적 가치와 공공정책의 핵심을 구성한다. 개인과 직접적인 관련은 약하지만 가장 근본적이고 중대한 변화를 초래할 수 있으며 거시체계가 가지는 시대정신이나 풍토는 유기체의 신념과 구체적인 행동에 영향을 미친다.

⑤ 시간체계

시간체계(chronosystem)는 전 생애에 걸쳐 일어난 변화와 사회 · 역사적인 환경을 의미한다. 즉, 가족제도의 변화, 결혼관의 변화, 직업관의 변화 등을 의미한다.

(2) 생태체계이론의 지역사회복지실천 적용

생태체계이론을 지역사회복지실천에 활용하면, 사회복지 전문가들은 개인과 그들이 속한 다양한 요소들 사이의 상호작용을 이해하고 분석하는 데 도움을 받을 수 있다. 이를 통해 전문가들은 문제에 대한 원인과 영향을 파악하고, 필요한 지원과 개입을 제공하여 개인, 가족 및 지역사회의 복지를 증진시킬 수 있다. 예를 들어, 생태체계이론을 활용하여 어려운 환경에서 성장하는 아이들을 발달 과정을 살펴볼 수 있다. 즉, 아이의 거시체계에서의 가족 상황, 학교환경, 친구 관계와 같은 요소들을 고려할 뿐만 아니라, 정부의 정책, 지역사회 서비스, 문화적 가치 등의 외체계과 미시체계의 영향도 함께 분석한다. 이러한 다양한 요소들 간의 상호작용을 이해함으로써, 전문가들은 아이들에게 적절한 지원과 도움을 제공하는 데 필요한 전략과 계획을 수립할 수 있다.

3) 인간생태이론

인간생태학은 도시의 성장, 발전, 변화 쇠퇴 과정을 설명하고 예측하는 도시사회학 이론으로서 미국 시카고 대학의 로버트 파크(Robert Park) 교수에 의해 만들어진 이론이다. 생태학이라는 용어가 함의하는 바와 같이 인간생태학은 19세기 동·식물 생태학에서 기인하였다. 따라서 내용적으로 생물학 개념이 상당히 많이 인용되어 있는 이론이다.

(1) 인간생태이론의 개념

인간생태학은 인간 공동체를 지탱하는 질서가 생물학적 질서와 도덕적 질서로 구분된다고 보고 기본적으로 인간 공동체는 전자에 따른 공리적 결속과 결과로 보아야 한다고 주장한다. 즉, 어떤 차원 높은 도덕이나 윤리가 아닌 오롯이 생존경쟁에서 이기기 위한 기능적이고 생물적인 요구 때문에 우리 인간은 다른 사람들과 상호의존적이고 협동적인 관계를 맺는다고 보는 것이다. 따라서 지역사회는 살아남기 위하여 나와 비슷한 속성을 지닌 사람들과 협동하는 동시에 나와 다른 속성을 지닌 사람들을 밀어내는 경쟁 속에서 각각의 무리가 특별한 기능 및 장소에 적응한 자연적 결과로 본다. 즉, 생존을 위해 경쟁하는 과정에서 생존 가능성을 높이기 위해 나와 비슷한 사람들과 자연스럽게 협력 관계를 맺는 공간적 결과가 바로 지역사회라는 것이다.

인간생태론자들이 지역사회를 단순히 지역사회라고 부르지 않고 자연지역이라 칭한 것은 바로 이러한 이론적 배경 때문이다. 정리하자면 자연지역은 비슷한 속성과 목적을 가진 공리적 결속체가 희소자원을 더 많이 가지고 있는 공간에 침입하여 그곳에서 지배자로 군림하고자 기존에 군림하던 이질적 결속체와 경쟁 관계에 돌입하고, 그 결과로써 형성된 지리적 영역이라고 정의할 수 있다.

경쟁에서 생존한 자들에게 주어지는 전리품 같은 서식지로서의 자연지역은 철저하게 생물적 질서에 의해 유지되며, 따라서 그 안에서는 집중, 분산, 집심, 분심, 분리, 계승 등을 포함한 일련의 매우 자연적인 생태적 과정이 활발하게 전개된다. 그러나 인간은 동·식물과 다르게 애정과 인위적 공동 목적을 갖는 사회적 존재이다. 그뿐만 아니라 전통을 고수하고 야망과 이상을 언급하며 윤리와 책임의식을 강조하는 등 앞서 설명한 생물적 욕구가 이끄는 것과는 정반대 삶을 사는 모순적 존재이기도 하다.

시간이 지나 균형상태가 지속되면 자연지역 안에 차츰 생물적 질서를 뛰어넘는 어떤 도덕적 질서가 등장하여 자연에 역행하는 인간 사회의 각종 조직과 원리들이 만들어지게 된다. 도덕, 규범, 사법적 질서, 정치체계, 전통, 관습 등이 바로 그것이다. 이렇게 새롭게 만들어진 조직과 원리는 차츰 시간이 지나면서 기존의 생물적 조직 및 원리와 긴장 관계에 돌입하게 되는데, 전자가 후자를 압도할 때 장기적으로 자연지역은 도덕적 지역으로 변모하게 된다.

인간생태론은 자연지역으로서의 지역사회를 생존경쟁에서 살아남기 위해 최적의 장소를 찾아내고자 유사 개체들이 협동적으로 노력한 결과물, 그리고 도시를 그러한 수많은 자연지역들로 이루어진 모자이크 천과도 같은 선물로 이해한다. 이런 관점에서 보면 인간의 지역사회와 도시는 동·식물 생태계의 서식지와 크게 다를 바가 없다는 것이다. 즉, 가까이에서 보았을 때는 무자비한 자연도태가 일어나고 있으므로 비극이지만, 멀리서 보았을 때는 질서 정연한 균형을 이루어 내는 아름답고 오묘한 자연의 모습 그대로라고 말할 수 있다.

(2) 인간생태이론의 지역사회복지실천 적용

인간생태론적 관점을 통해 우리는 도시 특정 지역사회가 다른 지역사회보다 희소자원의 보유 및 제공 측면에서 나은 지위를 점할 수도 있다는 인식을 가질 수 있다. 이러한 비판적 시각을 바탕으로 전 도시적 차원에서 '비교에 입각한 개입'을 계획할 수 있다. 즉, 특정 지역이 다른 지역에 비해 무엇이 부족한지 혹은 무엇이 필요한지를 사정한 후에 형평성의 요구 및 복원 차원에서 도시적 차원의 지역사회계획을 세울 수 있다는 것이다.

한편 인간생태론은 생물적 질서에 따라 만들어진 자연지역 위에 도덕적 질서가 세워짐으로써 인간 사회 고유의 전통, 관습, 법규 등 사회규범이 들어선다고 보면서도 결국 제1원리인 생물적 질서에 의해 그러한 사회규범이 주기적으로 흔들릴 수밖에 없다는 의견을 고수한다. 이는 갱, 범죄, 청소년 비행, 마약, 성매매 등 지역사회에 만연한 아노미를 불가피한 자연현상으로 간주한다. 아노미를 완벽하게 막을 수 없으며 어떻게 하면 불가피한 아노미를 가능한 한 빨리 그리고 효과적으로 대처하여 극복할 수 있는가에 방점을 찍는 시각을 견지한다. 지역사회복지를 병리적 관점에서 실천하는 사회계획 모형은 인간생태론의 입장에 많은 영향을 받았다.

3. 자원동원이론과 사회교환이론

1) 자원동원이론

자원동원이론(Resource Mobilization Theory)은 사회운동조직이 사회적 약자계층의 권리를 옹호하고 이들을 대변하기 위한 사회운동을 전개할 때 동원할 수 있는 자원의 정도와 범위에 따라 활동의 역할과 한계가 규정된다는 이론이다. 사회운동조직의 성패는 조직원의 충원과 자금조달 그리고 적절한 조직구조를 개발할 수 있는 능력에 달려 있으므로 지역사회에서 인적 · 물적 자원들을 이끌어 낼 수 있는 환경은 매우 중요하다. 따라서 사회운동조직들은 필요한 모금활동을 하고, 조직구성원을 확보할 때 자신들의 정체성과 정당성을 알리고 인정받는 데 주력하게 된다.

사회운동이 성공하기 위해서는 조직원들의 집합적 정체성의 형성을 돕고, 이것을 토대로 조직구성원들이 조직 발전을 위한 행동에 참여할 수 있는 환경을 조성해야 한다. 집합적 동질감은 집단구성원들이 함께 소속되어 있다는 구성원들의 인식을 의미하는데, 하이드(Hyde)에 따르면 집합적 동질감의 인식은 구성원들 사이의 연대성과 응집력을 증가시킨다. 조직구성원들의 연대성이 높으면 조직 활동에 대한 참여는 함께 증대된다. 따라서 자원동원이론은 사회운동의 역할과 한계에 주목하여, 사회운동의 활성화를 위해서 사회운동의 목적과 방법에 대한 정당성이 포함된 정치적 · 경제적 · 인적 · 물적 자원 등 '자원의 확보'를 매우 중요한 과제로 본다.

(1) 자원동원이론의 특성

자원의 확보를 매우 중요한 과제로 보는 자원동원이론의 구체적인 특성은 표 4-4와 같다(김종일, 2005).

표 4-4. 자원동원이론의 특성

- 사회적 행동은 사회운동조직이 대중의 인지와 정당성을 획득하기 위해 사용하는 일차적 방법의 하나이다.
- 사회운동의 성패는 조직구성원의 충원과 자금조달, 적절한 조직구조를 개발할 수 있는 능력에 달려 있다.
- 사회운동이 성공하기 위해서는 조직구성원들의 집합적 정체성 형성을 돕고, 이것을 토대로 조직원들의 헌신을 이끌어 내는 환경조성이 필요하다.
- 자원동원을 위해 외부 자원에 의존하다 보면, 조직의 자율성과 역동성이 약해질 수 있다.

(2) 자원동원이론의 지역사회복지실천 적용

지역사회는 그 지역에 거주하는 주민으로 구성되어 있고, 지역주민이 납부하는 세금에 의해 유지 · 발전된다. 즉, 지역사회에서 자원동원은 지역사회복지조직의 성장과 생존의 문제와 관련되고, 클라이언트를 위한 서비스 제공과도 관련된다. 따라서 지역사회에서 사회복지사가 자원동원을 하고자 할 경우, 새로운 자원을 창조하기보다는 기존의 자원을 확인해서 이용하거나 잠재적 자원을 재구성해 이용하는 것이 효율적이다. 이를 위해서는 지역사회에서 활용 가능한 자원을 확인하고 자원을 이용할 수 있도록 노력해야 하며, 다른 자원들과의 연결도 시도해야 한다. 더불어 기존 자원이 부족한 경우에는 조직형성이나 자원봉사자 등을 활용해 지역사회의 새로운 자원을 개발해야 한다(황철수 외, 2011).

ㄹ) 사회교환이론

사회교환이론(social-exchange theory)은 공리주의(utilitarianism)적인 판단기준을 기초로, 고전경제학의 계보를 잇는 신고전파 경제학(neoclassical economics)과 행동주의 심리학(behaviorism psychology)에 근본적 바탕을 두고 있으며, 대인관계를 포함한 사회적 관계의 시작, 강화, 지속, 유지를 설명하기 위해 발전되어 왔다. 공리주의는 사람 사이의 교환의 원인과 결과를 탐구하는데, 교환은 상품과 화폐, 돌봄과 효도, 희생과 존경, 선물과 감사 등을 통해 이루어지지만, 이러한 교환이 가능한 것은 교환을 하는 당사자들의 효용(utility)이 교환하기 이전보다 높아지기 때문이라고 설명한다(강정한 외, 2013).

지멜(Simmel, 1978)은 사회적 교환에 몇 가지 특징이 있다고 설명하였다. 첫째, 행위자들이 다른 사람이 갖고 있는 각 자원들이 유용한 것을 더욱 생각할수록 교환관계는 이러한 행위자들 사이에서 더욱 발전하게 된다. 둘째, 행위자가 가지는 일정한 유형의 자원에 대한 필요의 강도가 더 커지고, 자원의 유용성이 적을수록, 그 자원이 행위자에게 가지는 가치가 더 중요해진다. 셋째, 한 행위자가 다른 행위자의 자원을 더욱 유용한 것으로 생각할수록 후자의 권력은 전자보다 커지며, 한 행위자의 자원이 유동적일수록 교환선택권과 대안이 더욱 커지므로 사회적 교환에서 그 행위자의 권력은 더욱 커진다. 넷째, 사회적 교환에서 행위자들이 자원의 필요성을 잘못 해석하거나 그 자원의 유용성을 감추기 위해 상황을 더욱 조작할수록, 교환의 긴장수준은 더욱 커지고 갈등의 가능성도 더욱 커진다. 지멜은 가치 평가하는 상이한 기준들의 사용이 사회관계의 형태에 커다란 영향을 미친다는 점을 강조하고 있다.

터너(Turner, 2001)는 사회교환이론을 경제학, 인류학, 심리학, 사회학의 네 가지 학문에서의 전통으로 설명하고 있다(이기원 외, 2023; 정승환, 2017).

(1) 사회교환이론의 전통

① 경제적 전통

첫 번째는 고전경제학(classical economics)적 전통이다. 고전경제학의 이론가들은 인간이란 완전히 자유롭고 경제적인 시장 상황에서 다른 사람들과의 거래와 교환을 통해서 물질적 이익과 효용의 최대화를 추구하는 합리적 인간으로 묘사한다. 경제활동이 개인의 자유로운 활동에 맡겨진다면 경제의 발전은 물론 사회 전체의 복지가 증진될 것이라고 가정하였다. 이는 아담 스미스(Adam Smith)의 공리주의를 기초로 하고 있는데, 이 상황에서 사람들은 시장에서 자유롭게 필요한 정보에 접근하고, 이 정보를 바탕으로 모든 유용한 대안을 고려한 후, 개인에게 돌아오는 물질적 혜택을 극대화할 행동을 합리적으로 선택한다. 합리적으로 선택한다는 것은 많은 대안 중에서 어떠한 판단이나 결정이 최대의 수익이나 이윤을 가져다줄 것인지 결정하기 위해 노력하는 것이다. 공리주의의 이러한 가정은 인간의 도덕성에 대해 의구심을 품게 하지만, 경제학을 비롯하여 사회학, 정치학 등에 큰 영향을 주었다. 신고전파 경제학은 고전경제학의 뒤를 이은 주류 경제학으로써, 고전파 경제학이 공급자 중심으로 경제 이론을 발전시킨 데 반해 신고전파는 한계혁명(marginal revolution)과 같이 수요자 측면을 크게 강조하였고, 경제학에 그래프와 수학을 본격 도입하였다. 신고전파 경제학 역시 사람들을 합리적인 인간으로 묘사하고 효용을 극대화하는 존재로 보았으나, 사회제도나 문화 등의 중요성은 상대적으로 낮게 평가하였다.

② 인류학적 전통

두 번째는 기능주의 인류학(functionalism anthropology)적 전통이다. 프레이저(Frazer, 2010)는 원시사회의 다양한 친족과 결혼관습을 조사하면서 원주민들의 결혼을 경제적으로 설명하려고 노력하였다. 그는 공리주의의 영향을 받아 특수한 문화를 정형화하는 사회적, 구조적 유형이 상품을 교환하면서 기본적 경제적 동기를 반영한다고 믿었다. 교환과정은 기본적 요구를 실현하려는 사람들의 노력의 결과이며 교환에 관여한 사람들이 수익을 산출할 때 교환과정이 상호작용의 형태를 만든다고 하였으며, 이러한 상호작용의 형태는 개인의 필요에 기여할 뿐 아니라 이후 출현할 수 있는 사회구조의 종류를 구속한다고 설명하였다.

사회의 모든 희소자원과 유용한 자원들의 분배는 규범과 가치에 의해 규제되며, 또한 모든 교환은 호혜성의 규범에 의해 통제받는다. 이에 따라 유용한 자원을 받은 사람은 그 은인에게 다른 유용한 자원을 줄 것을 요구받는다. 호혜성은 어떠한 상황에서는 직접적 보답이 이루어지게 하지만, 다른 상황에서는 행위자들이 직접적으로 보답하지 않고 제3자를 통한 다양한 유형의 간접적 교환이 이루어지게 한다. 결과적으로 리바이-스트라우스(Levi-Strauss, 1969)는 사회체계의 교환관계가 종종 개인 사회의 직접적 상호작용에 제한되지 않고 간접적 교환의 복잡한 네트워크로 연장되며, 이러한 교환과정은 사회통합과 조직의 유형에 의해 이루어진다고 강조하였다.

③ 행동주의 심리학

세 번째는 행동주의 심리학(behaviorism psychology)적 전통이다. 파블로프(Pavlov, 2013)는 동물을 통한 실험을 통해서 조건반사(conditioned responses), 소멸(extinction), 반응 일반화(response generalization), 반응 차별(response discrimination) 등의 원칙을 설명하였다. 손다이크(Thorndike, 1905, 2013)는 동물이 보상받는 반응의 유형을 유지하는 것을 관찰하여 효과의 법칙(law of effect), 사용의 법칙(law of use), 비사용의 법칙(law of disuse)을 주장하였다. 파블로프의 고전적 조건형성(classical conditioning) 실험에 대비하여 손다이크의 실험을 조작적 조건형성(operant conditioning)이라고 하는데, 고전적 조건형성이 행동을 유발하기 위해 자극에 관심을 두는 반면, 조작적 조건형성은 자극보다는 유발된 행동의 결과에 관심을 둔다(백영균 외, 2010). 왓슨(Watson, 1913)은 이를 바탕으로 행동주의적 견해로서 심리학의 이론적 목표는 행위의 예측과 통제라고 설명한다. 또한 심리학이란 자극과 반응 간의 관계에 대한 연구이며, 인간의 의식은 관찰가능한 자극과 연결되었기 때문에 단지 관찰 가능한 행동만 연구해야 한다고 주장한다.

행동주의 심리학은 공리주의와 비슷한 특징이 있는데, 인간은 보상(reward)을 가장 많이 만들고 벌(punishment)을 적게 만드는 대안을 추구하는 원칙에 의해 작동한다고 본다(Turner, 2001). 행동주의 심리학에서의 보상은 유기체의 필요를 강화(reinforcement)하거나 충족시키고, 벌은 보상을 부정하거나 소비가 고통을 피하도록 하여 비용을 초래하고 강제한다(Ertmer & Newby, 1993). 또한 유기체는 과거에 보상이 입증된 행위들을 반복하고자 한다. 현대의 교환이론은 행동주의자들로부터 보상이라는 개념을 가져왔고, 그것을 공리주의적 교환의 전통을 재해석하는 데 사용하였다. 교환이론가들은 행위를 심리적 필요에 의해 동기를 가지는 것으로 보았기 때문에 효용(utility) 대신 보상(reward)이라는 개념이 자주 삽입되게 되었다(Turner, 2001).

④ 사회학적 전통

네 번째는 사회학적(sociology)적 전통이다. 마르크스와 엥겔스(Marx & Engles, 2002)에 따르면, 교환과정에서 자본가들은 물질적 보상을 통제하고 배분하는 권력을 가지고 있지만 노동자들이 가진 것은 그들이 가진 노동력뿐이라고 설명하였다. 유용한 자원을 가진 사람들은 더 나은 교환과 협상을 할 수 있는 위치에 있는데, 노동은 무한히 공급을 할 수 있는 자원이기 때문에, 자본가들은 낮은 가격으로 노동을 얻을 수 있고 자신들이 원하는 대로 노동자들을 강제할 수 있다. 그렇게 되면 노동자들은 자본가와 더 나은 협상을 위해 파업하기도 하고, 궁극적으로는 자본가들을 타도하게 된다. 마르크스와 엥겔스(2002)의 이론은 교환이론의 관점에서도 파악될 수 있는데, 희소한 유용한 자원을 필요로 하면서도 그 대가로 제공하기 위해 동등하게 가치가 있거나 희소한 자원을 갖지 못한 사람은 이러한 자원을 통제하는 사람들에게 종속되며, 유용한 자원을 통제하는 사람들은 그렇지 않은 사람들을 통제하게 된다. 이와 같이 자원이 불균등하게 배분되는 상황에서의 갈등체제와 교환과정에 대한 설명으로 의미를 갖는다.

(2) 사회교환이론의 지역사회복지실천 적용

사회교환이론에서 사회적 행동은 사람들 사이에 교환자원을 주고받는 행위가 반복되는 현상으로, 사회적, 물리적 자원의 교환을 인간 상호작용의 근본 형태로 파악한다. 또한 인간사회에서 관계의 유지와 종료가 어떠한 요인에 의해 주도되는가에 초점을 맞추고 있으며, 보상과 이익 관계에서 도출되는 긍정적인 결과에 주목하고 있다. 즉, 보상과 이익은 최대화하고 처벌과 비용은 최소화하려는 인간관계를 경제적인 관점에서 분석하는 데서 출발한다.

지역사회 속성은 지역사회복지실천이 교환의 장에서 이루어지며, 지역사회 차원의 교환자원으로는, 상담, 지역중심서비스, 기부금, 재정확보, 정치적 권력, 의미, 힘 등이 있다. 지역사회문제는 교환단계의 단절이나 불균형 때문에 생길 수 있는데, 그 이유는, 첫째, 교환자원이 부족하거나 고갈상태, 가치저하 현상 발생 시 지역문제가 발생하며, 둘째, 해결하기 위한 권력균형 전략으로는 경쟁, 재평가, 호혜성, 연합, 강압전략 등이 있다. 따라서 사회복지사는 이러한 관점을 고려한 지역사회복지를 실천해야 한다.

4. 사회구성론과 권력의존이론

1) 사회구성론

사회구성론(Social Constructionism)은 포스트모더니즘(postmodernism)과 상징적 상호작용주의의 영향을 받아 기존의 사회분석이나 문제해결에 사용되었던 이론들이 주류계층 중심의 시각을 기반으로 발전해 왔다는 문제의식에서 출발한다. 이 이론은 사회를 지배하는 주류 이데올로기(종교적 · 정치적 · 문화적 · 개인적)가 어떻게 만들어지고 유지되며 내재화되는지에 초점을 맞추고 있다. 또한 이러한 것들이 현존하는 사회 및 권력 조정에 대해 어떻게 설명하고 정당화하는지를 알려 준다(Reed, 2005).

(1) 사회구성론의 개념

사회구성론은 포스트모더니즘과 연관되어 있는데, 이는 소외된 집단구성원의 삶과 경험에 대한 새로운 지식을 구성함으로써 억압을 극복하고자 하는 지식 접근이기 때문이다. 이러한 접근은 개인과 집단이 사회제도, 관습, 일상생활과 연관된 의미들을 확인하는 대화의 과정에 참여해야 한다는 것을 요구하고 있다. 또한 사회구성론은 '상징적 상호작용주의(symbolic interactionism)'에서 출발한다. 이는 사람들이 문화적 규범, 가치,

언어의 사용과 관련한 의미로 일상생활의 행동을 구성한다는 생각을 기반으로 하고 있다. 이 이론의 주요한 가정은 지식은 객관적인 것이 아니며 유일한 '진리'는 없다는 것이다. 대신 지식은 문화적 맥락, 정치구조, 경제, 역사적 영향 안에서 사회적 상호작용과 이야기를 통하여 구성된다고 본다.

따라서 사회구성론에서는 어떠한 것을 문제로 보는 집단에 의해 사회문제가 제기되는 것이지, 처음부터 객관적 현상으로서 문제가 존재하는 것은 아니라고 주장한다. 이러한 관점에서 볼 때, 지역사회문제는 지역사회의 한 집단이 다른 집단이 설정한 의미에 동의하지 않아서 그 집단의 의미대로 행동하지 않는 현상이다. 대체로 현실의 주류적 시각에서 소외된 집단의 독특한 문화와 행동은 비정상적인 것 또는 반사회적인 문제로 해석되기 쉽다. 이 이론은 기존 지식이 이러한 사회현실에 대해 지배집단 이익을 대변하는 경향에 대해 비판적이다.

사회구성론은 전문가 중심의 전통적 사회복지실천에 대해 비판적 시각을 가지고 있다. 사회복지사의 활동은 개인의 행동을 규제하고 통제하려는 사회의 욕구에 대한 반응으로서 사회적으로 구성된다고 본다. 클라이언트와의 관계 속에서 사회복지사가 가지고 있는 관습적인 지식에는 선입견과 편견이 내재되어 있을 가능성이 높기 때문이다. 사회구성론은 사회복지사에게 공동체적 집단이 개인 대상자의 변화에 미칠 수 있는 힘을 명확히 알려 주며, 대상자와의 관계에 있어서 새로운 현실을 건설하기 위해 의사소통과 협력이 필수적이라는 사실을 알려 준다. 구체적으로 사회복지사는 클라이언트들의 주체성을 인정하고 그들이 자신의 권익에 주도자로 서도록 도와야 하며 사회복지사와의 교류에 있어서 새로운 의미부여를 통해 사회적 현실을 창조하는 데 참여할 기회를 제공해야 한다. 이를 위해 사회복지사는 클라이언트의 세계를 이해하고 그들에 합류하기 위한 의사소통기술을 배워야 하며 클라이언트의 문제를 좀 더 민감하게 사정할 수 있어야 한다. 또한 틀에 박히고 부적절한 진단적 용어의 사용을 지양해야 한다. 거시적 관점에서도 사회복지사는 클라이언트가 권력 지배세력의 억압적 영향을 이해할 수 있도록 도와야 한다. 그리고 사회복지사 자신이 지역사회 내에서 활용 가능한 대안들을 잘 알고 있어야 한다.

하디나(Hardina)는 구체적으로 사회구성주의 관점에서 지역사회복지실천에 참여하는 사회복지사에게 표 4-5와 같은 원칙이 요구된다고 제시하였다.

표 4-5. **하디나의 지역사회복지 실천의 원칙**

- 사회적 · 경제적 · 정치적 구조가 개인행동과 문화적 가치 및 규범과 관련한 의미들을 어떻게 형성하는지를 이해해야 한다.
- 실천에 영향을 미치는 문화적 상징과 의미를 결정하기 위하여 다른 전문가와 의견교류를 해야 한다.
- 지역사회가 현실을 어떻게 해석하는지 그리고 지배문화에 의한 억압을 어떻게 내재화하는지에 대한 통찰력을 얻기 위하여 주변화된 지역사회에 대한 공동연구에 참여해야 한다.
- 사회적 힘과 권력이 주변화된 집단의 구성원에게 어떻게 영향을 미치는지에 대한 새로운 지식과 이론을 개발해야 한다.

(2) 사회구성이론의 지역사회복지실천 적용

사회구성론적 실천에서는 사회복지사와 클라이언트가 함께 있는 '지금 여기'의 현실을 중요시하므로 이때 지역사회 구성원이나 클라이언트와 공유하는 언어, 몸짓 등 상징의 의미를 파악해야 한다. 사회복지사는 클라이언트의 행동에 영향을 끼치는 사회, 경제 및 정치적 구조에 대한 이해를 통해 클라이언트의 문화적 가치와 규범에 대한 의미를 해석해야 한다. 또한 다양한 문화를 가진 클라이언트와의 지속적이고 집중적인 대화과정을 중요시해야 하며 주관적 경험에 따라 해석이 달라질 수 있으므로 소수자에 대한 억압구조를 해석해 나가는 연구를 지속적으로 수행하여 지식의 축적과 이론적 발달에 힘써야 한다. 예를 들어, 사회구성론적 실천에서는 현재 이슈가 되고 있는 북한이탈주민문제, 퀴어문화축제(queer culture festival)나 동성결혼재판 등에 대한 관심과 연구도 필요하다.

2) 권력의존이론

권력의존이론(Power Dependence Theory)에 따르면, 어떤 집단 또는 조직이 희소자원을 통제할 수 있는 능력이 있으면 다른 집단이나 조직보다 더 권력을 갖게 된다. 즉, 권력의존이론은 지역주민이나 집단 또는 조직의 물리적 · 정치적 그리고 경제적 힘의 소유여부가 지역사회의 발전에 중대한 영향을 미친다는 것을 강조한다. 이 이론은 지역사회 안에 존재하는 조직들이 어떻게 힘을 얻고 또 분산시키는지를 이해하는 데 사용될 수 있다. 권력은 자원을 가진 개인이나 집단과 자원을 가지지 못한 개인이나 집단 간의 관계에서 형성된다.

(1) 권력의존이론의 개념

권력의존이론은 지역사회복지조직들이 생존을 위한 자원을 외부의 재정적 지원에 의존할 수 밖에 없다는 전제에서 출발한다. 즉, 조직의 생존을 위해서는 외부 기부자의 기부금이나 정부의 보조금에 의존해야만 한다는 것이다. 낙후된 지역에서 활동하는 지역사회복지조직들이 활동지역 내에서 재원 마련을 못할 경우, 이 문제는 매우 중요해진다. 결국 지역사회 내의 조직들이 스스로 권력을 가지든지 아니면 외부의 권력에 의존함으로써 지역사회복지가 가능하다는 것을 강조하는 것이다.

(2) 권력의존이론의 지역사회복지실천 적용

클라이언트에게 서비스를 제공하는 데 사용되는 재원을 외부에 의존할 경우 지역사회복지조직은 재정 지원자의 요구에 충실할 수밖에 없는 구조를 가지게 되며 조직이 가진 고유 목적과 지원자의 요구가 불일치하는 경우도 생기게 된다. 예를 들어, 그 외부자원이 중앙정부 자금일 경우 정부의 정책에 대한 찬성 또는 반대의 목소리를 제대로 내기 어려워지게 되는 것이다. 대부분의 사회복지기관은 정부의 보조금에 의존하고 있으며, 지역사회 대부분의 서비스 조직도 사실상 정부 재원에 의해 조직을 운영할 수밖에 없는 현실이므로 조직의 목적상실, 자율성 제한, 사회정의에 입각한 사회옹호 노력의 한계 등이 발생하게 된다.

권력의존이론을 민과 관의 조직에 적용한다면, 현 지역복지실천 현장에서 정부조직은 경제적 · 정치적 힘을 가지고 있으며, 민간 사회복지조직들은 이러한 힘을 가지고 있는 정부조직에 의존하고 있어 조직 상호 간에 힘의 불균형이 존재한다고 볼 수 있다. 정부로부터 자원을 제공받는 민간조직들은 정부조직에 의존하게 되고 정부조직의 문제점이나 서비스 또는 프로그램에 대한 비판을 자제하게 된다. 따라서 정부의 지원금을 받은 조직은 정부의 요구를 수용할 수밖에 없으며, 결국 클라이언트와의 상호작용에 있어서 정부의 정책이 강화되는 결과를 낳는다. 정부 재원에 대한 과도한 의존은 지역사회조직 본래의 목적을 수행하고 조직 기능을 원활하게 하는 데 부정적인 영향을 가져다줄 수 있으므로 지역사회복지조직은 힘의 균형적인 배분을 위한 지역사회 자원개발을 위해 노력하여야 한다.

5. 엘리트주의와 다원주의

1) 엘리트주의

엘리트주의는 소수의 지배 엘리트 집단이 국가의 정책을 좌우하고 권력을 장악하고 있다고 보는 견해이다. 사회복지정책에 있어서도 엘리트들이 자신들의 선호나 가치에 따라 정책을 결정하는 경향이 있다. 엘리트 집단과 주민의 기본욕구 사이에는 중개자가 필요하고, 주로 공공관료나 전문가 집단이 중개자로서의 역할을 수행한다.

(1) 엘리트주의의 개념

엘리트주의는 사회가 소수의 집단인 엘리트(elite)를 중심으로 움직인다고 보는 견해의 총칭이다. 또한 그러한 엘리트 계층이 사회를 이끌어야 한다고 믿는 입장을 가리키는 말로도 쓰인다. 엘리트이론(Elite Theory)에 입각하여 보았을 때 사회는 권력을 가진 엘리트(elite)와 그렇지 못한 대중(mass)으로 구분되며, 소수관료나 저명인사 등 사회지배계급(엘리트)에 의하여 정책문제가 일방적으로 채택된다. 엘리트주의자들은 정치적으로 무능한 일반대중을 지배하는 엘리트 중심의 계층적 · 하향적 통치질서를 중시한다. 다만 엘리트－매스의 도식(model)을 받아들이는 엘리트이론에는 여러 견해와 입장이 있다. 즉, 정서적, 가치관적으로 엘리트나 매스 중 어느 한쪽에 대오를 함께하는 소위 선민주의와 대중주의의 대립이 있으며, 한편 둘의 이해관계가 일치한다고 보는지의 여부 등에 따라 여러 사회론적 견해가 나타나게 된다.

귀족적인 엘리트주의는 모두가 공통의 이해를 가진 공동체적 사회에서, 대중은 인간으로서의 온갖 힘을 개발할 수 없는 상태에 있는 자이고, 엘리트는 그것을 전면적으로 발전시킨 자로 본다. 따라서 양자 사이에 지배－피지배의 관계가 생기는 것을 자연스러운 것으로 보고, 이것은 대중의 이해에도 합치한다고 하여 정서적 · 가치적으로 엘리트와 대오를 같이하는 견해이다. 시민혁명 이후 이 견해는 후퇴했지만 대표제 민주주의의 이해와 관련하여 새로운 엘리트주의, 곧 다원적 엘리트주의가 출현하였다. 다원적 엘리트주의에 의하면, 자유민주주의 사회에서는 대중을 대표하기 위하여 선출된 엘리트 간에 공개적인 경쟁관계가 계속되며 이러한 사회에서 엘리트(대표하는 자)와 대중(대표되는 자)은 정서적 · 가치적으로 대오를 같이 하지는 않지만 이해관계는 일치한다고 주장한다. 현대의 대중사회론은 정서적 · 가치적으로 대중(大衆)과 대오를 같이하고

양자의 대립을 주장하는 점에서는 지금까지의 엘리트주의와는 다르지만, 역시 사회는 엘리트가 움직인다고 보는 점에서 엘리트주의이다.

엘리트주의는 사회를 계층을 중심으로 보는 견해의 하나이며 인텔리겐치아를 과대시하는 자와 공통점을 가지고 있다. 이 사회관은 언제나 대중은 잠재적이지만 결정적인 힘을 가지고 있다는 점을 못 보고 있다는 비판이 따를 수 있다.

(2) 엘리트주의의 지역사회복지실천 적용

엘리트 집단이 지향하는 바가 일치됨으로써 지역사회복지 시스템의 활동 방향과 내용이 결정된다. 따라서 막강한 권력으로 많은 자원을 동원할 수 있는 역량이 있어, 큰 규모의 지역사회 관련 사업을 실시할 수 있다. 하지만 지역사회 또는 전국적인 수준에서 서로 결탁하여 권력을 독점적으로 행사하는 소수의 기업인 · 관료, 정치가 등이 존재하며, 이들에 의해 지역사회가 지배될 가능성이 높으며, 지역사회 내 다양한 집단들과 직접 소통하지 않아 지역주민의 기본 욕구를 의사결정에 충분히 반영하기가 어렵다는 문제점을 지니고 있다.

2) 다원주의

다원주의는 사회는 여러 독립적인 이익집단이나 결사체로 이루어져 있으므로 권력을 가진 엘리트 집단에 의해 지배되기보다는 집단 간의 경쟁, 갈등, 협력에 의해 민주적으로 운영된다는 견해의 사상이다. 대표학자로는 슘페터(Schumpeter)와 달(Dahl)이 있다.

(1) 다원주의의 개념

사회를 구성하는 개인이나 집단의 독자적인 가치관, 이념, 목표 등을 인정하고, 각각의 독립성과 자율성을 보장하는 것, 또는 그것을 전제로 하여 사회·문화 현상을 파악하고 설명하는 입장을 다원주의라고 한다. 이러한 다원주의는 권력 엘리트에 의하여 지배되는 획일주의를 배척하고 각 분야의 자율성을 인정한다. 즉, 엘리트주의와는 상반된 관점인 다원주의(Pluralistic Theory)는 전문성 등을 기본으로 둔 다수의 이익집단들이 사회를 이끈다고 보며, 사회가 국가의 중심이라는 전제하에 이익집단의 내부구조나 변동을 강조한다. 여기에서의 이익집단이란 공통의 목적을 가지고 공공정책에 영향을 미치기 위해 노력하는 개인들의 조직체를 의미한다. 즉, 다원주의에서는 이익집단의 상대적 영향력의 정도에 따라 사회복지정책의 내용과 형태가 달라진다고 보며, 사회복지정책은 이러한 이익집단들 간의 갈등과 타협의 산물로 간주한다. 이들은 사회권력이 단일집단에 국한되지 않고 민주주의 체제 내에서 이익집단들이 협상한 결과이므로 서로 경쟁하는 이익집단이나 사회복지조직은 민주주의사회에 꼭 필요한 것이라고 강조한다.

(2) 다원주의의 지역사회복지실천 적용

다원화된 현대사회에서 개개인은 특정 목표를 중심으로 여러 집단과 조직을 구성하면서 이익을 표출하는 것을 통해 정책과정에 영향을 미칠 수 있으며, 동시에 다양한 이해관계를 정책결정에 반영시킬 수도 있다. 다원주의에 의하면, 사회복지정책은 개개인과 집단의 이익대결과 갈등을 정부가 공정하고 종합적인 입장에서 조정한 결과로서의 균형을 의미한다. 사회복지정책의 내용과 형태는 이익집단의 상대적 영향력의 정도에 따라 달라진다.

지역사회 권력이 집중되는 형태를 갖기보다는 전문성 등에 기반을 둔 다양한 사람들이 참여함으로써 다원화되는 경향이 있다. 즉, 지역사회에서는 지역복지에 대한 영향력을 행사할 수 있는 집단들이 다원화될 수 있으며, 시민들이 실제로 큰 권력을 가지고 정책결정과정에 영향력을 행사할 수 있다. 따라서 지역사회문제에 대해 시민집단이 갖는 이해관계와 영향력 등의 정확한 이해, 그리고 관련 전문가들의 영향력 등에 대한 정확한 이해는 지역사회의 현실을 더 정확하게 이해하고 지역사회복지 실천과정을 효과적이고 효율적으로 발전시키는 데 기여할 수 있다.

6. 거버넌스이론

1) 거버넌스이론의 개념

거버넌스(governance)는 국가, 시장, 그리고 시민사회 영역의 행위자들이 각기 자율성을 바탕으로 국정 운영에 참여할 수 있는 방식이다. 거버넌스는 협치, 공치, 동반자적 국정 운영 등 다양한 용어로 불리는데, 국가, 시장, 시민 사회 등 사회 각 영역 행위자들 간 영향 관계에 따라 거버넌스의 형태는 다양하게 나타날 수 있다. 거버넌스이론은 전통적으로 행정학이나 정치학에서 다루었던 내용을 거버넌스와 연계하여 연구하려는 시도이다. 거버넌스이론은 자본주의의 체제에서 과잉 생산으로 인한 실업 증가와 경제성장 둔화, 세계화로 인한 국가 간의 경쟁 등과 관련한 정부의 개혁 필요성에 따라 본격적으로 논의되기 시작하였다.

2) 거버넌스의 이론적 모형

미국의 정치학자 피터스(Peters)는 정부의 개혁을 위한 거버넌스의 이론적 모형을 제시하였는데, 그가 제시한 거버넌스의 이론적 모형은 표 4-6과 같이 국가, 시장, 시민사회 영역의 관계를 바탕으로 크게 시장정부모형, 참여적 정부모형, 신축적 정부모형, 탈규제적 정부모형으로 구분할 수 있다.

표 4-6. 거버넌스의 이론적 모형

구분	내용
시장정부모형	시장정부모형에서는 정부의 문제가 관료의 정보 독점으로 발생한다고 간주하고, 관료의 폐쇄성이 공공 부문의 비효율성 내지는 실패의 원인이라고 지적한다. 전통적인 관료제하에서 관료들은 정보를 독점하고 자신들의 안정적 직위를 이용해 정책에 소속 부서의 의견을 최대한 관철하려 노력하는데, 심지어 관료들은 특정 문제에 대한 검토를 막아 의사결정의 범위를 제한하기도 한다. 이러한 까닭에 시장정부모형에서는 정부가 비효율성을 지닌다는 것을 전제로 한다. 이러한 비효율성을 시장정부모형은 시장주의의 원리로 해결하고자 한다. 시장주의는 가격 중심의 자원배분, 경쟁원리 등을 지향하며, 자원의 효율적인 배분을 위해 원가 개념을 중시하고 가격 대비 성능의 비율을 따진다. 시장주의는 서비스 공급과정에서도 경쟁을 통한 서비스의 품질 관리에 관심을 두기 때문에 소비자가 제공받은 서비스에 대해 어느 정도로 만족하는지에 민감해 고객주의라고도 한다. 공공 서비스의 질을 높이고 고객의 만족도를 높이기 위해서 공공 서비스의 공급을 민간에게 맡기는 민간 위탁도 고객주의에 따른 발상 중의 하나이다. 시장정부모형은 시장의 효율성을 신뢰하기 때문에 시장과 협력하여 공공 부문의 분권화를 지향하며, 관료에 대한 관리와 동기 부여를 위해 정당한 성과에 대한 보상과 경쟁 등 민간 부문의 다양한 기법의 활용을 제안한다. 이렇게 시장정부모형이 추구하는 정부 개혁의 목표는 민간 부문처럼 경쟁을 통해 인력을 충원하고, 공공 부문을 효율화하는 것이다.
참여적 정부모형	참여적 정부모형에서는 정부를 둘러싼 문제가 기본적으로 위계 서열 중심의 조직 문화에서 비롯되는 것이라고 지적한다. 서열 중심의 경직적 조직문화는 정책 결정 과정에서 하향식 의사결정 구조를 지니게 하며, 관료가 정책결정을 독점하게 되는 구조를 지니게 한다. 참여적 정부모형에서는 조직 내외의 이해 당사자 간 소통을 강조하며 참여에 초점을 두고 수평 조직으로의 개편을 주장한다. 조직관리에서 중요한 것은 서비스 품질관리와 팀 작업이라고 생각하여 정책결정과정에서 관료의 독점적 역할을 지양하고 민

구분	내용
	간 부문의 참여를 허용하면서 상호 간의 적극적 협의와 협상을 강조한다. 정부가 어떻게 국가를 운영해야 하며, 무엇을 해야 하는지에 대해 다양한 시민들의 참여와 협의를 핵심적 가치로 삼아야 한다고 본다. 이때의 참여란 관료제 외부만이 아니라 관료제 내부에서 서열에 관계없이 일선 관료들에게 참여의 기회를 보장하는 것도 포함하고 있다.
신축적 정부모형	신축적 정부모형은 정부의 가장 큰 문제가 조직의 안정성, 영속성에서 비롯된다는 생각을 전제한다. 이 모형에서는 관료 조직의 안정성, 영속성이 정부의 효율성을 저해하는 근원이라고 생각한다. 관료 조직의 안정성, 영속성이 경직화를 야기하고, 사안에 따른 대응력을 저해한다는 것이다. 신축적 정부모형에서는 공식적인 규칙과 제도에 의해 통제되는 정규적 조직보다는 느슨한 조직으로서의 한시적 조직을 대안으로 제시한다. 이 모형에서는 필요에 따라 한시적 전담 조직을 통해 과제해결에 집중하고, 문제가 해결되면 조직이 해체되는 형태도 염두에 둔다. 정책결정에서는 혁신과 실험을 강조하며, 과거의 정책 기조와 조직 내 결정 규칙의 틀에서 벗어난 적극적이고 창의적인 정책을 제안할 것을 요구한다. 기존 정책의 경로 의존성을 벗어나고자 하는 의도가 숨어 있는 셈이다. 이 모형에서는 정부가 느슨한 조직을 통해 서비스 생산 비용을 줄이고 다양한 이해와 조정 능력을 갖출 수 있다고 생각하며, 정부 조직 및 인력 관리에서 임시 고용 제도의 확대를 주장한다. 임시 고용 제도는 관료의 직업적 안정성을 와해하는 것으로, 기존의 공무원 입직 경로나 내부 승진 외에 시민 사회 영역을 포함한 외부 전문가 등을 임용할 수 있는 개방형 임용 제도는 이러한 맥락과 닿아 있다.
탈규제적 정부모형	탈규제적 정부모형에서는 정부 문제 발생의 핵심 원인이 조직 내부의 규제라고 진단한다. 관료 조직 내 규제라 할 수 있는 형식주의, 절차와 제약 등이 관료들의 재량을 제한하여 정부 문제의 원인이 된다는 것이다. 따라서 탈규제적 정부 모형에서는 관료 조직 자체의 개선 방안보다는 조직 관리에 대한 처방으로 규제를 축소하여 조직구성원인 관료들의 자유와 재량을 확대하는 방안을 마련하는 것에 초점을 둔다. 이 모형에서는 관료 조직이 정책 결정에 필요한 전문 지식과 아이디어의 저장소라고 보기 때문에 정책결정과정에서 관료의 역할이 중요하다고 생각하며, 효율적 정부라면 관료가 아이디어를 발휘할 수 있도록 과거의 규제와 통제에서 벗어나 다양하고 창의적인 정책을 산출한다고 본다.

Chapter 05

지역사회복지의 실천모델

배울 내용

1. 사회복지실천의 개념 및 모형
2. 지역사회복지 실천모델
3. 지역사회조직화를 위한 전문가의 역할

학습목표

1. 사회복지실천의 개념 및 모형을 설명할 수 있다.
2. 지역사회복지 실천모델의 유형별 특징을 이해한다.
3. 지역사회조직화를 위한 전문가의 역할을 숙지한다.

Chapter 05

지역사회복지의 실천모델

1. 사회복지실천의 개념 및 모형

1) 사회복지실천의 개념

사회복지실천(social work practice)은 개별사회사업, 집단사회사업, 지역사회조직사업이라는 3대 사회사업방법으로부터 일원적 방법, 즉 방법의 통합화를 지향하고 있다. 사회복지실천의 일원적 방법이란 모든 사회복지사들이 개인, 집단, 지역사회에서 제기되는 사회문제에 대처해 나가고자 할 때 활용할 수 있는 공통된 하나의 원리나 개념을 제공하고자 하는 것이다.

과거의 사회복지개입에서는 인간이나 환경 중 어느 하나를 변화시키는 데 주력하였다고 한다면, 1970년대 이후에 등장한 사회복지실천에서는 인간과 환경의 상호작용을 변화시키는 데 초점을 두고 있다. 즉, 오늘날의 사회복지실천은 인간과 환경이라는 두 체계에 동시에 초점을 두고, 양자 간의 상호작용을 변화시키는 사회복지의 통합적 접근을 시도하고 있다(권중돈, 2004).

따라서 사회복지사는 한 개인의 문제를 볼 때에도 그가 속한 집단과 지역사회의 맥락에서 파악하고, 치료 내지 변화를 시도할 때에도 개인은 물론 집단과 지역사회의 변화를 동시에 꾀하는 것이 이상적이다. 왜냐하면 사회복지실천의 초점은 사회적 기능수행(social functioning)의 향상으로서 사회적 상호작용과 관련되어 있는데, 이것은 인간과 환경 간의 상호교환을 통하여 어떠한 일이 진행되고 있는가에 관심을 두고 인간과 환경을 하나의 개념 속에 포괄하고 있기 때문이다. 그리고 여기서 사회적 기능수행의 개념은 인간의 대처 능력(coping)과 환경적 요구(environmental demands) 간의 균형을 개선하는 것이라고 할 수 있다(조흥식 외, 2000).

사회복지사들은 개인에 대한 변화전략을 지향할 수도 있고, 환경에 대한 변화전략을 지향할 수 있으며, 그리고 개인과 환경 간의 상호작용에 대한 변화전략을 지향할 수도 있다. 그러나 이 모든 경우에 이들 전략들은 개인과 상황의 상호작용의 본질의 변화를 지향한다.

결론적으로 사회복지실천(social work practice)이란 인간이 지닌 사회적 문제와 사회적 기능수행상의 어려움을 개별적, 집단적, 조직적, 지역사회적으로 도움을 제공하여 문제를 해결하기 위한 통합적 사회사업방법 중 하나라고 할 수 있다. 따라서 사회복지실천 노력의 핵심은 사회적 기능 수행상의 문제를 중심으로 사회복지사와 클라이언트가 함께 활동하는 것이라고 할 수 있다(김융일 외, 2000).

2) 사회복지실천의 모형

전통적인 사회사업방법들을 통합하고자 하는 시도는 많은 학자들에 의하여 이루어져 왔다. 특히 핀커스와 미나한(Pincus & Minahan, 1973)은 사회복지사는 사회복지현장에서 클라이언트를 돕기 위해 개인이나 집단, 가족, 지역사회 각각에 제한되는 접근방법보다 여러 유형이나 규모의 체계들과 관계를 맺을 수 있는 접근방법이 필요하다고 주장하면서, 모든 사회복지실천에 공동적으로 적용될 수 있는 통합적 접근의 필요성을 강조하였다. 이러한 통합적 방법을 토대로 하는 사회사업실천의 모형으로 4체계모형, 생활모형, 문제해결모형, 그리고 역량강화모형에 대해 살펴보면 다음과 같다(김융일 외, 2000; 양옥경 외, 2005: 차소영, 2007).

(1) 4체계모형

1970년대 초반 핀커스와 미나한(1973)은 통합적 방법을 직접적으로 활용할 수 있는 4체계모형(four systems model)을 제시하였다. 4체계모형은 포괄적이고 전체적인 관점에서 클라이언트체계를 사정할 수 있는 기초를 제공하고 사회복지사로 하여금 인간과 클라이언트의 비공식적 자원체계 간의 연결에 초점을 두고 있다. 이 모형은 '복잡한 여러 수준의 체계들과 연결되어 있는 사람들과 일한다'는 점을 강조하고 있으며 미시 대 거시, 또는 치료 대 사회행동과 같은 전통적인 이분법적 사고를 피할 수 있도록 해 준다(김융일 외, 2000).

이 모형은 일반체계접근법에 근거하여 개발되었다. 사회사업실천과정에서 사회복지사의 활동은 4체계와 관련되어 이루어지는데, 구체적으로 표 5-1과 같이 변화매개체계, 클라이언트체계, 표적체계 및 행동체계이다.

표 5-1. **4체계모형**

구분	내용
변화매개체계	사회복지사 및 사회복지사를 고용하고 있는 기관 및 조직으로서 변화매개인이란 계획된 변화를 목적으로 특수하게 고용된 '돕는 사람', 즉 사회복지사를 의미한다.
클라이언트체계	클라이언트체계란 서비스나 도움을 필요로 하는 사람들로서 변화매개인과 계약이 이루어졌을 때 비로소 클라이언트가 된다. 여기에서 계약이란 변화노력의 목표나 목적을 분명히 하며 변화활동에 사용되는 방법을 확실하게 하는 것으로서 체계 구성원 모두 혹은 일부와 이루어진다.

구분	내용
표적체계	변화매개인이 목표로 한 것을 달성하기 위해 영향을 주거나 변화를 시키는 것이 필요한 사람들로서 클라이언트체계와 동일할 수도 있고 상이할 수도 있다.
행동체계	변화매개자들이 변화 노력을 달성하기 위해 서로 상호작용하는 사람을 말하는데, 이웃, 가족, 전문가들이 이 체계에 해당한다.

사회복지사는 4가지 사회체계들로 개입을 위한 표적체계를 설정하고, 변화와 관련이 있는 체계들을 찾아내고, 이 체계들을 변화과정에 끌어들이는 것이다.

(2) 생활모형

생활모형(life model)은 1970년대 초 저메인과 기터만이 생태체계적 관점을 이론적 준거틀로 도입하여 개발한 모형이다(양옥경 외, 2005). 이 모형은 사람과 환경을 통합적으로 보고 개인과 환경 모두를 변화체계에 개입할 수 있도록 하는 실천원칙과 기술을 통합한 것으로서 생활과정에서 사람들이 문제를 해결해 나가도록 하는 실천모형이다. 또한 문제를 단순히 개인의 장애로서만 파악하지 않고 생활의 맥락 안에서 파악하고자 한다. 생활모형은 생활과정이라는 개념을 강조하고 있는데, 생활과정이란 인간이 각기 다양한 환경에서 태어나 죽을 때까지 다양한 생활경험 속에서 경험하는 독특한 발달과정을 의미한다.

이 모형은 또한 스트레스에 강조점을 두고 환경과의 적응적 교류의 균형이 깨지면서 발생하는 스트레스로 스트레스가 발생하는 상황은 생활주기 변화, 환경적 압력, 대인관계의 과정 등이며, 스트레스 유발 여부는 개인적 환경적 상황 및 특정 사건에 대한 인지방식에 의해 좌우된다. 따라서 생활모형에서는 외부세계를 통제할 수 있는 인지능력을 강조하며, 사회사업실천의 목적을 환경과 개인 간의 상호교류가 적응적이 되도록 하기 위해 개인의 적응능력을 강화하고 환경에 영향을 주는 것으로 보고 있다(남기민, 2005).

(3) 문제해결모형

문제해결모형은 1950년대에 펄먼(Perlman, 1957)에 의해 개발된 것으로서, 인간의 삶 자체가 끊임없는 문제해결과정이라는 가정 아래 최초로 '문제'를 사회복지실천의 변화 표적으로 제시한 모형이다. 펄먼(1957)은 문제해결과정이 문제(problem), 사람(person), 장소(place), 과정(process)의 4대 요소로 이루어진다고 주장하였다. 구체적으로 문제는 사회환경에 조정이 필요한 적응이상 상태를 말하며, 사람은 사회적 측면이나 개인적인 측면에서 도움이 필요한 사람을 말한다. 한편 장소는 문제를 가진 개인이 도움을 받으러 찾아오는 곳으로 사회복지관을 의미하며, 과정은 사회복지사와 클라이언트의 전문적인 관계를 통하여 문제해결에 도움을 주는 과정을 말한다. 펄먼(1957)의 문제해결모형은 개인과 환경을 분리해서 이해할 수 없다는 생태체계적 관점과 일치하며, 문제의 발생과 관련된 개인의 환경과 관계망 등 다양한 변수를 고려하는 측면에서 현대적인 접근방법이다(양정남 외, 2004).

이 모형의 핵심은 성공적인 개입은 변화를 향한 클라이언트체계의 동기, 능력, 기회에 근거한다는 점이다. 문제해결과정에서 사회복지사는 클라이언트가 상호작용하는 환경 내에서의 자원 활용 가능성과 관계된다. 일반적으로 문제해결모형은 접촉단계, 계약단계, 행동단계의 3단계로 나누기도 하며, 문제의 분석과 욕구파악, 전략 대안의 개발, 각 대안에 대한 평가와 선택, 수행 및 평가의 5단계로 구분되기도 한다.

(4) 역량강화모형

역량강화모형(empowerment model)은 클라이언트를 문제중심으로 보는 것이 아니라 강점중심(strength perspective)으로 봄으로써 클라이언트의 잠재능력 및 자원을 인정하고 클라이언트의 탄력성(resiliency)을 전제로 하여 클라이언트가 스스로 삶을 결정할 수 있도록 능력을 부여하는 것을 말한다(Sheafor et al., 1988). 강점중심접근의 원칙은

표 5-2와 같다(Saleebey, 1997).

표 5-2. 강점중심접근의 원칙

- 모든 개인, 가족, 지역사회는 강점, 자질, 자원을 가지고 있다. 사회복지사는 클라이언트들 자신의 불행, 질병, 고통을 극복할 수 있는 잠재력과 가능성을 가지고 있다는 믿음을 가져야 한다. 이러한 강점을 식별하기 위해서는 사회복지사는 열린 마음과 사고로 클라이언트에 대한 관심, 존중, 존경심을 가져야 하며 그들의 말을 경청해야 한다.
- 클라이언트의 상처와 학대 그리고 질병과 같은 위기는 고통을 초래하지만 한편으로는 기회와 도전, 성장의 기회가 될 수 있다.
- 개인의 변화와 성장의 가능성은 무한하다.
- 가족과 개인, 그리고 지역사회의 전망과 희망을 진지하게 고려해야 한다.
- 모든 개인은 친구, 집단, 확대가족 등 용기를 주는 자원과 능력을 가지고 있다.

2. 지역사회복지 실천모델

1) 지역사회복지 실천모델의 목적

실천모델은 두 가지의 기본목표를 가지고 있다. 하나는 과정목표(process goal)이고, 다른 하나는 과업목표(tast goal)이다. 과정목표는 지역사회 개업활동을 수행하기 위해 사용되는 수단과 방법의 초점을 두는 반면에, 과업목표는 지역사회 개입노력에 따른 목적과 성과에 초점을 둔다. 지역사회복지를 실천하는 데 있어서 실천모델(practice model)이 왜 필요할까? 하디나(2002)는 실천모델이 사회복지사들에게 지역사회복지 실천을 하는 데 있어 개입방법을 설명해 주고 있다고 주장하면서 표 5-3과 같이 제시하였다.

표 5-3. 하디나(2002)의 지역사회복지 실천모델의 목적

- 지역실천현장에 있는 사회복지사들에게 실천모델을 통해 사회 변화에 대한 노력의 통제를 어느 정도 할지를 알려 준다.
- 어떤 형태의 전략과 전술이 사용되어야 하는지를 알려 준다.
- 변화과정에서 분명한 사회복지의 역할들을 결정하는 데 도움을 준다.
- 실천모델은 또한 변화되어야 하는 사람 또는 조직 등의 표적체계(target systems)와 사회복지사와의 관계를 설명해 준다.

하디나에 따르면, 실천모델은 또한 지역사회변화를 함께하는 구성원(Members)들과 사회복지사 사이의 관계에 관한 확실한 가치진술(Value Statements)을 포함한다고 한다.

2) 지역사회조직화 및 실천모델

지역사회실천 모델은 각 사회마다 다른 전통과 사회, 정치, 경제 발전과정과 관련되어 있기 때문에 지역사회복지 실천모델을 단일 모델로 설명하기는 어렵다(김형수 외, 2010).

(1) 로스만의 모델

로스만은 다음의 세 가지 접근법을 그의 이론에 포함하고 있다. 첫째, 지역사회의 역량, 사회통합에 초점을 두는 근린지역사회개발(Locality Development), 둘째, 자료에 기초하여 문제해결방향을 제시하는 사회계획 및 사회정책(Social Planning/ Social Policy), 셋째, 근본적인 변화와 사회적 정의를 지향하는 사회행동(Social Action)이다(간순옥 외, 2020).

표 5-4. **로스만의 모델**

구분	내용
근린지역사회 개발	근린지역사회개발 모델은 지역사회 문제해결을 위한 지역사회의 역량강화와 사회통합을 목표로 한다. 지역사회의 기능적 통합과 사회통합이라는 목표를 통해 지역사회의 변화를 가장 효과적으로 하기 위해 시민참여의식을 갖도록 하는 과정을 강조한다. 따라서 사회복지사는 지역사회와 지역주민의 역량강화와 개발을 위해 조력자, 조정자, 촉매자의 역할을 수행할 수 있어야 하며, 문제해결 기술 훈련자의 역할도 담당해야 한다. 한계점으로는, 첫째, 지역사회 변화 노력을 위해 지역사회와 관련된 집단들의 협력을 끌어내기가 용이하지 않고, 둘째, 지역사회 관련 집단들이 성, 계급, 인종 등과 관련된 경계를 초월하는 공동의 이해관계를 가지고 있다는 가정의 현실성 문제, 셋째, 실질적인 정책결정자가 사회변화를 지지할 수 없는 경우 지역사회개발을 위한 협상을 거부할 수 있는 권력구조의 문제점 등이 지적되고 있다.
사회계획 및 사회정책	문제해결을 위한 합리적인 계획의 수립과 통제된 변화에 기반을 두고 사회문제를 해결하고자 하는 기술적 과정을 강조한다. 문제해결의 결과보다는 과정을 더 중시하며 계획이나 정책집행의 효과성과 효율성을 강조하기 때문에 과업목적에 초점을 두고 있다. 지역주민 스스로 주체가 되어 지역발전 · 문제해결에 기여하기보다는 전문가가 문제해결의 대안을 합리적 · 과학적으로 제시하고 실행이 모델에서 사회복지사는 계획가, 행정가, 자료분석가의 역할을 수행할 수 있고 해결하고자 하는 문제에 대한 전문지식을 보유하여 관련 자료를 수집하고 분석하여 그에 입각한 프로그램의 계획과 평가까지를 담당한다. 한계점으로는, 첫째, 계획가는 무제한적인 시간과 자원을 가지고 있지 않다는 점, 둘째, 계획과정의 합리성을 전제하고 있기 때문에 문제해결과정에 미치는 정치적 영향력을 고려하지 못한다는 것이다.
사회행동	지역사회의 소수계층이 보다 많은 자원과 향상된 처우를 받기 위하여 지역사회에 권력 균형을 요구하는 것을 전제로 한다. 사회행동 모델은 지역사회의 억압받고 소외된 주민들이 사회정의와 정치적 공평성 입장에서 사회, 정치, 경제적으로 보다 나은 처우를 받을 수 있도록 도와주는 활동을 말하며 기본적으로 과업달성을 중시하기 때문에 적절한 의사결정 구조의 활용 또는 관계형성 등과 같은 과정목표는 무시되기도 하며 다음과 같은 한계점이 있다. 첫째, 일부 실천가는 지역사회 상황에서 실천 활동을 대항활동으로 제한시키고 있다는 점이다. 이러한 경향은 지역사회 관련 집단들을 양극화시키거나 바람직한 결과를 달성하는 데 어려움으로 작용한다. 둘째, 일부 조직가와 지역사회 구성원이 대항 전략에 대해 주저할 수 있다는 것이다. 셋째, 윤리적 이슈와 관련된 것으로 대항형태의 불법성이 있을 수 있으며, 긴급 상황에서 사용될 수 있어 조직가와 조직구성원이 위험에 놓일 수도 있다는 점이다.

로스만의 근린지역사회개발(Locality Development)에서 '개발'은 민주적 절차, 자발적 운영, 자조(self-help), 토착지도자의 개발, 교육적 목표 등을 포함하고 있다. 사회계획(Social Planning)은 조직화의 과업중심형태를 가진다. 즉, 전문성이 있는 계획가를 통하여 자료를 수집하고, 분석하여 주민의 욕구의 충족이나 서비스 제공방식, 그리고 거시적인 사회환경 대책 등과 관련된 전문적 설계를 제시한다. 사회행동(Social Action)은 급진적이고 근본적 변화목표를 가진다. 사회행동의 목적은 주요 제도나 지역실천 혹은 공공조직의 정책 등에 대하여 기본적인 변화를 꾀하고, 권력 및 자원의 재분배, 의사결정과정의 참여 등을 추구한다. 표 5-5는 로스만의 지역사회복지 실천모델을 구성한 것이다

표 5-5. 로스만의 지역사회복지 실천모델

구분	지역사회개발모델	사회계획 · 정책 모델	사회행동모델
지역사회 활동목표	• 지역사회가 기능적으로 통합을 이룸 • 자조적으로 협동적 문제해결에 참여 민주적 능력 배양(과정중심에 목표)	• 지역사회문제의 해결 (과업중심에 목표)	• 권력관계와 자원의 변화 • 기본적 제도의 변화 (과업 및 과정중심에 목표)
지역사회구조와 문제 상황에 관한 전제	• 지역사회의 상실, 아노미 • 사회적 관계 및 문제해결능력의 결여 • 정태적 · 전통적 지역사회	• 지역사회의 실질적 사회문제 • 정신적 · 신체적 건강문제, 주택, 여가활동 등	• 사회적 고통을 당하고 있는 사람 • 사회부정의, 박탈, 불평등
변화를 위한 기본전략	• "함께 모여 이야기해 보자" • 다수의 사람이 모여서 자신의 욕구를 결정하고 해결해 나가는 것 • 지역사회의 자주성 중시	• "진상파악을 위한 논리적 조치 강구" • 문제에 대한 자료수집 • 합리적이고 가능한 방안 행동조치	• "억압자 분쇄를 위한 규합" • 이슈의 구체화와 표적대상에 대한 조치를 취할 수 있도록 주민 동원

구분	지역사회개발모델	사회계획 · 정책 모델	사회행동모델
변화를 위한 전술과 기법	• 합의 • 지역사회집단 간, 이해관계 간에 상호 의사소통, 집단토의	• 합의 또는 갈등	• 갈등 또는 투쟁, 대결, 직접 행동, 교섭
실천가의 역할	• 조력자, 조정자 • 교육자(문제해결기술, 윤리적 가치관 지도) • 격려자	• 사실수집가와 분석자 • 계획가 • 프로그램 실행자, 촉진자	• 옹호자 • 선동가(활동가) • 매개자, 중개자 • 지지자
변화매개체	• 과업지향적 소집단의 조직과 지도	• 자료수집과 분석, 공식조직(기관, 행정, 입법)의 조정	• 대중조직과 대중운동의 유도, 정치적 과정에 영향
권력구조에 대한 견해	• 지역사회 향상을 위한 공동의 노력을 기울이는 협동자	• 전문가의 고용자이고 후원자	• 공격, 파괴되어야 하는 억압세력, 반대세력
클라이언트의 집단 및 범위	• 전체 지역사회(지리적 지역사회 전체)	• 지역사회 전체 또는 지역사회 일부분(기능적 지역사회 내포)	• 지역사회의 일부분(억압받는 주민, 지역의 문제해결)
지역사회구성원 간의 이해관계에 대한 전제	• 공통의 이해관계 및 조정 가능한 차이	• 조정 가능한 이해, 갈등상태에 있는 이해	• 쉽게 조정되지 않는 상호 갈등적 이해 • 부족한 자원
클라이언트 집단에 대한 개념	• 주민: 완전히 개발되지 않은 상당한 잠재력을 가짐	• 소비자 • 사회계획결과의 프로그램, 서비스의 소비자, 이용자, 수급자	• 피해자: 체제의 희생자
클라이언트 역할의 견해	• 상호작용적 문제해결 과정의 참여자	• 수혜자, 소비자	• 동료(회원) • 고용주, 지역사회구성원
권한부여의 방법	• 협동적이고 동의된 결정을 이끌어 내기 위한 지역사회의 능력 고취 • 주민의 주인의식 고취	• 소비자의 서비스 욕구 규명(서비스 선택의 정보제공)	• 수급자 체계(지역사회의)를 위한 객관적 권력–지역사회 의사결정에 영향을 미치는 권리와 수단의 획득 • 참여자의 역량강화

로스만 모델은 지역사회복지실천에 매우 중요하고 많이 활용되지만 지역사회의 문제와 상황은 다양하기 때문에 특정한 한 가지 모델을 적용하여 해결해 나가는 데 한계가 있다. 이러한 맥락에서 로스만도 세 가지 모델은 실천변수에 따른 이념적 분류이며 실제 지역사회복지 실천의 개입에서 상호 중복되고 혼합된 형태로 활용될 수 있음을 강조하고 방법을 제시하였다. 이는 제 상황에 대응하기 위한 선택적 활용, 각 모델의 혼합적 활용, 각 모델의 순차적 활용으로 구분 지을 수 있는데, 각각의 내용을 구체적으로 설명하면 다음과 같다.

첫째, 제 상황에 대응하기 위한 선택적 활용은 문제상황과 목적, 목표, 강조점에 따라 모델의 적용을 달리할 수 있다. 문제상황에서 공공자원이 현격히 부족하거나 제한된 상황에서는 지역사회개발모델을, 고도의 복잡한 구조를 지닌 문제상황에서는 사회계획·정책모델을, 사회 내의 자원, 권력, 서비스의 배분이 불평등한 상황에서는 사회행동모델을 적용하는 것이 적절하다.

둘째, 각 모델의 혼합적 활용은 각 모델이 실천장면에서 혼재되어 있을 때 각 모델을 적절하게 혼합하여 활용할 수 있다. 예를 들어, 사회복지공동모금과 같은 조직은 민간자원을 모아 적절하게 재원을 지원해야 하는 과업 중심의 역할과 지역주민이 지역사회 내의 문제해결에 스스로 참가하도록 만드는 과정 중심의 역할도 수행하기 때문에 지역사회개발모델과 사회계획·정책 모델의 혼합적용이라고 할 수 있다.

셋째, 각 모델의 순차적 활용은 지역사회복지 실천효과를 높일 수 있다. 사회행동모델로 일정의 권력, 자원배분을 성취한 후 문제해결을 위해 사회계획·정책모델을 적용해 나가는 방법과 주민의 의식개발과 참여증진을 도모하기 위해 지역사회개발모델을 사용한 후 결집된 주민의 조직으로서 사회행동모델로 전환하는 방법을 예로 들을 수 있는데, 이때 적절한 이행시기에 대한 전문가의 판단이 중요하다.

(2) 테일러와 로버츠 모델

테일러와 로버츠(Taylor & Robert, 1985)는 로스만의 세 가지 모델에 두 모델을 새로 추가하여 다섯 가지 모델을 제시하고 있다. 이 모델은 실천 방법의 각 변인, 전략, 의사결정 등에 있어 후원자와 클라이언트가 어느 정도의 결정권한을 갖느냐에 따라 구분해야 한다고 주장하면서 표 5-6과 같이 구분하고 있다.

표 5-6. 테일러와 로버츠 모델의 구분

구분	내용
프로그램 개발 및 조정 모델	프로그램 개발 및 조정 모델은 어떤 특정 목적을 이끌어 내는 과정에서 후견인이 전적으로 100%의 영향력을 행사할 수 있는 후원자 중심 모델로서 변화를 위한 실질적 힘을 발현시킬 수 있는 모델이다. 이러한 모델을 실행하는 대표조직으로는 인보관 운동과 자선조직협회 운동에 근거한 사회복지협의회 및 지역공동모금회 등을 들 수 있다.
계획 모델	계획 모델은 로스만의 사회계획 모델에서 인간지향적 측면을 강조하며, 과업목표는 물론 과정목표도 강조한다. 즉, 지역사회문제해결에 있어서 전문적 지식과 기술을 가진 전문가가 합리성과 전문성에 기초하여 효율적이고 효과적으로 변화를 유도하는 모형이다.
지역사회연계 모델	지역사회연계 모델은 지역사회의 문제해결을 위해 클라이언트의 요구와 후원자의 영향력이 동등하게 절반씩 적용될 수 있는 모형이다. 지역사회의 문제해결을 위해 실천가가 서비스 전달자 역할에만 그치는 것이 아니라, 지역사회와의 바람직한 관계를 구축하는 역할을 수행해야 함을 강조하는 모형으로 클라이언트의 요구와 후원자의 영향력이 동등하게 절반씩 적용될 수 있는 모형이다.
지역사회개발 모델	지역사회개발 모델은 시민참여에 기반을 둔 자조적 활동, 시민역량의 자조 자체적 리더십 개발 등을 통해 지역사회 연구 및 문제해결을 강조한다. 지역사회개발 모델은 실천방법, 대안적 전략 고려, 의사결정 등에 대한 영향력 측면에서 클라이언트의 영향력이 약 7/8 정도 적용될 수 있는 클라이언트 중심적 모형이라고 할 수 있다.
정치적 권력강화 모델	정치적 권력강화 모델은 로스만의 사회행동 모델과 밀접히 관련된 것으로, 지역사회에서 자기권리를 인정받지 못하는 구성원들을 지지하여 그들 스스로가 자신의 권리를 인정받도록 하는 모형이다.

첫째, 프로그램 개발 및 조정(Program Development and Coordination Model)은 지역사회복지의 모체인 인보관 운동과 자선조직협회운동에 근거하고 있다. 주로 공공기관, 지리적 지역사회를 대상으로 서비스를 제공하는 민관기관, 기능적 지역사회, 기관 협의회 등에서 수행되는 실천에 초점을 두고 있다.

둘째, 계획 모델(Planning Model)은 로스만의 초기 사회계획 모델을 인간지향적인 측면을 강조하도록 수정한 것으로 합리적인 기획 모델에 기초한 조사 전략 및 기술을 강조한다. 특히 기획에 있어서 진보적이고 정치지향적인 접근을 포함하고 있다. 그리하여 조직과정 관리, 영향력 발휘, 대인관계 등의 과정기술을 강조하고 설계 및 실행과 같은 기술적 측면의 필요성을 강조하고 있다.

셋째, 지역사회연계 모델(Community Liaison Model)은 로스만의 모델에는 포함되지 않은 것으로 사회사업기관의 알선 스태프거나 행정가들에 의해 수행되는 기술을 중심으로 설명된다. 행정가들은 지역사회관계, 지지활동, 환경개선, 조직 간의 관계 등과 같은 역할을 수행하게 된다.

넷째, 지역사회개발 모델(Community Development Model)은 조력, 지도력 개발, 자조, 상호부조, 지역성에 바탕을 둔 지역사회연구 및 문제해결을 강조하며 시민참여와 교육과정을 강조한다.

다섯째, 정치적 권력강화 모델(Political Emppwerment Model)은 로스만의 사회행동 모델과 유사한 것으로 의도된 시민참여에 의한 정치적 권력강화에 초점을 둔다.

(3) 웨일과 갬블의 8가지의 모델

웨일과 갬블(1995)의 실천 모델은 로스만의 실천 모델을 더 확장하여 여덟 가지 모델을 포함한다. 지역사회개발 모델을 확장한 모델에는 근린지역사회조직 모델, 기능적 지역사회조직 모델, 경제적 지역사회개발 모델이 있고, 사회계획 모델을 확장한 모델에는 사회계획, 프로그램 개발과 지역사회연계 모델이 있으며, 사회행동 모델을 확장한 모델에는 정치·사회행동 모델, 연합 모델, 사회운동 모델이 있다. 이들 각 모델은 변화를 위한 목표, 실천가의 역할, 지역사회 구성원, 표적체계, 전략과 핵심과업 등의 측면에서 차이가 있다.

표 5-7. 웨일과 갬블의 8가지 모델

구분	내용
근린지역의 지역사회조직 모델	근린지역의 지역사회조직 모델(Neighborhood and Community Organizing Model)은 지역사회개발을 통한 지역주민의 지리적으로 가까운 지역사회조직화에 초점을 두고 있다. 비록 하나의 특정 이슈와 사건을 계기로 지리적인 의미의 지역사회조직이 만들어진다 하더라도 지역사회의 사회적, 정치적, 환경적인 이슈를 다루게 된다. 변화의 표적체계는 시와 같은 공공행정기관, 개발계획의 추진 기업이며, 주요 관심영역은 지역사회 주민의 삶의 질에 있다. 사회복지사의 역할은 조직가, 교사, 코치 및 촉진자로서 역할을 수행한다.
기능적 지역사회 조직화 모델	기능적 지역사회 조직화 모델(Functional Community Organizing Model)은 지리적인 의미보다 기능에 초점을 두고 있다. 기능적인 의미의 지역사회조직이란 공동의 이해관계를 기초로 한 지역사회조직을 말한다. 기능적인 지역사회조직의 핵심적인 관심과 목표는 자신들이 선택한 이슈의 정책, 행위, 태도의 옹호나 변화에 있다. 기능적인 지역사회조직의 1차적인 구성원은 공동의 이해관계를 갖는 동호인이다.
지역사회 사회·경제적 개발 모델	지역사회 사회·경제적 개발 모델(Community Social and Economic Development Model)은 로스만의 지역사회개발 모델과 밀접한 관계가 있다. 이 모델은 저소득과 불이익 계층의 효과성을 제고시키기 위해서는 경제개발과 사회개발이 동시에 이루어져야 한다는 인식을 전제하고 있다. 따라서 변화의 표적체계는 은행, 재단, 외부개발자, 지역사회 주민 등이다.
사회계획 모델	사회계획 모델(Social Planning Model)은 전문성과 합리적인 계획수립에 기반을 둔 지역사회의 문제를 해결하고자 하는 모형이다. 따라서 합리적 의사결정을 통해 문제에 대한 우선순위와 자원의 배분 등이 중요하다고 본다. 계획가의 중심역할은 대인서비스, 사회계획 서비스의 통합과정에서 보다 합리성을 발휘하는 것이고 계획가는 대인서비스에 필요한 자원결정과 자원을 효율적으로 이용해야 하며 구체적인 기술과 책임성을 가져야 한다는 것이다.

구분	내용
프로그램 개발과 지역사회 연결 모델	오늘날 지역사회조직의 연결활동은 프로그램 개발 측면에서 더욱 강조되고 있다. 그래서 프로그램 개발과 지역사회 연결 모델(Program Development and Community Liaison Model)의 목표는 지역사회의 대상자에게 필요하다고 평가되는 서비스를 향상시키거나 새로운 서비스를 계획하고 실행하는 것이다. 이러한 지역사회와 서비스 프로그램 간 상호작용은 다양한 방식으로 교류가 될 수 있다.
정치 · 사회행동 모델	정치 · 사회행동 모델(Political and Social Action Model)은 지역사회에서 불평등을 극복하거나 구조적 모순을 해결하기 위한 방법으로, 지역사회의 욕구를 무시하는 의사결정자에게 대항하고 조직화의 필요성을 강조하여 불공평한 조건을 변화시키기 위한 것이다. 따라서 권력균형의 노력을 통해 의사결정과정에서 배제된 사람들이 미래의 의사결정에 중요한 역할을 하는 것이다.
연합 모델	연합 모델(Coalitions Model)은 분리된 집단 및 조직을 연합적인 사회변화에 동참시키는 데 있다. 목표는 함께 힘을 모아서 지역사회의 문제들에 대해 집합적 변화를 만들어 내는 것을 추구하는 모델이다. 이 모형의 관심영역은 연합의 구성 집단과 조직들이 지지하는 구체적인 이슈들이다.
사회운동 모델	사회운동 모델(Social Movements Model)의 목표는 바람직한 사회변화이다. 변화를 위한 새로운 패러다임을 제공해서 지역사회 구성원들과 지역사회 조직체의 변화를 꾀하고자 하는 모델이다. 표적체계는 일반대중과 정치제도라고 할 수 있다.

(4) 포플의 8가지 모델

포플(Popple, 1996)은 영국의 경험을 '보호(Care)'와 '행동(Action)'의 연속선을 기준으로 지역사회복지 실천모델을 8가지로 유형화하고 있다. 그러나 각 모델은 독립적으로 구별되기보다는 기법이나 기술 측면에서 중복될 수 있으며, 상이한 전통과 이데올로기를 반영하고 있다.

표 5-8. 포플의 8가지 모델

구분	내용
지역사회보호 모델	지역사회보호 모델(community care)에서 지역사회보호는 노인, 장애인, 아동 등 지역주민의 복지를 위한 사회적 관계망과 자발적 서비스를 증진하는 데 목적이 있으며, 복지욕구를 충족시키기 위한 자조개념을 개발하는 데 집중시키고 있다. 이 모델에서 사회복지사는 지역사회주민을 자원봉사활동의 주도자와 보호를 제공할 수 있도록 격려해 주는 역할을 수행하는 데 있다.
지역사회조직 모델	지역사회조직 모델(community organization)에서 지역사회조직은 타 복지기관 간의 상호협력을 증진시키는 수단으로 사용되고 있으며, 사회복지기관의 상호협력 및 조정은 중복서비스를 방지할 수 있으며, 자원의 부재현상을 극복하여 복지전달의 효율성과 효과성을 높이는 데 일조하고 있다. 이 모델에서 사회복지사는 조직가, 촉매자, 관리자로서 역할을 담당한다.
지역사회개발 모델	지역사회개발 모델(community development)은 지역사회구성원의 삶의 질을 향상시키기 위한 기술과 신뢰를 습득할 수 있도록 집단을 원조하는 데 중점을 두고 있다. 사회복지사, 지역사회활동가, 촉진자로서의 역할을 수행한다.
사회 · 지역계획 모델	사회 · 지역계획 모델(social · community planning)은 지역사회개발 모델과 유사한 측면이 있지만, 사회적 상황, 사회 정책과 사회복지기관의 서비스의 분석, 주요 목표 및 우선순위의 설정, 서비스 프로그램의 기획과 적절한 자원의 동원 그리고 서비스와 프로그램의 집행 및 평가 등에 중점을 두고 있다.
지역사회교육 모델	지역사회교육 모델(Community Education)은 교육과 지역사회 간의 관계를 보다 밀접하고 동등한 관계로 방향 설정을 모색하는 시도로서, 비판적 사고와 담론을 통해 억압적 조건이나 상황을 변화시키는 행동양식을 고양시키는 데 중점을 두고 있다.
지역사회행동 모델	지역사회행동 모델(community action)은 전통적으로 계급에 기초한 모델로 갈등과 직접적인 행동을 활용하며, 권력이 없는 집단이 자신들의 효과성을 증가시킬 수 있는 대응으로 볼 수 있다.
여권주의적 지역사회사업 모델	여권주의적 지역사회사업 모델(feminist community work)은 지역사회실천에 대한 페미니즘의 적용이라는 특징을 가지고 있으며, 여성 불평등의 사회적 요인에 대한 집합적 대응을 통해 여성의 복지를 향상시키는 데 초점을 두고 있다.
인종차별철폐 지역사회사업 모델	인종차별철폐 지역사회사업 모델(black and anti-racist community work)은 지역사회실천에 있어서 인종차별에 저항하거나 그들의 권리보호를 위하여 상호원조와 조직화하는 데 초점을 두고 있다. 교육, 주택, 건강, 고용 등의 영역에서 차별을 극복하는 데 목적이 있으며, 캠페인, 자조집단 형성, 직접 행동, 보충적인 급여 제공 등 다양한 방식으로 전개되고 있다.

(5) 브루게만의 모델

브루게만(Bruggemann, 2006)은 지역사회조직화를 위해 사용할 수 있는 모델로 그림 5-1과 같이 네 가지로 소개하고 있다.

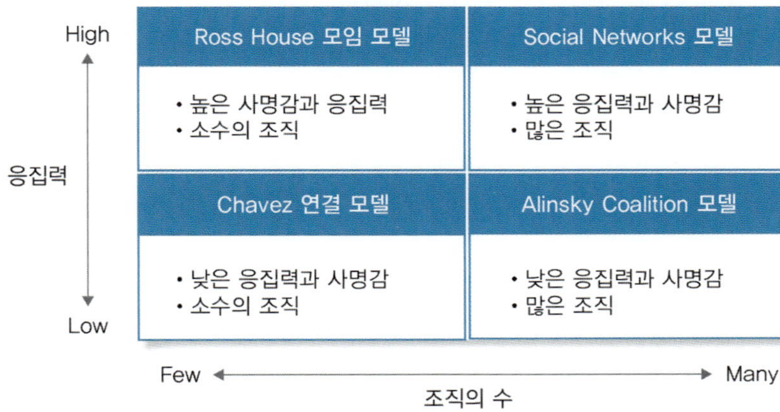

그림 5-1. **지역사회조직화 네 가지 모델**

첫째, 로스 하우스(House) 모임 모델은 조직은 적지만 특정한 지역에 대한 소명감이나 응집력을 가지고 있는 경우에 적합한 모델이다. 하우스(House) 모임은 주로 저녁시간에 빈곤지역에 6~20명의 사람들이 특정문제에 대해 맞춰서 조직화하기 이전에 하부조직을 구축한다. 모임은 구성원의 집에서 열리고 서로를 알아 가고, 서로의 말을 경청하고 문제에 대해 그들에게 이야기하고 개입되도록 고취시킨다.

둘째, 차베스(Chavez) 조직연결 모델은 소수의 조직으로 사회응집력 및 사명감이 적은 상황에 놓여 있는 사람들을 조직하는 모델이다. 차베스는 결속되지 않는 집단에 소속감과 사명감을 느낄 수 있는 구조를 제공하는 것이 가장 중요하다고 하였다. 그러면서 조직화 과정은 쉽지 않고 빨리 이루어지지 않으며 많은 시간을 헌신하여야 한다고 언급하였다.

셋째, 알린스키(Alinsky)의 제휴 모델은 지역 내 많은 단체들을 조직할 수 있다. 이 모델은 개인의 문제가 다른 사람들의 문제가 되는 것을 알 수 있도록 하고, 이 문제를 해결하기 위해 공동의 노력으로 해결해야 한다고 주장한다.

넷째, 사회연결(Social Networks) 모델은 지역주민들이 함께 사회취약계층을 보살피는 것을 강조한다. 이 모델은 교회 등의 종교단체가 사회적 설립을 목적으로 지역과 이웃하는 데 있어 개선된 관계를 제공함으로써 구성원들이 조직하는 것을 돕는 역할을 담당한다.

3. 지역사회조직화를 위한 전문가의 역할

지금까지 살펴본 지역사회조직화 및 실천모델은 로스만의 모델을 기초하여 세분, 확대되어 왔다. 이처럼 다양한 사회문제 및 욕구들이 지역사회에 나타나면서 이 모델들을 필요에 맞게 다양화할 필요가 있다. 그리고 지역사회실천가는 효과적·효율적으로 지역사회조직화를 실현하기 위해 각 모델에 대해 숙지할 필요가 있으며 현실의 복잡하고 다양한 사회에서 적절하게 역할을 취해야 하기 때문에 모델을 정확하게 이해한 후 현장에 적용하고 활용해야 한다.

마테시와 몬시(Mattessich & Monsey, 1997)은 525개 지역사회조직사업 사례를 분석하여 지역사회조직사업의 성공요인에 관한 연구를 실시하였다. 이 연구에서 이들은 지역사회조직화사업의 성공요인을 크게 지역사회 특성, 지역사회조직과정의 특성, 지역사회조직사업 실천가의 특성으로 구분하여 제시하였다. 이 요인 중에서 지역사회실천가는 지역사회의 상황에 따라 지역사회조직사업을 기획하고 실천하고 관리하는 데 전반적인 사업의 성패를 결정한다. 그러므로 지역사회실천가는 구성원들의 수준에 따라 변화할 수 있는 능력 그리고 상황에 따라 변화할 수 있는 능력이 필요하다.

지역사회실천가의 다양한 역할 중에서 먼저 고려해야 할 부분은, 첫째, 지역사회의 이해와 함께 지역사회의 문제와 어려움에 대해 지역사회실천가가 어떻게 생각하고 있는지를 깊게 통찰하고 이해해야 한다. 이것은 지역사회에 대한 이해의 부족이 부적절한 서비스 수행을 초래하게 되고 실천가는 지역주민이 문제해결을 위해 동기화하는 것처럼 자신의 동기를 이해할 필요가 있기 때문이다.

둘째, 주민과의 신뢰관계를 맺는 것이 중요하다. 지역사회실천가는 지역사회주민과 신뢰하는 관계를 발전시켜 나갈 때 성공적인 지역사회조직화가 될 가능성이 높다. 신뢰는 모든 인간관계의 본질적인 요소이다. 지역사회조직화는 종종 위험을 무릅쓰는 것, 고된 과업 완수, 인내, 오랜 시간 기다리는 끈기, 시간과 에너지가 소비되는 다른 활동이 요구되어 신체적으로나 감정적으로 소모적일 수 있기 때문에 신뢰관계의 중요성이 더 부각된다고 할 수 있다. 브루이(Bruy, 1963)은 지역사회실천가가 지역사회에 단지 한 집단의 관심사에만 봉사하기 위해서가 아닌 모든 지역사회 구성원을 위해 거기에 있다는 것을 입증하면서 생긴 신뢰관계를 언급하였다(이마리아, 2007). 특히 사회복지사는 특정 지역사회주민을 편애하기 않고 모든 주민들과 공평한 관계를 유지하면서 선별적인 접촉을 통해 지역사회조직화를 하는 것이 효과적이다.

셋째, 유연성과 적응성이다. 지역사회실천가가 지속적으로 변화하고 있는 지역사회의 상황에 유연하게 대처하고 적응할 수 있는 능력이 뛰어날수록 지역사회조직화가 될 가능성이 높다. 또한 끊임없이 변화하는 상황과 환경에 적합하게 일할 수 있을 때 성공적인 지역사회조직화가 일어날 가능성이 높다. 긴 시간 이루어진 지역사회조직화는 조직적으로, 기능적으로 사람들이 관련되는 많은 변화를 통해 진행된다.

넷째, 수행과정의 성실성이다. 마테시와 몬시(1997)은 지역사회실천가가 지역사회의 안녕에 대한 진실된 헌신을 자발적으로 가질 때 성공적인 지역사회조직화가 될 가능성이 높다고 하였다. 여기서의 성실성은 구체적으로 지역사회의 장기적 안녕에 관심을 두고 지역사회 구성원에 대한 한결 같은 애정을 가지고 정직하게 지역사회의 관심사에 봉사하기 위한 것이라고 볼 수 있다. 특히 지역사회조직화 활동 영역은 개별 혹은 집단에서보다 넓을 뿐 아니라 대체로 장기간 진행되므로 지역사회실천가는 항상 성실한 태도를 유지하는 데 주의를 기울여야 한다(최옥채, 2001). 또한 지역사회실천가의 개인적인 인식 변화도 필요하겠지만 지역복지실천활동에 적극적으로 참여하도록 돕는 조직 환경의 마련이 시급하다. 또한 기관실천가 역량강화가 우선적으로 이루어져야 한다. 사회복지조직의 정책과정에 적극적으로 참여할 수 있도록 해야 하며, 이를 위한 교육훈련 기회가 제공되어야 한다.

이와 같이 지역사회실천가는 주민이 공통적으로 가지고 있는 욕구 또는 문제를 정확하게 파악해야 하는 중요한 임무를 수행해야 한다. 그러기 위해서는 지역주민과 교류와 공감을 통해 신뢰를 해 나가는 것이 중요하다. 이것을 바탕으로 표출되지 않은 욕구를 이끌어 내고, 끌어낸 욕구를 여러 주민들이 공감할 수 있도록 유도하는 것도 지역사회실천가의 중요한 임무라고 할 수 있다. 그러나 지역사회실천가의 보수적인 시각이나 기술의 부족은 지역사회조직화를 시행하는 데 어려움을 주고 있다.

Chapter 06

지역사회복지의 실천원칙, 대상 및 과정

배울 내용

1. 지역사회복지실천의 개념
2. 지역사회복지실천의 원칙
3. 지역사회복지의 대상
4. 지역사회복지의 실천과정
5. 지역사회복지 실천과정에서의 실천가의 역할

학습목표

1. 지역사회복지실천의 개념을 파악한다.
2. 지역사회복지실천의 원칙을 설명할 수 있다.
3. 지역사회복지의 대상을 파악한다.
4. 지역사회복지의 실천과정을 설명할 수 있다.
5. 지역사회복지 실천과정에서의 실천가의 역할을 숙지한다.

지역사회복지의 실천원칙, 대상 및 과정

Chapter 06

1. 지역사회복지실천의 개념

지역사회복지실천(community practice)의 개념을 정의하기에 앞서 이와 유사한 의미로 사용되고 있는 지역사회조직화와 지역사회복지의 개념을 먼저 살펴보면, 지역사회조직화(community organizing)는 개별사회사업과 집단사회사업과 함께 사회복지실천의 3대 방법론으로 개인, 집단, 이웃 등의 사회적 안녕(well-being)에 바람직한 향상을 가져오는 것을 목표로 한 지역사회의 일련의 활동을 지칭한다. 그러나 조직화(organizing)라는 개념을 사전적 의미로 보아 주민을 조직하는 데 중점을 두어 자칫 조직한 주민 모임을 활용하여 문제를 해결한다는 의미를 간과할 수도 있다는 문제가 제기되기도 한다.

이에 반해 '지역사회'에 초점을 둔 지역사회복지(communitywelfare)라는 개념은 전문 혹은 비전문 인력이 지역사회 수준에 개입하여 지역사회에 존재하는 각종 제도에 영향을 주고, 지역사회의 문제를 예방하고 해결하고자 하는 일체의 사회적 노력을 의미한다. 특히 최근에는 중앙정부에서 시행하는 일괄적인 복지정책과 구별하여 지역사회복지라는 용어가 많이 사용되고 있다. 그러나 이에 대해 다양한 영역 또는 주체들이 이 개념을 사용함으로써 사회복지영역의 전문적 활동의 의미가 부각되기 어렵다는 문제의식으로 강철희와 정무성(2006)은 '지역복지실천(community practice)'라는 개념 사용을 주장하기도 한다. 이처럼 지역사회복지실천과 관련된 용어는 다소 혼재되어 사용되고 있지만, 지역사회 수준에서의 지역의 문제해결을 목표로 한다는 점에서 그 공통점을 찾을 수 있다. 구체적으로 지역사회복지실천의 목표를 표 6-1과 같이 정리할 수 있다.

표 6-1. **지역사회복지실천의 목표**

- 주민과 집단의 조직화 기술과 능력을 개발한다.
- 지역사회 내에서 사회계획이 더 접근 용이하고 포괄적이 되도록 한다.
- 풀뿌리 주민조직(grass roots community groups)에 대한 사회적 · 경제적 투자를 연결시킨다.
- 지역사회문제를 해결하는 데 있어 폭넓은 연대를 옹호한다.
- 사회 정의 관점에서 사회계획의 과정을 고취한다.

지금까지의 논의를 정리해 보면, 지역사회복지실천은 지역주민이 주체가 되어 지역사회의 문제를 해결하기 위한 일련의 활동으로, 지역사회조직화, 지역사회개발 및 사회행동 등을 포괄하는 개념이다.

2. 지역사회복지실천의 원칙

지역사회복지실천의 원리는 정상화의 원리, 주민참여의 원리, 네트워크의 원리를 들 수 있다. 이러한 원리를 기반으로 하여 지역사회복지를 구체적으로 실천해 나감에 있어서 지켜야 하는 원칙을 학자별로 정리하여 살펴보면 다음과 같다.

1) 맥닐의 견해

맥닐(McNeil, 1954)은 그의 저서에서 지역사회조직에 관한 원칙을 표 6-2와 같이 7가지로 제시하고 있다.

표 6-2. 맥닐의 지역사회조직 원칙

- 지역사회복지를 위해서 지역사회조직은 사람들과 그들의 욕구에 관심을 갖는다.
- 지역사회복지를 위한 지역사회조직에 있어서 일차적인 클라이언트는 지역사회이다.
- 지역사회는 있는 그대로 이해되고 수용되어야 한다는 것이 지역사회조직의 철칙이다.
- 지역사회의 모든 사람은 보건과 복지서비스에 관심을 갖는다.
- 인간의 욕구는 계속 변한다는 사실과 사람들과 집단들 간의 관계도 계속 변한다는 현실은 지역사회조직 과정에 있어서 인식되어야 한다.
- 모든 사회복지기관과 단체는 상호의존적이다.
- 과정으로서 지역사회조직은 일반적인 사회사업의 한 분야이다.

2) 존스와 디마쉬의 견해

존스와 디마쉬(Johns & Demarche, 1951)는 지역사회조직의 일반적인 원칙에 대해서 표 6-3과 같이 제시하고 있다.

표 6-3. 존스와 디마쉬의 지역사회조직 원칙

- 지역사회조직은 목적(end)이 아니라 수단(means)이다.
- 개인과 집단처럼 지역사회들도 상이하며, 각 지역사회는 특유의 성격과 문제와 욕구를 가지고 있다.
- 지역사회는 개인과 마찬가지로 자기결정의 권리를 갖는다.
- 지역사회조직 사업의 토대는 사회적 욕구이며, 각 욕구 사이의 중재를 위해 민주적인 태도를 견지해야 한다.

- 사회복지기관 자체의 이익보다 지역사회복지가 사업을 선정하는 데, 맨 먼저 고려되어야 한다.
- 지역사회는 조정이 필요하다.
- 지역사회조직을 수행하기 위한 구조는 가능한 한 단순해야 한다.
- 지역사회서비스는 공평하게 분배되어 모든 사람들이 차별 없이 평등하게 이용할 수 있어야 한다.
- 문제해결의 접근방법에 있어서 다양성이 존중되어야 한다.
- 사회복지기관협의체에는 광범위한 집단의 이익이 반영되어야 한다.
- 지역사회복지기관의 효과적인 운영과 사업을 위해서는 집중과 분산 간의 균형이 있어야 한다.
- 지역사회 내에 존재하는 집단들 간의 의사소통을 가로막는 장애는 제거되어야 한다.
- 지역사회는 전문가의 도움을 필요로 한다.

3) 로스의 견해

지역사회복지의 실천원칙 중 실제적으로 로스(1967)의 견해가 가장 대표적이다. 지역사회복지를 실천하는 주체로서 로스는 어떤 종류의 구조나 사회조직체를 강조하고 있다. 이러한 조직체를 로스는 '추진회'라고 부르고 지역사회조직의 일체의 과정은 이 추진회를 중심으로 전개된다고 본다.

표 6-4. 로스의 지역사회복지의 실천원칙

- 지역사회에 존재하는 불만으로부터 추진회가 결성된다.
- 불만은 특정 문제에 관한 계획을 세우고 실천에 옮길 수 있도록 집약되어야 한다.
- 집약된 불만은 지역사회 내에서 공유되어야 한다.
- 추진회에는 지역사회 내 주요 하위집단의 지도자를 참여시켜야 한다.
- 추진회는 지역사회 주민들로부터 고도의 지지를 받을 수 있는 목표와 운영방법을 가져야 한다.
- 추진회의 사업에는 정서적 활동이 포함되어야 한다.
- 추진회는 지역사회 내의 선의를 활용하여야 한다.
- 추진회는 효과적인 의사소통방법을 개발해야 한다.
- 추진회는 참여집단을 지지하고 강화해야 한다.
- 추진회는 절차에 있어서 융통성을 가져야 한다.

- 추진회는 활동에 있어서 지역사회의 현상에 보조를 맞추어야 한다.
- 추진회는 유능한 지도자를 육성해야 한다.
- 추진회는 지역사회 내에서 적절한 위상을 가져야 한다.

3. 지역사회복지의 대상

지역사회복지의 대상은 지역사회의 주민이며 그들의 사회적 욕구이다. 이것은 먼저 지역사회주민들의 욕구를 파악해야 한다는 것이다. 즉, 그 지역의 특성이 무엇이고, 그들의 삶의 형태가 어떠한가를 먼저 파악하는 것이다. 지역사회의 욕구는 다양한데, 즉 개인의 상황, 지역의 상황, 문화적 형태, 역사적 경험 등에 따라 다양하게 나타난다. 이러한 다양한 변수를 기준으로 해서 지역사회의 복지적 욕구가 무엇인지를 파악하고, 그 지역사회 내의 활용 가능한 자원을 파악하여, 그 자원들을 어떻게 연결하고 활용할 수 있는지를 연구하여 체계화시키고 조직화시키는 작업이 필요하다. 이러한 과정을 통해서 지역사회복지는 실천된다.

결국 지역사회복지란 지역의 복지향상을 위한 매우 포괄적인 개념으로 "전문 혹은 비전문 인력이 지역사회수준에 개입하여 지역사회에 존재하는 각종 제도에 영향을 주고, 지역사회의 문제를 예방하고 해결하고자 하는 일체의 사회적 노력"을 의미한다. 이러한 조직적, 비조직적 노력은 동서고금의 모든 형태의 지역사회에 존재하며, 흔히 '사회복지'라는 보다 일반적이고 광범한 개념과 동일한 것으로 혼동되고 있다. 그러나 지역사회복지라는 것은 개인복지나 가정복지보다 넓은 차원의 개념이며, 아동복지, 청소년복지, 여성복지, 노인복지라는 대상층 중심의 복지활동보다는 지역성(locality reverence)

이 뚜렷하다는 데서 그 차이를 발견할 수 있다. 지역사회복지가 추구하는 것은 이상적인 지역사회를 건설하자는 것이다. 사회복지분야의 위대한 사상가인 린데만은 그의 고전적인 저서 『지역사회』에서 이상적인 지역사회는 표 6-5와 같이 주민들에게 9가지 조건을 제시해야 한다고 주장하였다.

표 6-5. 린데만의 이상적인 지역사회의 조건

- 지역사회는 효율적인 정부라는 매개체를 통해 질서(oder), 즉 생명과 재산의 안전을 도모해야 한다.
- 지역사회는 효율적인 생산체제를 통해 경제적 안녕, 즉 소득을 보장해 주어야 한다.
- 지역사회는 공공의 보건기관을 통해서 육체적 안녕, 즉 보건과 위생을 보장해 주어야 한다.
- 지역사회는 조직적이고도 잘 마련된 놀이를 통해서 여가시간을 건설적으로 활용해야 한다.
- 조직화된 지역사회에 의해 지지를 받을 수 있는 윤리적 기준, 즉 도덕체계를 제공해야 한다.
- 지역사회는 모든 사람이 쉽사리 접근할 수 있는 공공기관을 통해서 지식의 보급, 즉 교육을 제공해야 한다.
- 지역사회는 자유로이 의사를 표현할 수 있는 수단을 제공해야 한다.
- 지역사회는 모든 주민이 자기네들의 의사가 표현되고 반영된다고 느낄 수 있는 민주적 형태의 조직을 제공해야 한다.
- 지역사회는 신앙적 동기를 제공해야 한다.

또한 지역사회복지란 지역사회의 주요 제도가 맡은 바 사회적 기능을 온전히 수행할 수 있도록 하는 노력이라고도 말할 수 있다. 이러한 의미에서 지역사회복지를 향상시키려는 노력은 어느 특수한 분야에 국한된 것이 아니고 사회사업, 공중보건, 성인교육, 공공행정, 도시계획, 정신건강 등의 전문가들과 민간단체나 정치단체의 자원봉사자들에 의해서 광범위하게 수행된다. 따라서 지역사회복지활동은 반드시 전문적인 활동이라고 말할 수 없으며 고대사회에 있어서의 자연발생적인 민간 활동(예를 들어, 두레, 품앗이 등)에서부터 오늘날의 민간자선활동, 지역개발운동(새마을 운동이나 4H 클럽 등), 그리고 전문적인 지역사회조직사업을 내포하는 포괄적 성격을 가진다.

4. 지역사회복지의 실천과정

일반적으로 지역사회복지실천은 지역사회에서 발생하는 문제 또는 욕구의 해결을 통해 지역사회를 변화시키고자 하는 목적으로, 지역사회 문제해결과정은 사회복지실천에서 적용되는 일반적인 문제해결과정에 기반을 두고 구성한다. 문제해결과정은 사회복지실천 전반에 걸쳐 널리 적용할 수 있는 실천과정의 하나이기 때문에 이에 기반을 두고 지역사회변화를 위한 체계적 과정을 전개시킬 수 있다(강철희, 정무성, 2006). 지역사회복지 실천과정에 대해서는 수많은 학자들이 모델을 제시하고 있고 각 모델이 강조하는 바가 다르다. 지역사회복지실천 과정은 각 지역사회복지 실천모형의 특징과 지역사회의 맥락 및 상황에 따라서 달라지기 때문이다.

지역사회복지실천 과정을 일반적인 문제해결과정(problem-solving process)으로 설명한 사람으로는 던햄(1970), 펄먼과 구린(Perlman & Gurin, 1972) 등이 있다. 던햄(1970)은 문제해결과정을 문제의 인식(recognition), 문제의 분석(진단 혹은 사실발견), 계획(planning), 조치(action), 평가를 거쳐 다음 단계(nextsteps)로 넘어간다고 설명하였다. 다음 단계는 취했던 조치가 원래의 문제를 해결한 것으로 받아들여지는 경우, 문제를 재설정하는 경우, 새로운 문제를 발견하는 경우, 변경을 하지 않거나 수정하여 조치를 계속하기로 결정하는 경우, 최소한 당분간은 그 문제를 해결하려는 노력을 포기해 버리는 경우가 포함된다.

펄먼과 구린(1972)은 사회문제해결의 모델로 설명하였다. 이것은 지역사회문제에 대한 정의, 문제를 개진할 구조와 커뮤니케이션의 구축, 정책대안의 분석과 정책의 채택, 정책계획(programing plan)의 개발과 실시, 마지막으로 반응조사와 환류(moniteringand feedback)로 구성된다. 반응조사와 환류과정은 프로그램의 결과와 효과에 대해 수집된 자료가 문제해결을 위해 수립된 정책이나 프로그램을 계속할 것인지, 중단할 것인지,

혹은 수정할 것인지를 결정하는 것을 의미한다.

이에 반해 캐트너 등(Kettner et al, 1985)과 리피트 등(Lippitt et al., 1958)은 지역사회복지 실천과정을 문제해결 측면에서 보지 않고 지역사회의 변화측면에서 바라보았다. 구체적으로 캐트너 등(1985)은 지역사회복지 실천과정을 변화기회라는 용어를 사용하여 설명한다. 여기서 '변화기회(change opportunity)'라는 용어는 사회문제나 욕구, 이슈만을 의미하는 것이 아니라, 더 나아가 실제로 사회복지사가 지역사회에서 이러한 문제를 변화시킬 수 있는 가능성과 여건에 대한 포괄적인 용어이다. 이러한 용어의 사용은 지역사회를 바라보는 시각을 나타내 준다. 즉, 지역사회가 가지고 있는 문제에 초점을 맞추기보다는 그것을 변화의 기회로 여긴다는 점이다. 또한 변화과정에서의 지역사회 내 합의를 강조한다는 점에서 전문가주의를 극복할 수 있는 강점이 있다.

그리고 리피트 등(1958)은 변화매개자(change agent)의 계획된 변화(planned change) 성취과정으로 설명하였다. 과정은 7가지 단계로 변화의 필요성 개발(unfreezing), 변화 관계의 수립, '클라이언트 시스템'의 문제 규명 혹은 진단, 대안(alternative)과 목표의 검토, 의도된 변화 노력에로의 전환, 변화의 일반화와 정착화, 종료관계(terminal relationship)의 달성이다. 여기서 사회복지사의 역할은 촉매자(catalyst), 전문가(expert), 실천가(implementer), 조사자(researcher) 등이 있다.

네팅 등(Netting et al., 1997)은 지역사회복지 실천과정을 거시적인 관점에서 접근하였다. 지역사회의 강점과 문제 분석단계에서는 다른 지역사회와 비교할 수 있는 준거틀을 만들어 지역사회를 객관적으로 이해하는 것을 강조한다. 특히 간과하기 쉬운 차이에 대한 인식의 내용을 포함하고 있다. 즉, 인종, 민족, 성(gender), 노인, 장애인 등 집단 간 차이와 집단 내 차이가 존재함을 가정하고 분석한다. 이상의 학자들이 언급한 지역사회복지 실천과정을 정리하면 표 6-6과 같다.

표 6-6. **지역사회복지 실천과정**

구분	내용
던햄(1970)의 문제해결과정(problem-solving process)	① 문제의 인식 ② 문제의 분석(진단 혹은 사실발견) ③ 계획 ④ 조치 ⑤ 평가 ⑥ 다음 단계
펄먼과 구린(1972)의 사회문제해결의 모델	① 문제에 대한 정의 ② 문제를 개진할 구조와 커뮤니케이션의 구축 ③ 정책대안의 분석과 정책의 채택 ④ 정책계획의 개발과 실시 ⑤ 반응조사와 환류
리피트 등(1958)의 변화매개자의 계획된 변화성취과정	① 변화의 필요성 개발 ② 변화관계의 수립 ③ '클라이언트 시스템'의 문제 규명 혹은 진단 ④ 대안과 목표의 검토 ⑤ 의도된 변화 노력에로의 전환 ⑥ 변화의 일반화와 정착화 ⑦ 종료관계의 달성
캐트너 등(1985)의 변화기회와 지역사회복지 실천과정	① 변화기회 확인 ② 변화기획 분석 ③ 목적과 목표의 설정 ④ 변화노력 설계와 구조화 ⑤ 자원계획 ⑥ 변화노력의 실행 ⑦ 변화노력에 대한 점검 ⑧ 변화노력 평가 ⑨ 상황에 대한 재사정과 안정화
네팅 등(1997)의 지역사회복지 실천과정	① 문제와 표적집단의 이해 ② 지역사회의 강점과 문제 분석 ③ 개입전략의 개발 ④ 지역사회실천 개입 ⑤ 평가 단계

표 6-6에서 보는 것과 같이, 각 학자들이 사용하는 개념과 용어, 지역복지실천 과정에서 강조하는 바는 다르지만 이들의 공통점을 찾아서 정리하면 크게 네 단계(지역사회문제의 발견, 프로그램의 개발, 프로그램의 실행 및 프로그램의 평가)로 설명할 수 있는데, 이를 구체적으로 살펴보면 다음과 같다.

1) 지역사회문제의 발견

지역사회의 문제는 지역주민의 가치에 의해 정의되는 경향이 강하다. 일반적으로 지역사회는 사회적 안정과 질서유지를 위하여 사회적 규범을 정하는데, 사회적 규범을 위반하는 것이 사회문제라고 할 수 있다. 하지만 사회적 상황에 따라 사회적 규범이 변화하기 때문에 모든 사회문제를 사회적 규범에 의해 통제할 수 없다. 따라서 지역사회의 문제는 지역주민의 가치에 의해 절대적 영향을 받기도 한다(김만호, 2016). 문제를 어떻게 개념화하느냐에 따라 정책수립을 위한 구상이 달라지고 그에 따른 구체적인 해결방안과 실천전략이 달라지기 때문에 문제를 규정하는 것이 중요하다. 사회문제라는 것이 본래 '가치판단(value judgement)'에 지배되며 집단에 따라 그 규정이 다르다는 사실에 주목할 필요가 있다. 즉, 누가 주어진 문제를 '문제'로 보며 누가 그것을 '문제'로 보지 않는가에 대한 분석을 해야 한다. 또한 사회문제와 관련된 객관적인 자료를 수집하고 분석한다. 구체적인 상황에서는 사회문제에 관한 이론이 유용하지 않다. 따라서 다양한 이론과 모델을 분별 있게 활용해야 한다. 사회문제의 구체적인 해결방안을 찾아 실제적인 조치를 취하기 위해서는 사회문제를 조작화(operationalization)해야 한다. 개념의 조작화를 통해 실천과 평가가 구체화될 수 있다.

(1) 지역사회사정의 개념

지역사회사정은 지역사회를 변화시키려는 활동이며, 지역사회에 대한 종합적인 정보를 바탕으로 실천하는 과정이기에 지역사회에 대한 사정(Assessment)은 문제가 무엇인지, 문제의 원인은 무엇이지, 그 문제의 해결을 위해서 무엇이 필요한 것인지, 이러한 실천은 어떤 과정을 거치는지 등을 분석하는 과정이다(이태숙 외, 2015). 그리고 지역사회의 문제를 해결하기 위해서는 지역사회의 특성을 정확하게 파악하는 지역사회 사정이 중요하다. 지역주민이 사회문제를 어떻게 인식하고, 어떻게 대응해 왔는지, 그리고 문제해결을 위한 주민의 의지와 적극성은 어느 정도인지를 사회복지사가 파악함으로써 욕구를 파악하고 목표를 수립하기 용이하다. 지역사회사정에는 사회문제와 관련된 사항 외에도 지역사회의 발전과정, 정치사회구조, 경제적 상황, 사회문화적 상황을 중심으로 파악하는 것이 중요하다(김범수 외, 2007; 박태영, 2008).

(2) 지역사회사정의 내용

① 욕구파악

지역사회사정에서는 지역사회의 문제와 지역주민의 욕구를 파악하여야 한다. 지역사회의 문제와 욕구는 공통적 형태의 집단 가치를 보유하며, 현재의 상황에 대한 불만의 표현이라고 볼 수 있다. 따라서 욕구는 지역주민의 표현된 욕구를 중심으로 파악하여야 하며, 전문가에 의한 규범적 욕구를 반영할 수 있어야 한다. 다만, 여기에서 고려하여야 할 사항은 지역주민 전체가 항상 대상이 되는 것이 아니므로 문제를 가진 표적집단을 선정하여야 한다는 것이다. 욕구란 현실과 이상 사이의 차이(gap)로 지역사회 주민들이 어떤 서비스를 필요로 하는지를 결정하기 위해 지역사회 욕구사정을 수행하며, 지역사회에 영향을 미치는 사회문제를 확인하고 문제해결의 우선순위를 결정하는 데 주안점을 둔다(김만호, 2016).

② 자원파악

지역사회는 유기적 협력과 연대를 통한 상호의존적 관계를 가지고 있다. 지역사회는 공동체를 구성하고 모든 사람이 상호의존하며 함께 살아가는 생활공간이다. 지역사회의 욕구를 파악할 때 가장 중요한 것은 자원조사도 동시에 이루어져야 한다는 점이다. 자원은 지역사회의 내·외부에 존재하는 것으로서 지역사회의 삶을 개선할 수 있는 모든 것, 인적·물적, 내적·외적, 비공식적·공식적 자원을 통칭한다. 지역사회의 자원은 다음 네 영역으로 구분하여 파악되어야 한다(조추용 외, 2015).

표 6-7. 지역사회의 자원

- 인적 자원을 파악하는 것이다. 인적 자원은 가장 기본적인 문제를 제기한 사람이다. 이것은 지역사회에 거주하고 있거나 지역사회와 연고가 있는 주요 인물을 중심으로 자료화하는 것을 말한다. 또한 인적 자원에는 사회복지대상자들도 포함되어야 한다.
- 물적 자원을 파악하는 것이다. 지역사회 내 후원금의 개발이 가능한 기업이나 복지재단, 자영업자, 근로자 등의 파악이 이루어져야 한다.
- 공공기관 및 비공식 조직을 파악하는 것이다. 시청이나 군청, 구청, 경찰서, 소방서, 교육기관 등의 공공기관과 문화, 체육, 종교, 시민단체, 지역사회에서 다양하게 활동하고 있는 소집단의 주민조직을 파악하는 것이다.
- 정보 자원을 파악하여 지역주민에게 제공하는 것이다. 정보 자원에는 주민 생활과 밀접한 법률의 제정 및 개정 사항, 문화 공연, 보건(의료 및 복지서비스), 자원봉사 참여에 관한 사항이 제공되어야 한다.

③ 지역사회의 특성파악

지역사회의 특성에는 인구사회학적 특성, 주민의 가치 및 의식구조, 권력구조 및 사회적 자원의 파악이 이루어질 수 있다. 지역사회의 문제를 파악하는 것은 문제발견과 분석에서 주요한 측면이 된다. 일반적 문제특성을 파악하는 데, 표 6-8과 같은 사항들이 고려된다면 유용하다(강철희 외, 2006; 김광희, 2015).

표 6-8. 일반적 문제특성 파악의 고려사항

구분	내용
문제의 복잡성 정도	문제 및 문제의 상황과 관련해서 얼마나 다양한 개인이나 이해 집단들이 존재하는지 등을 파악해야 한다.
문제의 강도 정도	문제와 관련된 이해관계자들의 감정적 투입이 어느 정도로 강하게 또는 약하게 개입되어 있는가를 파악해야 한다.
문제의 확산 정도	문제가 어느 정도 확산되어 있는지를 파악해야 한다.
문제의 긴급성 정도	문제가 얼마나 시급히 해결되어야 하는지를 파악해야 한다.
문제의 지속성 정도	문제가 얼마나 오랫동안 지속되었는지를 파악해야 한다.

(3) 지역사회사정의 자료수집 방법

지역사회사정은 지역사회 욕구를 파악하는 과정이다. 이때 욕구파악을 위한 자료수집 방법은 크게 질적 접근방법과 양적 접근방법으로 구분할 수 있다(간순옥 외, 2020; 남일재 외, 2015).

① 질적 접근방법

질적 접근방법으로는 표 6-9와 같이, 공식 · 비공식 인터뷰, 민속학적 방법, 지역사회 포럼, 대화기법, 명목집단기법, 초점집단기법, 델파이기법 등이 있다.

표 6-9. 질적 접근방법

구분	내용
공식 · 비공식적 인터뷰	지역사회복지실천가는 지역의 조건이나 특정 사회문제에 관한 전문적 지식을 소유한 주요 정보제공자와 공식적인 인터뷰를 진행할 수 있다. 공식 인터뷰는 지역조건이나 특정 사회문제에 관해 전문적 지식을 소유한 주요 정보 제공자, 즉 지역사회 구성원을 포함한 이해집단, 기업가, 정치가, 사회복지 및 보건 관련 전문가, 지역의 지도자 등과 공식적 모임을 갖거나 전화 등을 통해 이루어질 수 있다. 이 경우 신뢰도와 일관성을 위해 표준화된 인터뷰 도구를 사용하며, 응답자가 풍부하고 자세한 설명을 할 수 있도록 개방형 질문들로 구성된다. 경우에 따라 응답자의 동의를

구분	내용
	얻어 기록하거나 녹음할 수도 있다. 또한 지역사회의 정확한 이해와 욕구를 파악하기 위해 비공식 인터뷰를 수행하게 되는데, 이는 '무계획적이고 기대하지 않은 상호작용'을 통해 자연스럽게 정보 제공자의 반응과 질문자의 정보욕구에 따라 이루어진다. 이때 응답자는 단순히 실천가와 대화할 뿐 자신이 인터뷰하고 있다는 사실을 인지할 수 없는 경우가 많다. 이러한 비공식적 인터뷰를 통해서 실천가들이 응답자들로부터 공통적 주제와 패턴을 인식할 경우 그 문제에 훨씬 용이하게 초점을 맞출 수 있다.
민속학적 방법	민속학적(Ehnography) 방법은 현장연구와 조사자의 관찰, 심층적 인터뷰를 통하여 진행한다. 사회적 약자계층의 문화적 규범과 실천행위를 규명하는 데 활용할 수 있는 방법이며 통상 지배문화로부터 벗어난 사람들의 삶의 양식을 조사하는 데 이용되고 있다. 지역사회복지실천가는 민속학적 방법을 통해 지역주민이 지역문제를 어떻게 인식하는지, 어떤 해결방법을 사용하고 있는가에 대한 통찰력을 얻을 수 있다.
지역사회포럼 및 공청회	지역사회포럼은 모든 사람에게 공개되거나 지역사회를 대표한다고 생각되는 사람들이 초대되어 특정한 지역문제에 대해 설명을 듣고 의견이나 피드백을 요청받기도 하고 지역문제를 확인하고 문제해결방안을 제시할 수도 있다. 즉, 지역사회포럼은 대부분 참여자들로부터 정보를 수집하기 위해 구조화된 접근으로 이루어지며 문제에 대한 인식을 공유하거나 문제해결방안을 함께 모색하는 데 그 목적이 있다. 한편 공청회는 지역사회구성원에게 정부의 프로그램이나 계획에 대한 의견을 제시할 기회가 제공되며 공청회의 실행에 대한 책임은 정부기관에 있다. 공청회의 단점은, 첫째, 비구조화되고 통제하기 어렵다는 점, 둘째, 소수의 개인이나 집단이 공청회를 주도할 수 있어 공청회 자체를 혼란시킬 수 있다는 점, 셋째, 공청회의 참여자 및 그들의 견해가 실제 지역사회를 대표하는지 결정하기 어렵다는 점이다.
대화기법	대화(Dialogue)의 목적은 지역사회 구성원이 지역문제에 대한 공통의 이해를 넓히고 문제를 해결하기 위한 행동을 동의하는 데 있다. 즉, 대화과정은 문제해결을 위한 가능한 대안들, 문제를 효과적으로 다루는 데 필요한 자원을 확인하고, 산출목표의 설정과 행동계획이 개발될 수 있는데 결과적으로 대화과정 동안 지역사회 구성원을 문제해결과정으로 끌어들일 수 있다는 것이다.
명목집단기법	명목집단기법(Nominal Group Technique)은 델파이기법과 마찬가지로 토론은 없으나, 토론자들이 한자리에 모여서 의사결정을 한다는 점이 다르다. 여기서 명목집단이라고 하는 것은 구성원들이 한자리에 모이기는 하지만 이들 사이에 말에 의한 토론이나 의사소통이 없는 이름뿐인 집단(Nominal Group)이라는 점에서 붙여진 것이다. 명목집단기법은 구조가 상당히 잘 잡혀 있고 참여에 대한 촉진이 잘 되어 있는 팀 회의에서 아이디어를 창출하고 우선순위를 부여하고 아이디어에 대한 팀의 합의를 도출하도록 하는 데 주로 사용된다.

구분	내용
초점집단기법	초점집단(Focus Group)기법은 지역사회문제에 대한 공통의 관점을 확인하는 데 사용하는 기법의 일종으로 지역사회포럼의 맥락 내에서 사용될 수 있다.
델파이기법	델파이(Delphi)기법은 지역사회문제에 대한 전문가들의 공통적 인식과 동의를 확보하는 과정을 말한다. 즉, 전문가 중심의 주요 정보제공자로 학자, 사회복지 전문가, 기업인, 지역사회 지도자, 보건 관련 전문가 등 통찰력을 겸비한 사람들의 의견을 우편이나 이메일을 통해서 수집할 수 있는 기법이다.

② 양적 접근방법

양적 접근방법으로는 표 6-10과 같이, 구조화된 서베이, 프로그램 모니터링, 사회지표분석 등이 있다.

표 6-10. 양적 접근방법

구분	내용
구조화된 서베이	서베이(Survey)는 욕구사정의 자료수집방법으로 구조화 또는 반구조화된 설문지를 작성하여 우편, 이메일, 면접조사를 통해 체계적으로 자료를 수집하는 방법으로 가장 일반적으로 사용되고 있다. 서베이의 장점은 응답내용을 표준화시킬 수 있고, 지역사회 내의 다양한 인구학적 집단 간, 지역사회 구성원 간의 응답결과를 비교할 수 있다는 것이다. 단점은 조사자가 미리 응답항목을 결정해야 하기 때문에, 지역사회 구성원들에 따라 지역사회문제 및 해결방안이 상이할 경우 이를 모두 포괄할 수 없다는 한계가 있다.
프로그램 모니터링	프로그램 모니터링은 지역의 기존 사회복지관이나 지역사회조직에서 소유하고 있는 기록들을 확보하여 자료를 분석하는 방법으로 이러한 기록들은 지역사회의 욕구나 기존 서비스의 효과성에 대한 많은 정보를 제공하기 때문에 자주 활용된다. 프로그램 모니터링을 하는 주요 목적은 프로그램의 적용대상이 적정한가, 특정 집단만 프로그램을 포괄하고 있는가를 파악하고 프로그램의 효과성을 검토하는 데 있다.
사회지표 분석	사회지표분석은 정부기관 또는 사회복지 관련 조직에 의해 수집된 기존의 자료를 이용하여 지역사회 구성원의 욕구나 문제를 분석하는 방법이다. 기존의 자료는 이차자료라고도 하는데, 통계청의 각종 통계자료, 보건복지부, 지방자치단체, 사회복지기관에서 발행하는 자료를 이용할 수 있는데, 예를 들어 인구센서스 자료, 한국의 사회지표, 사회통계조사 보고서, 노동통계, 보건복지통계 등을 바탕으로 해당 지역사회의 문제 또는 욕구, 서비스 이용실태를 분석하는 것을 들 수 있다. 이 사회지표분석은 다양한 정보를 쉽게 수집하여 조사가 쉬운 장점이 있으나 해당 지역사회의 실정에 맞는 지표가 부족하기 때문에 분석에 제한이 있다.

2) 지역사회복지 프로그램의 개발

문제를 보는 관점이 다양한 것처럼 주어진 문제를 해결하는 데 있어서 목표와 방향도 다양할 수 있다. 정책목표를 설정할 때는 정책의 실현가능성(feasibility), 이념(ideology), 합리성(rationality)을 고려하며, 정책이 수립된 후에는 프로그램을 개발한다. 그리고 프로그램 개발은 효과성과 효율성이 강조된다.

프로그램 개발은 철학적, 사회 · 문화적, 심리학적 기초에 따라 인적 자원이 구성되면 요구분석, 교육목표 및 목표설정, 설계, 실행, 평가와 피드백 과정 절차를 통해 새로운 프로그램을 개발하게 된다. 프로그램 개발의 전반적인 절차는 그림 6-1과 같다(이신주 외, 2021).

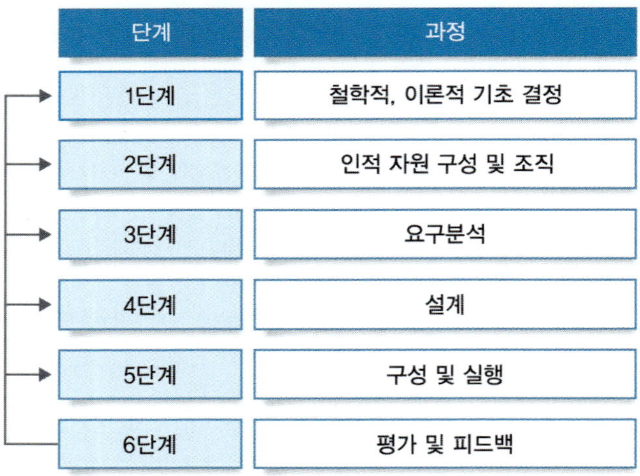

그림 6-1. 프로그램 개발의 전반적인 절차

(1) 철학적, 이론적 기초의 결정

지역사회복지 프로그램의 기본방향, 이론적 근거를 결정짓는 과정으로 철학적, 사회 · 문화적, 심리학적 이론의 기초에 따라 지역사회주민의 존재나 심리학적 특성에 대한 이해가 달라질 수 있다. 이러한 기초는 프로그램의 목표설정이나 설계 실행, 평가 전반에 걸쳐 일관성 있게 유지되어야 한다. 따라서 지역사회복지 프로그램은 각 기관의 특성이나 지역과의 관계, 기관의 철학적, 사회 · 문화적, 심리학적 배경을 고려하여 일관성 있는 내용과 활동방법을 개발해야 한다. 개발된 지역사회복지 프로그램은 수시로 실행에 대한 평가로 수정 · 보완 작업을 실시하며, 즉각적인 요구에 대한 수용이 가능해야 한다.

(2) 인적자원의 구성 및 조직

지역사회복지 프로그램 개발에서 우선적으로 고려되어야 할 요소는 개발을 담당하는 인적자원을 선정하고 조직하는 일이다. 인적자원 선정은 프로그램 개발에 주도적인 입장을 갖고 있는 사람이 프로그램의 필요성, 성격, 목표 등을 세심히 파악하고 이에 맞는 사람을 선정하는 것이다. 지역사회복지 프로그램에 참여하는 인적자원은 지역사회복지 전문가, 지역사회복지 행정가, 지역사회복지기관의 장, 지역사회 주민 및 인사 등으로 구성되며, 서로 나은 역할을 협력적으로 담당하게 된다. 개발 담당 인적자원으로 구성된 사람들은 기관의 목적에 알맞은 양질의 프로그램을 위해 '계획－실행－평가' 하는 과정에서 주도적인 역할을 한다.

(3) 요구분석

요구분석이란 프로그램의 수혜자가 될 대상의 요구를 알아보고 프로그램 구성에 반영하기 위한 과정이다. 지역사회복지 프로그램 개발에 있어서 요구란 지역사회복지

전문가, 지역사회복지기관의 장, 지역사회주민들의 다양한 환경 및 현장 요구를 객관적이고 합리적인 방식으로 조사하여 프로그램 개발 시 반영하는 과정이다. 이들의 요구를 분석하기 위해서는 관찰, 면접, 설문조사 등의 방법을 활용하여 자료를 수집하고 이를 체계적으로 분석해 봄으로써 프로그램이 나아가야 할 방향을 설정하게 된다. 즉, 요구를 분석한다는 것은 요구를 바탕으로 실제 프로그램에서 어떤 것을 실행하고 가르쳐야 할 것인지에 관한 것을 분석하는 것이다. 요구분석 단계에서는 프로그램 수혜자의 요구와 그 요구를 바탕으로 한 개입해야 할 내용에 대해 분석하는 과정도 포함된다.

(4) 설계

설계는 요구분석 내용을 토대로 프로그램의 내용과 목표를 설정하여 이에 적합한 접근방법을 설계하는 과정이다. 지역사회복지 프로그램 설계 시 의미 있는 접근방법은 무엇인지, 이 접근방법을 어떻게 통합해 나가는 것이 바람직한지의 방향을 결정하게 된다.

① 프로그램 목적과 목표

목표는 목적을 보다 구체적으로 심화시킨 것이다. 목적이 활동의 방향 또는 중점을 지극히 일반적이고 포괄적으로 진술한 것이라면, 목표는 실제 프로그램에서 무엇을 다루어야 하고, 어떠한 것에 우선 순위를 두어야 하며, 어떠한 내용을 선정하고, 어떠한 경험을 강조하여 무엇을 성취해야 하는지에 대한 구체적인 행동 지침을 제시해 주는 것이다. 즉, 목적이 가치 규범적인 것이라면 목표는 구체적인 행동 형성을 위한 수단이며, 목표란 목적보다 성취해야 할 도달점을 보다 구체적으로 보여 주는 것으로 프로그램을 통해 기대하는 활동의 성과를 의미한다. 프로그램의 목표설정은 활동내용의 개관, 활동 절차의 개발, 평가의 기준이 되는 중요한 요소이므로 프로그램의 설계에서 가장 먼저 제시되어야 한다.

② 내용선정 및 조직

내용선정 및 조직은 지역사회주민의 연령과 발달적 특성을 이해해 활동내용을 선정하고 조직하는 것이다. 즉, 설정한 목표를 달성하기 위해서 내용 및 활동은 흥미 존중, 타당성, 활동 가능성, 중요성 등과 같은 원리를 고려하여 구성해야 한다. 지역사회복지 프로그램의 내용 및 활동을 언제, 어디서, 어떻게 전개할 것인가에 대해 알기 쉽게 활동방법을 선정하고 조직하는 것이다.

③ 개발과정에 대한 평가 및 피드백

개발과정에서 평가와 피드백을 하는 것은 개발자의 선정에서부터 프로그램의 내용 및 활동을 조직하는 데 이르기까지 개발과정들을 검토하여 수정할 부분들을 발견하면서 최종 선정 이전에 재구성하는 단계이다. 개발과정에 대한 평가는 개별 요소, 과정별 일관성, 연계성에 대한 평가도 이루어져야 한다. 이러한 가정을 거치는 것은 지역사회복지 프로그램의 실제 적용 이전에 개발 자체에 대한 평가과정으로 프로그램 개발의 융통성을 고려하기 위한 요소이다.

(5) 구성 및 실행

지역사회복지 프로그램에 대한 설계를 마치면 교재와 교구, 활동 계획안, 환경구성 방안 등을 개발해야 한다. 참가자들의 특성과 요구를 반영하고 프로그램 내용을 잘 전달할 수 있도록 개발된 교재교구와 환경은 진행자나 참여자 모두 활동에 적극적으로 참여할 수 있는 요소가 된다. 프로그램 실행은 요구분석을 거쳐 개발한 프로그램을 지역사회복지 현장에서 실행하는 단계이다. 실행되는 프로그램 활동은 개발된 프로그램의 목표를 구현하여야 하며, 개발된 내용이 설계된 방법에 따라 잘 전달되어 참여자들의 흥미를 이끌 수 있어야 한다. 프로그램 실행자는 과정 중에 개발된 프로그램의 목표가 대상자의 요구를 잘 반영했는지, 내용과 활동 등이 적절한지 등에 대한 검토가 이루어져야 한다.

(6) 평가 및 피드백

프로그램 실행을 마치고 나면 프로그램의 효율성, 목표설정, 내용 및 방법의 적절성, 전달 방법의 문제, 기관 내 프로그램의 설계에 대한 협의, 프로그램 설계가 지역사회 현장의 이해와 실행에 적절하도록 조직화되었는지를 평가해야 한다. 이러한 평가결과를 다시 목표설정과 내용 및 방법에 반영되어 프로그램 설계를 재구성하게 된다. 평가에서는 프로그램 개발과정에서 대상자와 개발자의 요구를 다각적으로 조사했는지, 이에 근거한 목적과 내용, 방법, 실행 등에서 얼마나 적절하고 효과적이었는지 확인할 필요가 있다. 이러한 내용을 토대로 전 단계의 내용을 수정하는 데 기초자료를 얻기 위한 절차가 평가 및 피드백이다(이영자 외, 2017).

3) 지역사회복지 프로그램의 실행

지역사회복지 프로그램의 내용은 매우 다양하나 크게 두 가지 범주로 나눌 수 있다. 하나는 과정중심적인 활동이고, 다른 하나는 과업중심적인 활동이다. 과정중심적인 활동이란 클라이언트 집단이 문제를 스스로 해결할 수 있도록 능력을 배양해 주는 활동을 말하며, 과업중심적인 활동이란 클라이언트 집단이 필요로 하는 서비스를 직접적으로 제공해 주는 활동을 말한다.

프로그램의 실행은 주요 인력의 확보 및 조직화된 집단의 집행부를 구성하며, 실행에 필요한 재원을 확보하는 것으로 준비과정이 이루어진다. 지역주민 중에서 가장 핵심적인 인력을 확보하여야 하며, 지역주민 안에서 토착적 지도자를 발굴하여 집행부를 구성으로 프로그램 실행에 필요한 재원을 확보하는 것이다. 그리고 홍보활동, 주민조직화 및 자원 동원, 연계협력적 활동, 협상, 사회활동을 실행한다(간순옥 외, 2020; 김만호, 2016).

(1) 홍보활동

현대를 PR(Public Relation)의 시대라고 하고 대중사회 혹은 정보화 사회라고도 한다. 지역사회 홍보란 조직이 활동하고 있는 지역사회에서 조직의 목적과 내용, 프로그램과 서비스 등을 알리고, 지역사회 주민들로부터 호응을 얻어 그들의 욕구를 보다 잘 충족시켜 줄 수 있도록 하기 위해 지역사회 주민 및 기타 다른 기관과 우호적이고 친밀한 관계를 추구하는 과정이다. 지역사회복지기관이 계속 유지 존속되고 발전해 나가려면, 그 기관이 위치한 지역사회로부터 인정받고 여러 사람에게 널리 알려져 그들의 지지와 참여를 유도해 낼 수 있어야 한다. 지역사회의 문제는 시급한 정도의 차이는 있지만 지역주민이 해결되기를 바라는 것으로 모든 지역주민에게 알려서 공유할 필요가 있다. 따라서 지역주민의 적극적 참여를 독려하고 자발적으로 문제해결에 나설 수 있도록 하기 위해서는 지역주민과 문제의식을 공유하고 문제를 어떻게 해결할지를 나누는 의사소통과정이 반드시 필요하다.

이러한 의사소통과정을 통하여 문제해결의 필요성과 정당성을 지역주민에게 알려야 한다. 알리는 방법으로 일반적인 것은 매스컴을 활용하는 것이다. 신문, TV, 라디오, 잡지, 주민 소식지, 리플릿, 인터넷 등을 최대한 활용하여 지역주민과의 공감대를 형성하는 노력이 홍보활동이다. 또한 매스컴만큼 광범위하지는 않지만 지역주민과 직접 대면할 수 있으면 홍보효과는 아주 높다. 주민좌담회, 반상회, 각종 모임, 비공식적 모임에서 문제를 설명하고 해결방법을 공유하는 것이 더욱 바람직하다.

(2) 조직화 및 자원 동원

지역사회의 문제해결 주체는 명백하게 지역주민이어야 한다. 하지만 모든 지역주민이 문제해결에 적극적인 것은 아니다. 따라서 지역주민이 문제해결에 참여하는 것은 문제해결에 있어서 가장 중요한 관건이 된다. 이를 위하여 주민조직, 단체를 육성하고 강화하여야 하며, 지역 내의 리더를 개발하고 민주적 의사수렴과정을 수립하여 지역주민에게 신뢰를 형성하는 것이 중요하다. 조직화의 정도가 미약할 때에는 지역 내의 다른 조직이나 단체 등과 연계하는 것이 바람직하다. 하지만 지역주민의 참여를 강제적 방법에 의존하는 것은 한계가 분명하기 때문에 바람직하지 않다.

(3) 연계 협력

지역사회복지 연계 협력이란 지역사회복지 수요자의 복지증진을 위해 지역사회복지 서비스 공급주체 간의 정보공유, 서비스의 연결 등 지역사회복지조직 및 관련 조직 간 유기적 연계체계를 의미하며 일회적 또는 사안별 연계와 협력보다는 지속적이고 체계적 · 구조적인 연계가 이루지는 과정이라고 볼 수 있다. 지역사회 내의 문제해결을 위한 조직은 단 하나의 조직만으로는 효과를 발휘하기 어렵다. 문제와 관련된 다양한 조직체가 연대하여 활동함으로써 효과성을 높일 수 있다. 물론 경우에 따라서는 협력체 및 연대 자체가 목적이 될 수도 있다. 이러한 지역사회복지 연계 협력은 지역사회의 다양한 자원을 조직하고 참여시킬 수 있으며 지역사회복지조직 간 공통의 목표나 문제해결을 추구할 수 있기 때문에 지역사회조직화의 유용한 실천 전략이 될 수 있다. 따라서 연계 협력활동은 문제해결을 위한 공감대 형성과 목표를 공유할 수 있다는 점에서 매우 필요하다.

(4) 협상 및 사회활동

지역사회의 문제를 해결하는 과정에서 모든 주민의 적극적 호응을 얻기는 어렵다. 오히려 이해관계에 있는 당사자 간에 갈등을 일으킬 수 있다. 실행과정에서는 이러한 갈등을 협상하거나 협상을 유리하게 전개하기 위하여 사회행동이 필요하다.

4) 지역사회복지 프로그램의 평가

프로그램 평가의 목적은 크게 두 가지이다. 하나는 프로그램의 실천 과정에서 수집된 정보를 입수(monitering)해서 실천에 반영(feedback)하여 실천의 궤도를 수정하는 것이다. 두 번째 목적은 지역사회복지실천의 전 과정이 이룩한 최종 산물을 평가하는 것이다. 즉, 프로그램의 효과성(effectiveness)과 영향(impact)을 평가한다.

(1) 프로그램 평가의 기능과 절차

프로그램 평가에서 일반적으로 활용되고 있는 평가의 주된 기능(역할)을 진단적 기능, 형성적 기능, 총합적 기능, 의사결정 보조 기능, 사회적 · 심리적 기능, 행정적 기능 등으로 나누어 볼 수 있다. 평가목적과 그 기능(역할) 다음으로 살펴보아야 할 것이 평가대상, 즉 평가의 내용이다. 이는 무엇을 평가할 것인가의 문제로서 평가의 준거는 바로 이 평가대상 혹은 내용의 분석에 따라 이루어진다. 직 · 간접적인 평가내용을 바탕으로 한 평가대상들을 추후 어떤 관점에서, 어떤 준거에 비추어, 어떤 강조점을 가지고 평가할 것인가라는 절차를 거쳐 평가준거를 설정함으로써 실질적인 평가내용이 된다.

프로그램 평가의 개념과 목적, 그리고 그 안에서 강조되어야 할 사항으로 평가대상과 내용, 준거와 기준들을 고려해 볼 때, 프로그램의 평가의 핵심 영역은 그림 6-2와 같이 크게 네 가지로 요약할 수 있다(이기원 외, 2022).

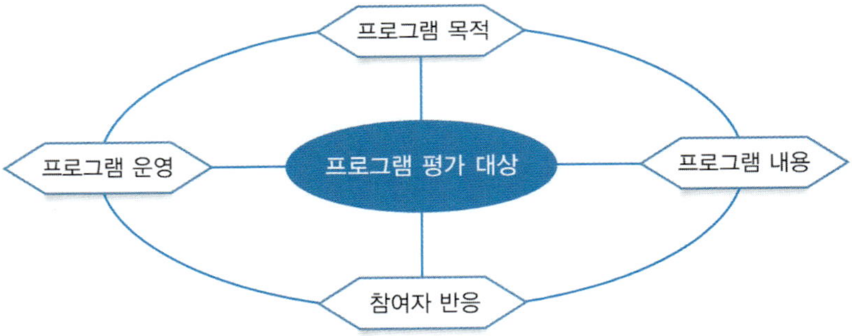

그림 6-2. 프로그램 평가의 핵심 대상과 영역

프로그램의 평가 영역이란 평가하고자 하는 범위와 대상을 말한다. 커크패트릭(Kirkpatrick, 1987)은 평가의 영역으로 다음의 4가지를 제시하였다(김진화, 2001). 첫째, 참여자들의 반응을 통해 그들이 프로그램에 대해 느끼는 호의 정도를 평가하는 것으로 참여자 만족도 평가 혹은 매력성 평가라고 한다. 둘째, 프로그램을 통해 참여자가 어떤 지식 · 태도 · 기능을 습득했는가를 평가하는 것으로 활동 정도, 즉 목표도달에 대한 평가 혹은 효과성 평가라고 한다. 셋째, 프로그램 이수 후 어떤 긍정적인 평가가 있었는지를 평가하는 것으로 실생활 적용도 평가 혹은 실제 행동 평가라고 한다. 넷째, 프로그램 운영에 투자한 시간과 노력, 비용 등에 대한 성과를 평가하는 것으로 프로그램의 효율성 평가라고 한다.

(2) 프로그램 평가의 분류

지역사회복지 프로그램의 평가는 여러 가지 관점에 따라 분류할 수 있다. 일반적인 프로그램 평가 분류를 살펴보면 그림 6-3과 같다.

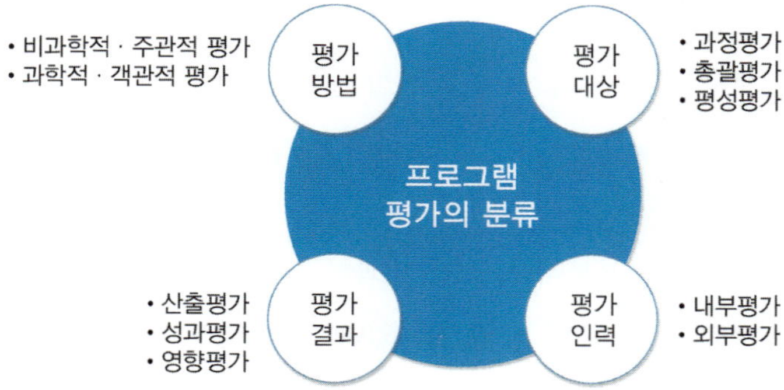

그림 6-3. **프로그램 평가의 분류**

첫째, 평가대상에 따른 분류이다. 지역사회복지 프로그램 평가를 대상에 따라서 분류하면 과정평가와 총괄평가, 형성평가로 나눌 수 있다. 구체적으로 과정평가는 과정분석 또는 질적 분석으로도 이해되고 있는 것으로 관찰된 정책 또는 프로그램의 효과에 대한 인과적 연쇄관계를 구체적으로 규명하려는 것이고, 총괄평가는 프로그램 결과를 대상으로 한 것이며, 형성평가는 프로그램 운영 과정에 이루어지는 것으로, 주로 과정평가와 유사한 개념으로 사용된다(권기헌, 2009).

둘째, 평가인력에 따른 분류이다. 평가를 누가 할 것인가에 따라서 지역사회복지 프로그램 평가를 내부평가, 외부평가로 나눌 수 있다. 내부평가(inside evaluation)는 지역사회복지 기관 내부에서 운영 혹은 프로그램을 담당하고 있는 사람들이나 이들이 소속한 조직의 다른 구성원이 행하는 평가를 말한다. 평가에 전문성과 경험을 활용할 수 있고, 평가결과 활용과 비교 적용이 용이하지만 평가공정성의 유지가 곤란하다는 단점이 있다. 그리고 외부평가(outside evaluation)는 정책의 결정, 집행 담당기관이 아닌 제3자가 수행하는 평가를 말한다. 비교적 평가의 공정성이 유지되지만, 평가결과의 활용이 잘 이루어지지 않는다는 단점이 있다. 따라서 기관 내에서 평가를 수행할 수 있는 구성원을 평가자로 의뢰할 것인가 아니면 외부로부터 초청해 올 것인가 하는 것은 평가의 책임성과 활용성에 따라 결정될 사안이다.

셋째, 평가결과에 따른 분류이다. 사업의 효과를 세분화하면, 산출(output), 결과(outcome), 영향(impact)로 나눌 수 있다. 이에 따라 산출평가, 성과평가, 영향평가로 구분할 수 있다.

넷째, 평가방법에 따른 분류이다. 보통 비과학적 · 주관적 평가와 과학적 · 객관적 평가로 분류한다. 비과학적 · 주관적 평가는 일반대중이나 지역사회복지 평가자들의 상식적, 개인적 느낌에 의한 프로그램 평가이다. 지역사회복지 대상자의 만족도 평가나 객관적 평가의 보완을 위해 전문가의 판단을 이용할 때 유용하다. 지역사회복지 평가자의 개인적 이해관계에 따라 사실과 다른 평가결과가 나올 수 있고, 평가자의 선입관, 신념 또는 막연한 느낌이나 불충분한 자료 때문에 엉뚱한 결론을 내릴 가능성이 있다. 그리고 과학적 · 객관적 평가는 과학적 방법이나 논리를 적용하여 수행하는 프로그램 평가이다. 과학적 조사방법을 동원하여 사실에 부합한 평가를 하려는 것을 의미한다. 객관적 정책평가의 방법에는 실험적 방법과 비실험적 방법이 있는데, 양자는 모두 통계적 처리에 의해 보완된다.

(3) 프로그램 평가방법

평가자료를 수집하고 분석하기 위해서는 먼저 평가방법을 결정해야 한다. 평가자료를 수집하기 위한 평가방법은 여러 가지 방법이 활용될 수 있다. 평가방법은 프로그램의 목표, 활동내용과 수준, 집단의 규모나 시설여건, 참여자들의 특성, 평가비용 등을 고려하여 선정되어야 한다. 그리고 한 가지 방법만이 아니라 여러 가지 방법을 병행하여 활용할 수 있다. 지역사회복지 프로그램 평가에서 자주 사용되는 방법을 소개하면 다음과 같다(이복희, 유인숙, 2020; 차갑부, 2014).

첫째, 질문지법이다. 질문지는 가장 일반적으로 활용되는 기법으로 정보를 신속하게 수집하는 객관성 있는 방법이다. 그러나 이 방법은 한계성을 지니고 있으므로 지나치게 의존해서는 안된다. 질문지는 프로그램에 대한 평점을 매기거나 개방적으로 의견을 묻는 질문도 있다. 참여자가 대규모일 경우 질문지는 참여태도에 관한 정보를 신속하게 수집하는 객관성 있는 방법이다. 질문지는 면접처럼 응답자가 자유롭게 논평할 수 없기 때문에 예기치 않은 반응을 평가하기 어려운 단점이 있다. 아울러 잘못 제작된 질문지는 프로그램에 대한 편향된 반응을 유도할 우려도 있다.

둘째, 면접법이다. 면접은 얼굴을 대면하고 서로 개인적인 질문과 대답을 주고받는 것이다. 면접은 사전에 미리 계획되어서 매우 조직적으로 실시될 수도 있고, 완전히 개방적이고 융통성 있게 진행될 수도 있다. 면접법은 평가결과를 쉽게 수량화할 수 없고, 예기치 못한 생각과 반응을 찾아내는 데 가장 적합하다. 면담자와 심리적인 친밀감(Rapport)을 형성하는 것이 중요하다. 일반적으로 면접법은 소수의 주제에 관한 세부적이고 심층적인 정보를 제공해 준다는 장점이 있다. 또한 면접법은 비교적 시간이 적게 소비되고 소규모 집단에 사용하는 것이 적합하다. 그러나 면접에 응한 응답자의 의견이 프로그램에 대한 의견을 대표한다고 보기 어려운 경우도 있고, 면담결과를 분석하기 곤란한 경우도 있다는 점을 유의해야 한다.

셋째, 관찰법이다. 관찰법은 프로그램의 진행과정을 찬찬히 살펴보는 데 유용한 방법이다. 참여자들의 행동을 체계적으로 관찰하고 기록하며, 수행되는 과정에 강조점을 두고 있다. 관찰자는 훈련이 잘 되어 있어야 하고, 관찰을 기록하기 위하여 체계적인 절차가 활용되어야 한다. 하지만 관찰자의 편견이나 선입관이 개입할 위험이 있으며, 관찰하고 있다는 의식을 주지 않도록 유의해야 한다. 관찰법을 실시하기 위해서는 비교적 시간이 많이 소요되지만, 주의 깊고 체계적으로 실시된다면 매우 유용한 자료를 얻을 수 있다. 전체를 대표할 수 있는 행동장면을 표집해야 하며, 관찰자는 어떤 행동을 탐색해야 하고 행동을 객관적이고 일관성 있게 기록하는 방법을 알고 있어야 한다.

넷째, 논평(Comment)이다. 논평은 공식적이거나 비공식적인 기록이다. 프로그램에 참여한 참여자들에게 프로그램 전반에 대하여 자신들의 소감을 기록하도록 하는 것이다. 논평은 사람들의 예기치 않은 반응을 알아보는 데 매우 유용한 방법이다. 그러나 논평은 분석하기 어렵고 대표성이 없는 평가자료를 만들어 낼 가능성도 있다. 논평자료를 수집하는 것은 비교적 쉽지만 결과를 해석하기는 어렵다. 논평자료가 수집되면 모든 자료를 면밀하게 검토하고, 유사한 반응끼리 분류하고 묶어서 결과를 분석하는 것이 필요하다.

다섯째, 녹음과 녹화이다. 녹음기나 비디오를 활용하여 녹음이나 녹화하는 것은 프로그램 진행과정이나 참여자들의 태도를 영구적으로 기록할 수 있는 방법으로 진행자의 질적 수준을 평가하는 방법으로 활용될 수 있다.

(4) 프로그램 평가의 타당성과 신뢰성

프로그램 평가는 타당성 확보가 중요하다. 프로그램 평가의 타당성이란 프로그램 평가에 의하여 프로그램의 효과를 올바르게 판단하는 정도를 의미한다. 프로그램 평가의 타당성은 내적 타당성과 외적 타당성 및 구성 타당도로 나누어진다(권기헌, 2009). 이러한 프로그램 평가의 타당성을 정리하면 그림 6-4와 같다(원아연, 2018).

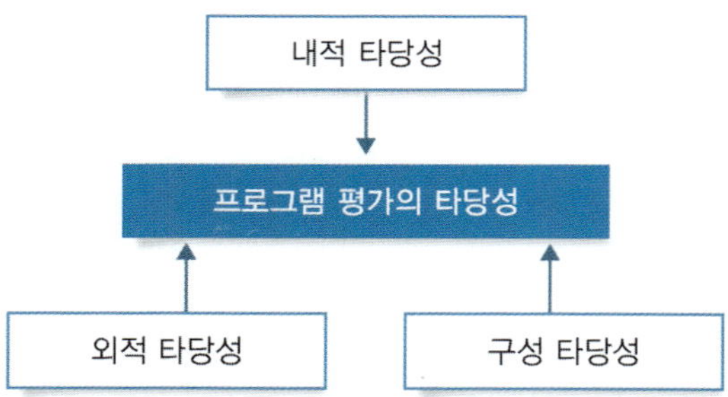

그림 6-4. **프로그램 평가의 타당성**

첫째, 내적 타당성(Internal Validity)은 프로그램이 집행된 이후에 일어나는 변화가 프로그램 때문인지 아니면 다른 요인 때문인지를 명백히 밝히는 것을 의미한다. 다시 말해 실제로 프로그램 효과가 있었을 때 명백하게 있다고 판단하고, 없었을 때 없다고 분명히 밝히면 그 평가는 내적 타당성이 있는 것이다. 프로그램 평가의 초점은 프로그램이 운영된 후에 프로그램 효과가 있었는지의 여부를 판단하는 데 있다. 이러한 목적은 내적 타당성이 있는 평가에 의해서만 달성될 수 있다. 그러므로 프로그램 평가를 위해 고찰된 모든 통계적 · 실험적 방법들은 내적 타당성을 제고하는 데 주요 목적을 두고 있다(정정길 외, 2005).

둘째, 외적 타당성(External Validity)은 어떤 상황에서 내적 타당성을 가진 프로그램 평가가 다른 상황에서도 적용될 수 있는 정도를 의미한다. 특정 상황하에서 타당한 평가가 다른 상황하에서는 과연 얼마만큼 타당할 것인가, 즉 일반화의 정도를 나타내는 것이 외적 타당성이다.

셋째, 구성 타당성(Constructure Validity)이 있다. 독립변수와 종속변수에 대한 추상적 개념은 관찰가능한 지표로서 조작적 정의(operalization)를 내리게 되는데, 이때 개념의 구성이 얼마나 정확하게 실체를 표현했는가의 정도를 의미한다. 개념에 대한 구성 타당성이 있어야 내적 타당성이 가능하다는 측면에서 구성 타당성은 내적 타당성의 전제조건이다.

한편 프로그램 평가는 신뢰도가 담보되어야 한다. 프로그램 평가의 신뢰도는 평가결과가 어느 정도 믿을 만한가를 의미하며, 이것은 그 프로그램을 측정하거나 평가한 도구가 그와 유사한 다른 현상을 되풀이해서 측정했을 때, 그 결과가 얼마나 일관성 있게 나타나는가의 정도를 통해서 측정된다. 그러므로 신뢰도란 동일한 측정도구를 반복해서 사용했을 때 동일한 결과를 얻을 확률을 나타내는 것이다.

(5) 프로그램 평가결과의 활용

프로그램 평가의 결과는 프로그램의 집행상태를 점검하거나 집행전략을 수정 혹은 보완하기 위하여, 그리고 정책종결에 따른 환류 및 활동을 위해 활용된다. 프로그램 평가의 활용방식은 도구적 활용과 관념적 활용, 설득적 활용으로 구분하여 살펴볼 수 있다. 이러한 프로그램 평가 활용방식을 정리하면 그림 6-5와 같다.

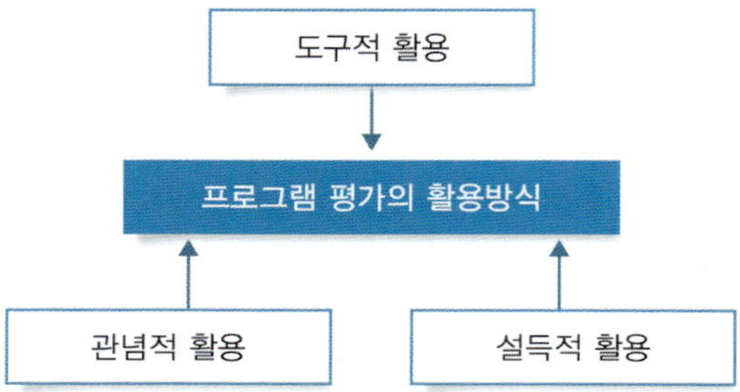

그림 6-5. **프로그램 평가의 활용방식**

첫째, 도구적 활용(instrumental use)은 프로그램 평가의 결과가 프로그램의 결정이나 문제해결을 위해 도구적으로 활용되는 것을 말한다. 프로그램 평가의 결과 프로그램이 효과가 없다고 판단되면 그 프로그램을 폐기할 수 있다. 둘째, 관념적 활용(conceptual use)는 프로그램 결정이나 집행에 직접 결과를 활용하는 것이 아니라, 어떤 문제에 대한 프로그램 결정자의 사고방식이나 관념에 변화를 일으켜서 간접적으로 영향을 미치게 하는 것을 말한다. 셋째, 설득적 활용(persuasive use)은 평가결과를 특정 정치적 입장을 지지하는 데 활용하는 경우이다. 이러한 평가결과 활용에 영향을 미치는 요인을 정리하면 표 6-11과 같다(원아연, 2018).

표 6-11. **평가결과 활용에 영향을 미치는 요인**

구분	요인
적절성의 인식	정책결정자의 요구
	프로그램집행자의 요구
	적시성
의사소통	평가이용자와의 의사소통
	평가결과의 배포
결과처리과정	평가결과의 발표형식
	평가이용자의 태도
신뢰성	경쟁적 평가결과의 존재
	평가방법의 질
평가이용자 관여와 옹호	평가이용자의 활용의지
	평가정책에 대한 옹호정도

(6) 프로그램 평가보고서의 구성요소

평가보고서는 평가에 대한 공식적인 기록이며, 평가 기간 동안 진행된 각종 활동과 그 결과를 발표하는 것이다. 평가보고서는 그 평가보고서를 읽는 사람이 쉽게 이해할 수 있도록 작성되어야 하며, 신뢰감을 줄 수 있어야 한다. 따라서 체계적인 절차와 논리적인 설명이 필요하다. 일반적으로 평가결과보고서에 포함되어야 할 구성요소는 표 6-12와 같다(이복희, 유인숙, 2020).

표 6-12. **평가결과보고서의 구성요소**

구분	내용
평가의 근거와 목적	평가관련자, 필요성(이유) 등
평가대상 프로그램의 간략한 안내	목적, 대상, 내용, 활동 등
평가대상 내용 및 강조점	평가준거의 설정

구분	내용
평가의 기획 및 수행	평가자료 수집 방법 및 절차 등
평가결과의 제시	주요 평가자료, 평가기준 등
평가의 결론 제시	평가적 판단 결과, 장점과 약점, 제한점 등
권고 및 제언	시사점, 한계점 및 제언 등

평가보고서를 작성할 때 특히 관심을 두어야 할 것은 보고서의 내용을 어떤 내용으로 어떻게 구성할 것인가에 관한 것이다. 보고서의 내용을 선정하고 조직할 경우 평가자가 유의해야 할 사항은 표 6-13과 같다(이복희, 유인숙, 2020).

표 6-13. 평가보고서 작성 시 유의사항

- 평가목적에 적절한 내용의 선정
- 특정한 편견 없이 공정하고 균형 있는 내용의 선정
- 다양한 평가관련자의 다양한 관점 수용
- 결과 보고 대상자가 이해하기에 용이한 간편하고 쉬운 용어의 사용
- 애매모호한 점이 없는 명료한 진술
- 보고내용의 의도와 초점이 분명한 진술
- 보고서 독자의 반응(피드백)을 유발시킬 수 있는 전략의 사용
- 전반적인 개요를 제시하여 평가결과의 윤곽을 파악할 수 있도록 하는 배려
- 주요내용의 간략한 요약을 제시
- 독자에게 필요한 안내의 제시

5. 지역사회복지 실천과정에서 실천가의 역할

지금까지 살펴본 지역사회복지 실천과정은 몇 개의 단계로 구성되는데, 모든 단계에는 특정의 목표가 있으며 이를 달성하기 위해 기대되는 사회복지사의 역할과 과제가 있다. 그러나 이러한 역할과 과제가 단계별로 확연히 구분되는 것은 아니며, 오히려 단계는 서로 중첩되고 순환적이며 동시에 발생한다는 특성을 지닌다.

이상의 내용에서 실천가의 역할을 정리하면 다음과 같다. 첫째, 안내자(guide)의 역할이다. 즉, 지역사회의 문제해결에 따른 올바른 목표(goals)를 설정하고, 이것을 해결하는 방도를 강구하도록 도와주는 것이다. 실천가는 문제해결을 위한 방도의 선택이 지역사회 자체의 노력이 되도록 해야 하며, 자신의 목적을 위해 지역주민을 이용하거나 조종하거나 조치를 강요해서는 안 된다.

둘째, 조력자(enabler)의 역할이다. 즉, 지역사회복지의 활동과정을 용이하게 하는 역할이다. 현존하는 지역사회조건에 대한 불만을 일깨워 주고 그 불만을 집약할 수 있도록 도와주는 것이다. 또한 지역주민들이 상호관계를 유지하고 협동적인 일에 참여하는 데 있어서 만족감을 갖도록 도와주어야 한다.

셋째, 전문가(expert)의 역할이다. 즉, 실천가가 권위 있게 피력할 수 있는 분야에 있어서 필요한 자료를 제공하고 직접적인 충고를 하는 것이다. 전문가로서 지역사회복지를 수행하는 데 필요로 하는 조사자료, 기술상의 경험, 자원의 출처, 방법상의 충고 등을 제공한다.

넷째, 치료자(therapist)의 역할이다. 즉, 지역사회의 공동적인 노력을 심히 저해하는 금기적 사고(taboo ideas)나 긴장을 조성하고 집단들을 분리시키는 요인들에 대해 적절한 진단과 치료를 하는 것이다. 그러기 위해서는 지역사회의 역사적 배경을 숙지해야 하고, 기존의 관습과 현실과의 관계를 인식해야 하고, 지역사회 내 역할들 간의 관계 등을 알아야 한다.

다섯째, 분석가(analyst)의 역할이다. 즉, 지역사회의 계획된 변화를 이룩하기 위해서 사실적 발견과 분석을 전제조건으로 삼는 것이다. 지역사회문제에 대한 정확한 자료를 근거하지 않고는 성공적인 결과를 얻을 수 없기 때문에 실천가는 지역조사를 토대로 분석가의 역할을 수행하게 된다.

여섯째, 계획가(planner)의 역할이다. 즉, 지역사회의 문제해결을 위해 누가, 무엇을, 어떻게 접근할 것인지 계획을 수립하는 것이다. 특히 공간적, 재정적, 인적, 법적, 건축적인 것 등의 기술적인 면이 고려되어야 한다. 그리고 철학적인 측면도 중시되어야 한다.

일곱째, 조직가(organizer)의 역할이다. 즉, 지역사회복지의 실천과정에 있어서 지역사회의 행동체계를 적절히 참여시키며, 지역주민들이 해야 할 역할을 분명히 해 주고, 그러한 역할을 효과적으로 수행할 수 있도록 훈련을 시켜야 한다. 그리고 지역주민들에게 참여의식을 고취시켜 지역사회가 수립된 계획을 제도화하여 스스로 추진해 나가도록 사기와 능력을 북돋아 주어야 한다.

여덟째, 행정가(administrator)의 역할이다. 즉, 지역사회복지의 프로그램이 계획에서 설정한 목표에 이르기까지 효율적이고 효과적으로 달성하기 위해서 모든 인적, 물적 자원을 관리하는 것이다. 실천가가 유의해야 할 점은 지역복지의 프로그램을 운영하는 규칙과 절차를 적용함에 있어서 항상 그것이 달성하고자 하는 목표를 유념해야 하며, 형식적인 면을 강조하기보다는 적절한 융통성을 발휘해야 한다.

아홉째, 행동가(activist)의 역할이다. 즉, 지역사회 내 불이익을 해소시키고, 이들의 편에 서서 복지활동을 전개하는 것이다. 특히 실천가는 지역사회의 조건이 불평등하게 배분되어 있다고 보고 정부기관에 자원을 얻어 내기 위해 힘쓸 뿐 아니라 서비스 제공에 따른 불공평을 제거하도록 압력을 가한다. 또한 목표를 성취하기 위하여 지역주민을 자극하고 조직화하여 집단행동에 대한 전술을 교육하는 것이다.

Chapter 07

지역사회복지의 실천기술 I

배울 내용

1. 지역사회문제
2. 지역사회복지 프로그램의 기획
3. 네트워크 거버넌스
4. 지역사회자원동원 및 개발기술

학습목표

1. 지역사회문제의 발생원인 및 사정방법을 설명할 수 있다.
2. 지역사회복지 프로그램 개발 및 기획과정을 숙지한다.
3. 네트워크 거버넌스의 개념과 유형을 파악한다.
4. 지역사회자원동원 및 개발기술을 익힌다.

지역사회복지의 실천기술 I

Chapter 07

1. 지역사회문제

1) 지역사회문제의 발생원인

지역사회문제를 이해하고 이에 대한 해결책을 찾는 데는 여러 가지 제도적 · 학문적 원인 및 사정방법들이 있다. 이러한 지역사회문제를 과학적으로 연구하기 시작한 것은 19세기부터이다(김병 외, 2014). 산업혁명과 자본주의 발달과 그로 인한 사회적 혼란과 모순은 지역사회문제를 유발하는데, 이러한 문제를 해결하기 위해 사회학이 등장하였다. 사회학은 발전과정에서 실용적인 차원의 지역사회문제에 대한 관심과 순수한 이론적 사회학 문제에 대한 관심을 가지면서 지역사회문제의 해결에 초석이 되어 왔다. 또한 인간의 복지문제에 관심을 가진 사람들이 개인 · 가족 · 소집단 · 지역사회의 사회적 부정적인 문제를 다루게 됨으로써 지역사회복지 활동이 시작되었다. 이러한 관점에서 지역사회문제를 바라보는 관점은 지역사회문제의 원인이 어디에 있는지 혹은 어떤 입장에서 논의하는지에 따라 역사적 발전 단계를 거치면서 다양하게 전개되어 왔다.

다시 말해 사회과학적 이론에서 사회병리학(social pathology), 사회해체론(social disorganization), 일탈행위론(deviant behavior) 등의 구조적 기능주의 관점과 가치갈등론(value conflict)은 사회집단의 가치와 이해관계의 갈등으로 접근하는 이론들이 존재한다. 각각의 관점에 대해 살펴보면 다음과 같다(김병 외, 2014; 김현호 외, 2020; 최선화 외, 2014).

(1) 사회병리학

지역사회문제(범죄, 비행 등)의 원인을 생물유기체 내부에서 찾으려는 생물학적 접근은 이탈리아 박물학자 롬브로소(Lombroso, 1835~1909)에 의해 이루어졌다. 그는 군 형무소에 수감된 죄수의 외모를 조사하여 긴 턱, 넓은 턱, 높은 광대뼈, 각진 머리 등 외모상의 특징을 찾아 외형상의 범죄형 인간을 주장하였으나 후대에 비과학적이라고 비판을 받았다. 하지만 이러한 과정을 통해 사회병리학적 관심을 가지게 되었다. 병리학(pathology)은 질병의 원인과 특질, 질병이 나타나는 과정을 연구하는 의학이다. 또한 사회병리학(social pathology)은 사회를 생물체에 비유하여 사회문제를 병원균에 의해 감염되는 것처럼 생물체의 병과 같은 비정상적인 존재로 인식한 학문이다. 예를 들어, 인체의 한 부분이 정상적인 기능을 수행하지 못할 경우 인체에 병이 발생하는 것처럼 사회구조의 한 부분이 제 기능을 하지 못하면 사회가 병에 걸리는데, 이것이 바로 지역사회문제이다. 즉, 알코올중독, 범죄, 비행, 약물중독, 정신질환 등의 지역사회문제는 마음과 육신, 영혼 등이 병든 상태인 사회적 질병(social disease)이라는 것이다. 그러나 이러한 지역사회문제는 원인이 병든 사람에게 있는가 아니면 병든 지역사회에 있는가에 대한 논쟁이 1900~1910년 동안 미국 사회병리학자들 사이에서 논의되었다.

그 결과 초기에는 사회화의 실패 원인을 병든 사람들의 책임으로 돌렸지만 후기에는 병든 사람들이 아니라 병든 지역사회조건(가족의 붕괴, 종교제도의 쇠퇴, 경제제도, 교육

제도, 정치제도 등의 결함) 때문에 생긴다고 보았다. 그렇지만 궁극적으로 지역사회문제의 해결도 질병치료와 본질적으로 같다고 보고, 잘못된 사회화가 지역사회문제의 근본원인이므로 최선의 지역사회문제 해결책은 지역사회구성원들을 적절히 사회화시키고 도덕적인 교육을 강화시켜야 된다고 주장하면서, 가족, 학교, 교회, 직장, 여론매체 등이 이런 역할을 수행해야 한다고 주장하였다(원석조, 2014; Mooney et al., 2002).

(2) 사회해체론

지역사회문제에 대한 사회병리학적 접근의 한계가 드러나면서 비과학적 측면을 극복하기 위해 지역사회문제를 보다 객관적이고 가치중립적 입장으로 보는 사회해체론(social disorganization)이 등장하였다. 사회해체론은 지역사회문제를 개인의 문제가 아닌 지역사회구조와 연결시켜 접근하려고 시도했으며, 사회적 행위를 통제하는 사회적 규칙(social rules)의 중요성을 강조하였다. 또한 사회해체론에 의하면, 사회적 규칙은 급격한 지역사회변동에 의해 붕괴되는데, 규칙이 약해지거나 서로 갈등관계에 빠지면 지역사회는 아노미(anomie, 행동을 규제하는 가치나 도덕 기준을 잃은 혼돈 사태) 또는 무규범 상태에 놓이게 된다. 이러한 상태가 되면 지역사회는 개인 간의 결속력과 제도적 기구를 약화시켜 개인의 행동에 대한 규제력을 마비시켜 절도, 강도, 약물중독, 알코올중독, 배우자 및 자녀학대, 강간 등 각종 범죄와 비행의 지역사회문제가 나타나게 된다는 것이다.

사회해체론은 1910~1950년도에 논의된 학문으로 처음 제안한 사람은 토마스와 즈나니에츠키(Tomas & Znaniecki)이다. 이들은 폴란드에서 미국으로 이민 온 가족들의 정착과정에서 부딪히는 적응문제를 연구하면서 폴란드 가족들의 전통문화(공동체 중심 문화)와 미국문화(개인주의적 문화)가 충돌하면서 가족이 해체된다는 사실을 발견하였다. 이들이 밝힌 지역사회해체는 무규범, 문화적 갈등, 붕괴 등 세 가지 형태가 있는데,

무규범(normlessness)은 행위의 기준이 존재하지 않는 것이고, 문화적 갈등(cultural conflict)은 두 개 이상 대립되는 규칙이 존재하여 한 가지 규칙을 어기지 않을 수 없는 상태이고, 붕괴(breakdown)는 규칙을 지키더라도 약속된 보상을 받지 못하거나 오히려 제재를 받는 것을 의미한다(김병 외, 2014; Weinberg & Rubington, 1973).

이렇듯 규칙의 해체는 개인의 행동에 대한 규제력을 약화시키며, 범죄와 비행 등 지역사회문제는 개인에 대한 사회적 규제력의 약화로 일어나게 된다. 따라서 지역사회문제해결은 지역사회를 구성하는 각각의 부분들을 조합(융합)해서 지역사회변동의 속도를 완화시키거나 사회적 규범을 강화하는 것이다. 예를 들어, 청소년의 음주가 별다른 제재 없이 간과되거나 매스컴 등에서 청소년의 음주장면이 자주 등장하면 청소년 음주가 크게 확산되어 비행으로 빠질 가능성이 높다. 이런 경우의 해결책은 청소년 음주가 불법이란 사실을 교육을 통해 인식시키고, 매스컴에 청소년 음주장면이 등장하지 못하도록 하며, 부모교육을 통해 부모가 자녀의 음주를 통제하도록 권장하는 것이다.

(3) 일탈행위론

일탈행위론적 관점에서 지역사회문제는 사회적 규범으로부터 체계적인 일탈 또는 사회적 기대에 부응하지 못한 파괴를 의미한다. 사회적 규범으로부터의 일탈은 사회조직 간의 긴장상태(states of tension)에 대한 개인의 반응이나 패턴화된 적응양식을 의미한다. 이러한 일탈행위는 어느 지역사회에서나 관찰되고 있는데, 그런 점에서 정상(normal)으로 간주되며, 일탈행위가 없는 지역사회는 오히려 비정상인 지역사회로 간주한다. 일탈행위론(deviant behavior)은 프랑스 사회학자 뒤르켐이 제안한 아노미론(theory of anomie)이다. 그는 자살과 생산의 분업화 과정에서 연대성이 약한 현상을 아노미(무규범)라고 하면서 이 이론을 처음으로 제안하였다. 아노미(anomie)는 문화적 목표가 과잉으로 강조되거나 이러한 목표를 성취하기 위한 합법적 기회가 차단될 때

사회의 일부사람에게 정상적으로 나타날 수 있는 것으로 보았다.

일탈행위론은 문화전달론으로 설명할 수 있는데, 문화전달론은 범죄와 비행을 하나의 문화적 현상으로 설명하는 것이다. 기성세대의 문화, 청소년의 문화, 미국의 문화, 한국의 문화 등 각각의 지역과 시대에 따라 문화가 존재하듯이 패턴화된 범죄문화나 비행문화가 존재한다. 즉, 빈곤의 대물림 현상은 특정 문화가 특정 지역(슬럼가 등)에 뿌리를 내리고 또 전승됨으로써 지역사회문제가 반복해서 발생하게 된다. 일탈이론에서 중요한 점은 지역사회에 부응하는 행위이든, 일탈행위이든 상관없이 지역사회집단에 참여함으로써 학습된다는 것이다. 즉, 부응하는 행위 집단에 참여하여 동조하면 일탈행위를 하지 않게 되고, 일탈행위 집단에 가입하여 일탈행위를 학습하면 일탈자가 된다는 것이다. 따라서 일탈행위에 동조하는 행위를 예방하고 계몽할 필요가 있다.

(4) 가치갈등론

1970년대 이후 갈등주의이론은 서로 이해관계가 다른 집단들이 권력과 자원을 놓고 경합하는 것이 지역사회라고 보았다. 갈등주의이론의 원조인 마르크스에 의하면, 자본주의 발전은 부르주아지와 프롤레타리아트의 서로 적대적인 두 계급으로 분류하여 발전하게 된다는 것이다. 부르주아지는 자본과 생산수단을 소유한 계급으로 노동력만을 보유한 무산계급인 프롤레타리아트의 노동력을 착취하게 된다. 이러한 과정에서 주·종 관계가 형성되어 갈등을 초래하게 된다. 인간의 가치에 비중을 둔 가치갈등론(value conflict theory)은 사회적 갈등이 지역사회집단의 가치와 이해관계에서 대립되기 때문에 지역사회문제가 발생한다고 보았다.

가치갈등론에 의하면, 지역사회문제는 가치들 간의 상호충돌 또는 불일치 현상이라는 것이다. 지역사회의 다양한 집단은 서로 다른 이익을 갖고 있기 때문에 상호 적대적이면서 문제가 발생한다. 집단의 가치적 대립은 이익을 대변하기 때문에 객관적이지 못하고 주관적인 면이 강하다. 그렇지만 사회질서를 유지하기 위해서는 제도화된 타협을 통해 이익갈등을 해소하는 것이 필요하다(원석조, 2014).

2) 지역사회문제의 사정방법

지역사회문제의 발생원인은 환경적, 제도적, 시대적, 문화적, 지리적 상황에 따라 다양하게 발생한다. 그렇지만 일반적으로 사람들은 지역사회문제를 인식하면 대부분 심리학적 시각으로 바라본다. 예를 들어, 빈곤을 볼 때 잘못된 부의 재분배와 지속적으로 불이익을 받게 만드는 사회적 기제와 관계없이 사람들은 빈민들의 행동과 태도를 비난한다. 또한 고용보장이 안되어 있는 상태에서 노동자들이 공격적인 행동으로 파업을 하면 그들을 비난한다.

이렇듯 근본적인 쟁점은 일탈행위 자체가 개인의 병리적 측면(개인의 원인)에 있는가 아니면 잘못된 지역사회구조(제도적 원인)로 인한 개인적 일탈에 있는가로 요약될 수 있다. 그렇지만 앞에서 살펴본 지역사회문제의 원인에서 알 수 있듯이 양분화된 논리에서 해법을 찾는 것은 그리 간단하지 않다. 따라서 지역사회문제의 사정은 지역주민들의 욕구, 지정학적 특성, 인구의 특성(연령대별 구성비), 소득 수준, 지역사회의 특성(타 지역과 차별화된 지역의 장점 또는 부족한 점), 사회 · 문화 체계(각종 시설 및 문화 행사), 종교와 종교시설(종교적 특성과 종교시설의 분포), 주거형태, 건강(의료시설 및 건강 관련 사항), 복지(복지시설 및 이용자), 교육(학교 및 교육수준), 시대적 상황, 자본주의에 입각한 재원 등을 포괄적으로 고려해서 욕구조사 및 공청회 등을 통해 우선순위에 따라 사정해야 한다. 여기서 사정(assessment)이란 문제의 내용과 원인을 파악하고 문제를 해결하거나 줄이기 위해 어떤 것이 변화되어야 하는지 등에 답을 찾는 것이다. 효과적인 사정은 무엇이 잘못되었는가에 초점을 두는 것이 아니라 지역주민의 자원, 동기, 장점 등도 포괄해서 사정한다.

2. 지역사회복지 프로그램의 기획

1) 지역사회복지 프로그램 개발의 개념적 모형

지역사회복지 프로그램 개발은 넓은 의미에서 지역사회주민의 욕구에 맞는 프로그램을 기획, 설계, 운영 및 평가하는 모든 활동을 포함하는 과정으로 이해할 수 있는데, 지역사회복지 프로그램의 개발의 개념적 모형을 살펴보면 그림 7-1과 같다.

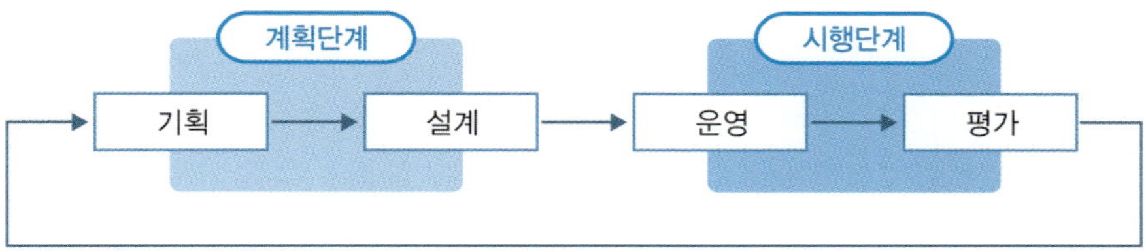

그림 7-1. **지역사회복지 프로그램 개발의 개념적 모형**

지역사회복지 프로그램 개발을 계획과정과 시행과정으로 구분해 살펴보면, 프로그램 계획은 프로그램 개발을 구체적으로 기안하는 기획 부분과 목표나 내용의 실체와 그 조직을 의미하는 설계 부분을 포함한다. 특히 프로그램의 제반 요소들, 목적과 목표, 활동 그리고 평가 등을 고안하고 계획하며 선택하는 데 필요한 의사결정, 즉 여러 가지 관련된 철학적, 심리적, 사회·문화적 기초에 대한 면밀한 검토와 분석의 토대 위에서 이루어져야 한다.

프로그램 시행은 프로그램 자체가 그 기능을 수행해 나가는 데 필요한 모든 과정을 의미한다. 이때 가장 기본이 되는 과정에는 프로그램 기획, 실행과 운영, 평가를 포함한다. 따라서 프로그램 개발이란 기본적으로 프로그램 계획과 시행을 포함하는 용어로 이론과 실제의 통합을 이루고자 하는 행위이다.

프로그램 개발에서 먼저 프로그램 기획이 이루어지고 다음으로 프로그램의 시행, 즉 실행과 운영은 앞에서 세운 세부계획을 곧바로 실천에 옮기는 행동이다. 그리고 이러한 일련의 프로그램 개발 과정은 프로그램 평가로 이어진다. 프로그램 평가는 프로그램 개발의 마지막 절차이자 피드백을 통해 이론적인 검토와 프로그램 개발의 다음 단계로 이어지는 가교 역할을 한다.

2) 지역사회복지 프로그램 기획의 개념

지역사회복지 프로그램 개발단계에서 가장 중요한 것은 "왜 프로그램을 개발하는가?"하는 물음에 답하는 것이다. 즉, 프로그램을 개발하는 목표가 명확하게 정리되어 있어야 한다(성낙돈, 김창엽, 2013). 프로그램 개발의 목표가 설정이 되면 목표달성을 위한 전반적인 준비과정이 필요하며, 이러한 준비과정을 프로그램 기획이라고 할 수 있다.

따라서 프로그램 기획은 프로그램 개발과정에서 구체적인 프로그램 형태를 결정하기 위한 기초적인 창조과정이며 준비과정이라고 할 수 있다(노경환, 2013). 프로그램 기획은 조직 혹은 지역사회에서 실시하게 될 지역사회복지 프로그램이 실제로 시행되지 않은 상태에서 실행과정과 실행 후의 상황 등에 대해 미리 예측하여 볼 수 있게 한다(기영화, 2001). 즉, 프로그램 기획은 프로그램 개발 전체를 조율하는 방향타로서 매우 중요한 의미를 지니게 된다(노경환, 2013). 예를 들어, 프로그램 기획이란 프로그램 개발에서 무엇을 할 것인가? 프로그램을 왜 개발하는 것인가? 프로그램 개발을 어떻게 할 것인가를 체계적이고 논리적으로 추진하는 것을 의미한다(김진화, 2001). 따라서 프로그램 기획을 얼마나 철저하게 시행하였는가에 따라 개발될 프로그램의 질이 결정되며 체계적이고 논리적이며 객관적인 프로그램 개발의 토대가 마련된다고 할 수 있다(이해주 외, 2009).

분(Boone, 1985)은 프로그램 기획의 성격에 대해 미래지향적인 활동, 적극적이고 능동적인 행위, 지역사회복지기관의 효율성 증대 기능, 연속적이며 단계적인 과정, 협동적인 노력 등이라고 주장하였으며, 그 내용을 구체적으로 살펴보면 다음과 같다.

첫째, 프로그램 기획이 미래지향적인 활동이라는 의미는 지역사회복지기관이 그 기관의 목적과 이념을 실천해 나가기 위한 지역사회복지 프로그램을 사전에 준비한다는 것이다. 둘째, 프로그램 기획이 적극적이고 능동적인 행위라는 의미는 지역사회복지기관이 변화하는 사회에 대해 수동적으로 대처해 나가기보다는 지역사회복지기관의 생존과 발전을 위해 적극적으로 행동하는 것이 바로 프로그램 개발이라는 것이다. 셋째, 프로그램 기획이 지역사회복지기관의 효율성 증대 기능을 수행한다는 의미는 지역사회복지기관이 미래에 수행할 프로그램 운영에 대해 사전에 철저한 준비과정을 거침으로써 자원의 배분과 운영의 합리화를 통해 지역사회복지기관의 운영과 관리 면에서 효율성을 증대시킬 수 있다는 것이다. 넷째, 프로그램 기획은 관련 정보를 수집, 분석하고 요구를 확인, 사정, 분석하는 연속적이며 단계적인 과정이라는 것이다. 다섯째, 프로그램 기획이 협동적인 성격을 가지고 있다는 것은 프로그램 기획에 영향을 끼치는 제반 요소들을 반영하되 특별히 프로그램 개발과정에 영향을 끼치는 많은 사람들의 참여가 이루어져야 바람직하다는 것을 뜻한다. 즉, 지역사회복지 프로그램 기획은 개발하고자 하는 프로그램의 그림을 그려서 결정하는 작업으로 구체적인 프로그램 형태를 결정하기 위한 기초적인 창조과정임과 동시에 프로그램 개발의 기본 방향을 설정하고, 프로그램을 개발하기 이전 단계에서 필요한 모든 사항을 준비하고 고민하는 포괄적인 과정의 의미를 지닌다.

3) 지역사회복지 프로그램의 기획과정

지역사회복지 프로그램의 개발에서 프로그램 개발의 기본 방향을 설정하는 기획이 무엇보다 중요하다. 이러한 프로그램의 기획과정에는 프로그램의 상황분석, 프로그램 요구분석, 프로그램 목표전환, 프로그램 운영방법, 프로그램 자원 확보 및 관리, 마케팅과 홍보전략, 프로그램 평가와 결과보고 순으로 이루어진다. 조창빈(2014)은 선행 연구들을 바탕으로 기획과정 영역을 그림 7-2, 영역별 세부내용은 표 7-1과 같이 제시하였다.

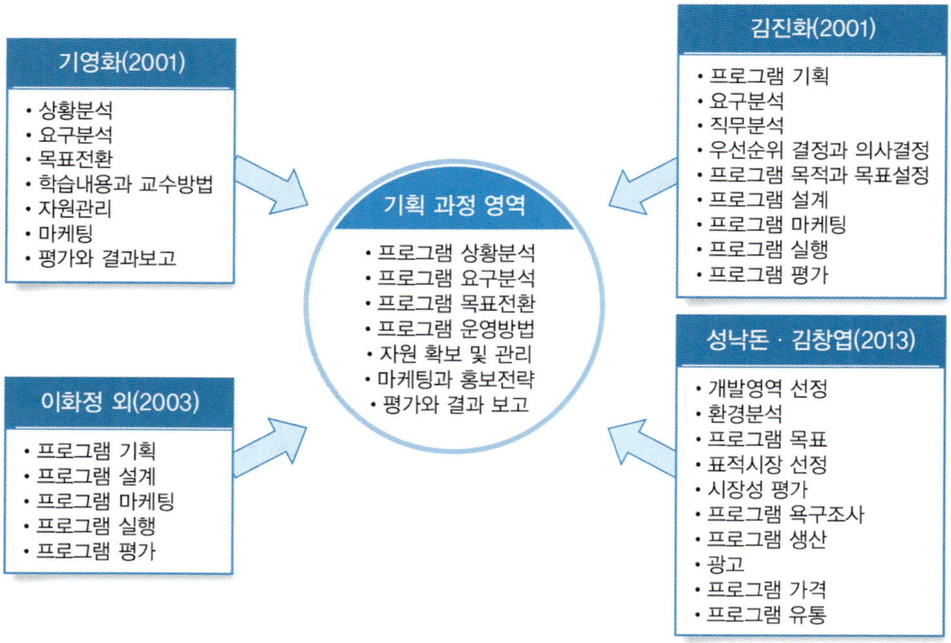

그림 7-2. **기획과정 영역**

출처: 조창빈(2014). 장애인 평생교육 여가활동 프로그램 기획과정 분석. 단국대학교 대학원 석사학위논문.

표 7-1. **프로그램 기획과정 영역별 세부내용**

기획과정 영역	기획과정 영역별 세부내용
프로그램 상황분석	프로그램 개발의 기초 작업으로 프로그램의 내부적 요인과 외부적 요인을 분석하여 프로그램의 주제 및 목적을 실현할 수 있는지 파악하는 단계이다.
프로그램 요구분석	프로그램 개발의 기초 작업으로 프로그램의 내부적 요인과 외부적 요인을 분석하여 프로그램의 주제 및 목적을 실현할 수 있는지 파악하는 단계이다.
프로그램 목표전환	요구분석 결과를 프로그램의 목표로 전환하는 작업으로 대상자의 여러 요구 중 상황분석 결과에 맞게 실현가능한 요구를 선택하여 이를 구체적인 프로그램 목표로 전환하고 결정하는 단계이다.
프로그램 운영방법	요구분석 결과를 프로그램의 목표로 전환하는 작업으로 대상자의 여러 요구 중 상황분석 결과에 맞게 실현가능한 요구를 선택하여 이를 구체적인 프로그램 목표로 전환하고 결정하는 단계이다.
프로그램 자원확보 및 관리	프로그램에 관련된 인적, 물적 자원을 선정하는 작업으로 프로그램에 관련된 모든 예산 및 예산관리방법을 결정하는 단계이다.
프로그램 마케팅과 홍보전략	프로그램 대상자의 참여를 이끌어 내는 작업으로 상황분석결과를 바탕으로 잠재적 프로그램 대상자에 맞는 전략을 수립하고 실행하는 단계이다.
프로그램 평가와 결과보고	프로그램의 목적과 목표가 이루어졌는지 확인하는 작업으로 프로그램 평가에 관련된 전반적 사항(평가주체, 평가목적, 평가내용 등)을 결정하고 평가결과를 보고할 시기, 대상 등을 결정하는 단계이다.

3. 네트워크 거버넌스

1) 네트워크 거버넌스의 개념

오늘날의 사회는 소위 네트워크 사회라고 불릴 정도로 공공 영역, 비영리 영역, 민간 영역 등 대부분의 섹터에서 문제해결방식으로 네트워크에 대한 관심이 그 어느 때보다 높아지고 있다. 특히 공공 전달체계의 비탄력성과 비효율성으로 인해 서비스의 효과성 문제가 대두되고 있는 상황에서 이를 해결하는 방법으로 네트워크를 통한 통합적 서비스 제공의 필요성을 제시하며, 네트워크에 참여하는 조직들 간의 협력 · 조정을 위한 네트워크 관리가 필요하다는 점이 강조되고 있다(Agranoff, 1991).

키케르트 등(Kitkert et al., 1997)은 네트워크 거버넌스를 정책과 프로그램 형성에 대한 사회적 관계의 일정한 패턴으로 규정하며, 네트워크의 참여대상은 정부 및 다양한 민간 영역의 조직들로 구성된다고 하였고, 클리진(Klijin, 2010)은 네트워크 거버넌스 특성을 복잡다단한 사회문제, 다양한 상호작용, 혁신으로 제시하였다. 그는 네트워크 거버넌스가 해결할 문제는 단일한 행위자가 해결할 수 없는 복잡한 문제를 다양한 행위자들 간의 상호작용을 통해 완전히 새로운 형태의 해결책을 모색하는 다양한 가치의 결합으로 설명하고 있다.

그리고 프로반과 밀워드(Provan & Milward, 2007)은 조직 간 목적과 중요 특성에 따라 분류한 다양한 네트워크 중에서 '서비스 시행 네트워크(service implementation network)'로 네트워크 거버넌스를 언급하였다. 서비스 시행 네트워크는 서비스 대상자에게 적절한 서비스를 제공하기 위해 공공과 민간 간에 구성되는 협력적 네트워크를 의미한다. 협력 네트워크는 공통의 목적을 가진 조직들이 세부적으로 어떤 목표 달성을 추구하는지에 따라 네트워크의 특성이 달라진다고 보았다.

사회복지 분야 또한 과거 단편적이고 잔여적 복지 수준에서 현대 산업사회의 폐해에 따른 다양한 복지 욕구에 대한 맞춤형 서비스로 진화할 수밖에 없는 상황은 전통적인 정부의 공급정책으로는 복지서비스의 성과를 담보하기 어려운 상황이 되었다. 이러한 전통적 관료제에서 효과적으로 대응하기 어려운 사회문제들이 증가함에 따라 이를 해결하기 위해 기업, NGO 등 시민사회를 포함한 사적 분야의 행위자들과의 연계 · 협력을 중시하는 '네트워크 거버넌스'가 부각되었다(신정헌 외, 2013). 즉, 정부의 한계로 인한 민간의 외주화 과정에서 지나친 경쟁과 책임성 논란으로 민간조직들의 협의 · 조정할 수 있는 대안을 모색하는 과정에서 네트워크 거버넌스가 주목을 받게 된 것이다(유란희, 2018). 이처럼 네트워크 거버넌스가 관심을 받게 되는 이유로 비영리조직들은 정부 조직이 가지고 있지 못한 인적 · 물적 자원을 가지고 있는 경우가 많고 이러한 자원은 정부의 복지정책 목표 달성에 보완적인 요소로 활용할 수 있다는 점에서 그 어느 때보다 중요성을 인정받고 있기 때문이다(이주헌 외, 2010).

또한 사회복지 영역은 다양한 서비스 공급 주체가 있고 서비스 대상자의 수요의 편차가 크기 때문에 네트워크 거버넌스를 적용하기에 수월하다. 특히 복지서비스 제공과정에서 영리 기업조직뿐만 아니라 사회 각 분야에서 자발적인 지원을 통해 지역복지 증진에 기여하고자 하는 다수의 공급 주체들이 존재하기에 이러한 네트워크 거버넌스를 구성하기에도 용이하다(김준기, 2006). 최근 사회복지 영역에서 네트워크 거버넌스에 대한 개념 인식이 다루어지고 있는데, 이주헌과 박치성(2010)은 연구대상인 두 지역의 네트워크 거버넌스 유형이 구분됨을 밝히고 지역적 차이와 이에 파생되는 서비스 특성이 네트워크 유형의 차이를 만들어 냈다고 주장하였고, 유란희(2018)는 남양주시 사회복지전달체계를 대상으로 한 연구에서 네트워크 거버넌스 유형의 구조적 속성이 상호협력의 효과성에 영향을 미친다고 주장하였다.

이처럼 지역 네트워크가 제대로 구축되기 위해서는 일방적인 관 주도형보다는 지역주민과 이해관계자들의 필요에 의해 관리되는 수요자 지향적이어야 하며, 또한 민간복지전달체계 내에서 공공, 민간, 각 사회단체 등이 함께 능동적으로 참여함으로써 상호배타적인 관계가 아닌 상호협력적 관계를 유지하며 지역복지 공동체를 만들어 가는 것이 무엇보다 필요하다(한국사회복지협의회, 2012). 이를 위해서는 지역복지실천 현장에서 네트워크 조직화를 통해 지역사회복지서비스 기획에 필요한 정보공유 및 개발에 대한 역량을 보유할 수 있는 서비스 제공기관의 역할이 어느 때보다 중요해졌다고 볼 수 있다(이재완, 2005).

이상의 네트워크 거버넌스의 개념을 종합해 보면, 네트워크 거버넌스는 특정 분야나 지역을 중심으로 공통의 관심 영역에 대한 공동의 목표를 설정하고 자원을 중심으로 해당 조직들 간의 상호작용을 통해 협력 관계를 구축하고 연계하는 것으로 정의할 수 있다. 이러한 정의에 기반하여 사회복지협의회의 네트워크 거버넌스는 지역사회복지협의회의 조직목표를 달성하는 데 필요한 정보나 인적 · 물적 자원의 확보 또는 연계하기 위해 지역사회의 다양한 조직 간에 협력체계를 유지하는 것으로 이해할 수 있다.

2) 네트워크 거버넌스의 유형

네트워크 거버넌스 유형화와 관련한 연구는 2000년대 초반이 되어서야 정부와 비영리기구 간 네트워크 거버넌스 모형에 관한 이론적 논의가 시작되었고, 프로반과 케니스(Provan & Kenis, 2008)는 처음으로 네트워크 분석모형에 입각한 네트워크 거버넌스 유형을 분류하였다. 그들은 네트워크 관리자의 역할 규정에 기반하여 중재자의 존재 여부, 그리고 중재자의 위치가 내부 또는 외부에서 영향을 끼치는 정도에 따라 그림 7-3, 표 7-2와 같이, 세 가지 유형으로 구분하고 있다. 즉, 중개자가 단독인지 아니면 소수의 조직인지, 그리고 중개자가 네트워크 속에서 구성조직의 하나로 존재하는지(internally governed), 조직 밖에서 네트워크를 조정하는지(externally governed)에 따라 자기관리 네트워크(self-governed network), 주도조직 네트워크(lead organization network), 네트워크 관리조직(network administrative organization) 유형으로 다르게 나타날 수 있다는 것이다(이주헌 외, 2010; 신정헌 외, 2013; 유란희, 2018; 전우일, 2020).

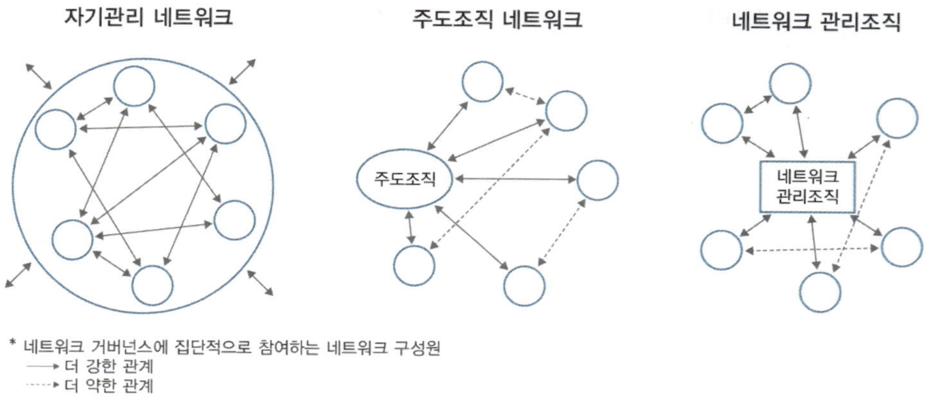

그림 7-3. **네트워크 거버넌스의 3가지 유형**

출처: Provan, K. K., & Kenis, P. (2008). Modes of Network Governance: Structure, Management, and Effectiveness. Journal of Public Administration Research and Theory, 18(2), 229-252.

표 7-2. **네트워크 거버넌스의 3가지 유형**

구분	내용
자기관리 네트워크	자기관리 네트워크(self-governed network)는 네트워크에 참여하는 전체 구성원 또는 대다수가 중재자로서의 역할을 수행하는 것으로 조직의 규모 등과 관계없이 동등한 의사결정 권한을 가진다. 많은 수의 조직보다는 소수 조직을 중심으로 밀도 높은 네트워크를 구성하고 있으나 별도의 공식적인 관리체계는 존재하지 않는 것이 특징이다. 따라서 동호회나 권력관계가 형성되어 있지 않은 공식적 또는 비공식적 회의체가 대표적이라고 할 수 있다. 그러나 실제 네트워크 상황에서는 현실적인 이유를 들어 대상조직이 모두 참여하여 의사결정을 하는 형태보다는 소수의 주요 핵심 조직들이 정기적인 모임을 통해 문제해결을 하려는 가능성이 더 크다.
주도조직 네트워크	주도조직 네트워크(lead organization network)는 네트워크 내에 단일한 중재자가 존재하여 많은 참여조직을 연계 또는 조정하는 과정에서 우월적 권한을 행사하는 행태를 보인다. 네트워크 내 참여조직의 경우 상호 간 연계망을 형성하기도 하지만 주도조직을 중심으로 하는 연계망보다는 정도가 미약하다. 다만 주도조직이 연계망을 형성하는 데 상당한 역할을 수행하기에 주도조직을 중심으로 한 네트워크 집중도가 다소 높지만 밀도는 낮다. 따라서 병원이나 경찰서 등 절대적 의존성을 갖는 공공성 높은 기관, 정부나 지방자치단체가 주도하는 조직이 대표적인 사례라고 볼 수 있다.

구분	내용
네트워크 관리조직	네트워크 관리조직(network administrative organization)은 앞의 두 유형이 중재자를 기존 조직 내에 두는 것과 다르게 네트워크 밖에서 대상조직들을 연계 · 조정하는 역할을 수행하는 것을 의미한다. 해당관리조직의 특징은 직접 서비스 전달보다는 참여조직들 간 협력 및 조정의 역할이 중요한 과업으로 부여되고 있다. 이런 네트워크 관리조직은 정부기관일 수도 있고 비영리기관일 수도 있는데, 규모와 형태가 다양하게 나타날 수 있다. 그리고 독립된 사무실과 법인격을 가지고 있으며 이사회와 사무국을 통해 네트워크를 수행하는 행태를 보인다. 또한 참여조직의 수가 많아질수록 네트워크 관리조직의 형태가 유용하게 적용될 것이며, 네트워크가 직면한 외부환경에 대한 대응이 절실한 경우에도 해당 네트워크 전체를 대표하고 대변하는 객관적인 활동을 할 수 있다는 점에서 네트워크 관리조직의 형태가 더욱 효율적일 것으로 본다.

우리나라의 경우 대표적인 유사 성격 기관으로 지역사회보장협의체와 사회복지협의회를 들 수 있다. 지역사회보장협의체는 시 · 군 · 구 단위에서 보건과 복지를 담당하는 법정단체로 민 · 관 협치를 제도적으로 구성한 민 · 관 네트워크라고 볼 수 있다(김범수, 2003). 그러나 지역사회보장협의체가 관 주도 중심의 관료적이고 수직적인 서열구조가 현실적으로 작동한다는 점을 감안한다면 네트워크 관리조직(network administrative organization)보다는 오히려 주도조직 네트워크(lead organization network)에 가깝다는 비판을 벗어나기 힘들 수 있다(이재완, 김승용, 2012).

이에 반해 사회복지협의회는 중앙, 시도, 시 · 군 · 구 단위에서 민간 사회복지 관련 연계 · 협력 및 조정역할을 위한 법정단체로 민간 사회복지의 육성 및 지원을 목적으로 하는 민 · 민 네트워크라고 볼 수 있다. 다만 시 · 군 · 구 사회복지협의회가 법적 의무설치가 아닌 임의설치 규정으로 인해 안정적인 운영예산 확보가 어렵다는 점, 전국 226개 행정구역 모두 설치되어 있지 않다는 점, 그리고 이러한 요인들로 인해 지역사회에서 네트워크 관리조직(network administrative organization)으로서 역할이 아직 미비하다고 볼 수 있다.

4. 지역사회자원동원 및 개발 기술

지역사회복지실천과 자원은 밀접한 관계가 있다. 지역사회자원(resources)은 지역사회라는 범주를 바탕으로 지역주민의 삶을 개선하는 데 쓰일 수 있는 모든 것을 의미한다. 즉, 지역사회복지실천 활동에서 대상자의 변화나 그들의 생활을 향상시키는 데 사용할 수 있는 인적 자원, 물적 자원, 재정 자원, 제도 자원, 정보 자원 등을 의미한다. 자원동원과 개발의 필요성 및 중요 사항, 인적 자원의 개발기술, 물적 자원의 개발기술, 자원의 활용 및 유지 · 관리 등에 대해서 살펴보면 다음과 같다(김현호 외, 2020).

1) 자원동원과 개발의 필요성 및 중요 사항

지역사회복지에서 자원동원과 개발은 사회복지기관 및 시설이 존재하는 한 인적 · 물적 측면에서 지속적으로 필요한 것이다. 사회복지기관 및 시설에서 인적 · 물적 자원에 대한 동원의 필요성은, 첫째, 서비스 프로그램의 효과성 및 효율성을 제고하기 위해서, 둘째, 사회복지기관 및 시설의 서비스 프로그램에 대한 접근성을 증진시키기 위해서, 셋째, 지역사회 자원동원을 통해 지역사회 주민의 상호연대 의식을 증진시키기 위해서, 넷째, 이 밖에도 정부의 사회복지 재정지원의 한계성을 극복하기 위해서이며, 이와 같은 지역사회자원의 동원과 개발의 필요성이 강조되고 있다(최일섭 외, 2006). 또한 지역사회자원의 동원과 개발에 대한 중요 사항은 표 7-3과 같다(김현호 외, 2018).

표 7-3. **지역사회자원의 동원과 개발에 대한 중요 사항**

구분	내용
지역사회자원에 대한 충분한 조사	지역사회에는 여러 종류의 인적 · 물적 자원이 있다. 사회복지기관 및 시설에서는 지역사회자원에 대한 사전조사 없이 자원이 필요할 때마다 준비하여 자원을 구하는 것은 매우 힘든 일이다. 따라서 지역사회자원 개발을 위해서는 무엇보다 개발에 맞는 자원개발이 사전에 준비되어야 한다.
지역사회에 존재하는 기존 네트워크와 자원의 활용	이미 지역사회에는 확보된 자원과 이를 둘러싼 다양한 네트워크가 형성되어 있다. 따라서 지역사회자원 개발을 위해서 기존 자원과 네트워크를 활용하면 쉽게 자원을 개발할 수 있으므로, 기존의 네트워크와 유기적인 연계성을 갖고 있어야 한다.
내용과 분야에 따른 지역사회자원의 분류	인적 자원은 각 분야의 전문성을 기반으로 법률, 의료, 교육 등 전문분야와 일반 자원봉사자로 분류하고, 물적 자원은 기업 및 단체 등과 같은 업체와 후원금품 등으로 분류하여 정리한다.
지역사회 욕구 및 문제를 기반으로 한 자원의 개발	지역사회자원은 지역사회 구성원들의 욕구와 연결될 때 개발이 용이하고, 나아가 문제와 환경개선을 위한 욕구가 분명히 존재할 때 지역사회자원 개발을 위한 마케팅 및 홍보 전략이 적합하게 이루어질 수 있다.
지역사회자원의 체계적 관리	지역사회자원은 자원이 갖고 있는 특성과 내용에 맞춰 체계적으로 관리하고 DB화 해야 한다. 예를 들어, 개인후원자를 위한 관리체계와 기업후원자를 위한 관리체계 등을 분류하여 관리한다.

2) 인적 자원의 개발기술

인적 자원은 사회복지 관련 전문가, 공공기관 종사자, 사회복지단체 종사자, 자원봉사자 등을 포함한다. 또한 지역사회 내에 거주하는 지역사회주민 및 가정도 자원이 될 수 있고, 지역사회의 공식적(행정, 기업, 의료 및 사회복지 법인, 지역사회단체 및 협회) · 비공식적(본인, 가족, 친족, 친구, 이웃, 자원봉사자) 조직의 구성원, 학교, 병원, 경찰 종사자 등 모든 유 · 무형의 자원이다. 이러한 인적 자원을 지역사회복지실천 참여를 유도하기 위해 동원할 수 있는 기술은 표 7-4와 같이, 기존 조직의 활용, 개별적 접촉,

네트워크 활용 등이 있다(이태희 외, 2014).

표 7-4. 인적 자원의 동원기술

구분	내용
기존 조직의 활용	기존 조직의 활용은 인적 자원을 가장 빨리 동원할 수 있는 방법 중 하나이다. 이러한 방법은 지역사회 내의 여러 조직을 조사한 후 조직의 지도자와 접촉해 지역사회복지 실천에 동원하는 것이다. 지역사회복지 실천에 동참하게 되면, 이때 각 조직들의 자율성을 지키면서 동등한 자격으로 참여시키며 조직 간의 갈등이 발생하지 않도록 공동의 목표를 강조하며 실천하는 것이 중요하다. 또한 지역사회 내에서 조사한 조직, 기업, 공공기관, 종교단체, 학교 등은 데이터베이스를 구축해서 추후 지역사회복지실천에 활용할 수 있다. 또한 지역사회의 자원봉사센터와 업무적 공유를 통하여 데이터베이스화된 인적 자원을 활용하면 더욱 효과적이다.
개별적 접촉	지역사회 주민을 개별적으로 접촉하여 지역사회복지실천에 동원하는 것이다. 이러한 방법은 대상자와 지리적으로 인접한 이웃의 인적 자원을 발굴하여 '생활 속에 봉사'라는 자긍심을 심어 주어 지역사회복지실천에 동원할 수 있다. 접촉 방법은 호별 방문, 홍보 및 관련된 우편물 발송, 마을회관 방문, 사람들이 운집해 있는 곳에서의 대화 등이며, 이를 통해 동원할 수 있다. 또한 지역사회(마을)에서 자신의 문제라고 인식할 수 있도록 변화를 유도하여 확신을 심어 주는 것이 효과적이다.
네트워크 활용	이미 지역사회에서 구축된 네트워크 참여나 활동을 통해 인적 자원을 동원하는 것이다. 개별적으로 접촉하는 것보다 직장 동료나 네트워크 활동을 통해 알게 된 인적 자원을 발굴하는 것이 보다 효과적이다.

3) 물적 자원의 개발기술

물적 자원은 지역사회 공공·민간기관 및 기업(영리, 비영리), 종교기관, 학교(초·중·고·대학) 등의 설비, 건물, 기자재, 후원금·품, 재정 자원 등 모든 자원을 포함한다. 여기서 재정 자원은 현금, 현물, 바우처 등의 자원이 포함된다.

사회복지기관에서 재정적으로 부족한 물적 자원을 확보하기 위해서는 많은 노력이 필요하다. 기부 능력이 있는 잠재적 기부자를 발굴하고 명분 있는 목적에 기부할 수 있도록 동기를 부여해 주어야 한다. 또한 단순히 현금이나 현물을 모으는 것이 아니라 지역사회 구성원의 관심과 참여를 유도해서 지역사회 역량을 강화하도록 해야 한다. 물적 자원의 모금방법은 표 7-5와 같이, 회비, 기관 홍보와 마케팅, 외부 지원금 신청, 모금을 위한 이벤트 등이 있다(김현호 외, 2018).

표 7-5. 모금의 방법

구분	내용
회비	구성원들로부터 일정 금액을 징수하는 것이다. 이것은 물적 자원을 확보하는 가장 쉬운 방법 중의 하나로 구성원들의 충성심을 확보하는 동시에 조직의 자율성을 유지할 수 있다.
기관 홍보와 마케팅	기관의 목적과 사업을 매스미디어를 통하여 지역사회에 널리 알려 신뢰성을 높이고 기부를 극대화시키는 방법이다. 이러한 방법은 지역사회에 판매(홍보)하는 행위이기 때문에 일종의 마케팅으로 볼 수 있다. 마케팅 기법은 전략적 계획과 시장조사, 요구분석, 목표설정 등의 과정을 포함한다.
외부 지원금 신청	부족한 재원을 정부, 복지재단(월드비전, 굿네이버스, 기업 복지재단 등), 공동모금회 등에 신청하는 것이다. 이러한 신청은 목적사업에 따라 제안서(proposal)를 작성 · 제출하여 재원을 확보할 수 있다.
모금을 위한 이벤트	특정 기간이나 날짜를 정해서 서비스나 행사 등을 제공하고 비용을 부과하는 방법이다. 예를 들어, 일일찻집, 세차 행사, 바자회, 음악회 등이 있다.

이러한 모금활동은 후원자에 대한 기관의 신뢰성을 유지하는 것이 중요하다. 즉, 무엇보다도 현금이나 물품의 사용에 대한 투명성이 확보되어야 하며, 기관 구성원의 전문성과 사명감을 통해 후원자의 신뢰를 확보하는 것이 필요하다. 따라서 기관차원에서 구성원에 대한 꾸준한 교육과 책임성 확보를 위한 자체 노력이 필요하다고 할 수 있다(김현호 외, 2018; 남진열 외, 2010).

4) 자원의 활용, 유지 및 관리

지역사회자원을 동원 및 개발하고 분류하여 기부자를 DB화 했으면 자원을 활용하고 유지·관리하는 것이 필요하다. 여기서 DB(database)는 여러 관련된 데이터가 체계적으로 저장되고 통합적으로 관리되는 상태를 의미한다. 체계적이라는 것은 복잡한 구조의 데이터가 의미 있게 분류되고, 방대한 양의 데이터가 신속하게 검색될 수 있도록 저장되어 있는 상태를 말한다. 방대한 양의 데이터를 효율적으로 수집, 저장, 관리하고 여러 이용자에게 신속하게 정보를 제공하기 위해서 컴퓨터와 통신기술이 활용된다. 또한 데이터베이스 관리 시스템(Database Management System: DMBS)은 DB를 개발·관리·운영하는 작업을 지원하는 기능을 가진 소프트웨어시스템이다. 데이터를 입력하고, 입력된 데이터를 디스크에 저장하며, 저장된 데이터를 검색할 수 있는 기능을 가지고 있다. 이러한 DMBS는 자체적으로 개발할 수도 있고, Oracle, SPA, 더존 등 상용 DMBS를 구입해서 활용할 수도 있다.

지역사회자원을 활용할 수 있는 방법에는 사업이나 프로그램 관련 내용에 대해서 홍보물을 작성하여 배부하거나 소셜 미디어인 SNS를 활용할 수도 있다. 여기서 소셜 미디어(social media)는 개발, 참여, 공유의 가치로 요약되는 웹 3.0 시대에 따라 소셜 네트워크 기반 위에서 개인의 생각이나 의견, 경험, 정보 등을 서로 공유하고 타인과의 관계를 생성 또는 확장시킬 수 있는 개방화된 온라인 플랫폼이다. 이러한 소셜 미디어는 양방향성을 활용하여 이용자들이 자발적으로 참여하고 정보를 공유하며 콘텐츠를 만들어 나가는 특성이 있다. 일대다(one-to-many)의 일방적 관계에 기초한 TV, 신문, 라디오 등과 같은 것을 전통 매체라고 한다면, 소셜 미디어는 다대다(many-tomany) 형태로 콘텐츠 생산 및 전송이 가능하다. 이러한 특성을 기반으로 소셜 미디어는 방송 미디어의 일방적 독백을 사회적 매체의 대화로 변화시키고, 사람들을 콘텐츠 이용자에서 콘텐츠 생산자로 전환시키며, 비즈니스 영역에서도 이용자 중심의 콘텐츠나 소비자

중심의 콘텐츠로 변화시키고 있다(김현호 외, 2018; 최민재, 2009).

SNS(소셜 네트워크 서비스: Social Network Service)는 웹상에서 친구, 선후배, 동료 등 지인과의 인맥을 강화시키고, 폭넓은 인적 네트워크를 형성할 수 있도록 해 주는 서비스이다. 이는 1인 미디어, 1인 커뮤니티, 정보 공유 등을 포괄하는 개념이며, 참가자가 서로에게 친구를 소개하여 폭넓은 친구 관계를 맺는 것을 목적으로 개설된 커뮤니티형 웹사이트이다. 이러한 SNS에는 토크(talk), 챗테일(chat tail), 트위터(twitter), 싸이월드(cyworld), 마이스페이스(myspace), 미투데이(metoday), 링크나우(linknow), 스타폴(starpl), 링크드인(linkedin), 포스퀘어(foursquare), 인크루트(incruit), 페이스북(facebook), 카카오톡(kakaotalk), 라인(line), 인스타그램(instagram) 등 많은 웹사이트가 있지만 페이스북이나 카카오톡이 가장 대중적으로 잘 알려져 있다.

경영차원에서 고객관계 관리(Customer Relationship Management: CRM)란 기존 고객을 유지하고 새로운 고객을 유치함으로써 고객으로부터 수익을 창출하고 장기적인 고객관계를 유지시켜 수익성 향상을 도모하는 기법이다. 즉, CRM은 개인 고객 또는 일련의 고객 집단을 유치하거나 기존 고객의 개발과 우수 고객 유치를 위한 조직의 집합적 · 집약적인 총체적 활동으로서 고객을 지향하는 마케팅, 판매, 전략을 실행하는 일련의 과정이다(김현호 외, 2018; 김형명, 2010).

사회복지 차원에서 고객관계 관리는 기부자 관리이다. 기부자 관리란 기부자와의 최적의 관계를 유지하고 기부자의 만족도를 향상시킴으로써 조직의 지속적인 운영 · 발전을 돕는 기부자와 관련된 제반 프로세스 및 활동이다. 이러한 기부자 관리는 기존 기부자에 대한 관리가 중요한데, 그 이유는 적극적인 홍보를 통해 새로운 기부자가 개발되는 경우도 있지만, 기존 기부자를 잘 관리하여 복지기관에 대한 충성도가 높아질 때 이들이 지역의 새로운 기부자들을 유인하는 역할을 하기 때문이다. 또한 신규 기부자 개발에 투입되는 비용과 시간에 비해 상대적으로 기존 기부자에 대한 관리 비용이 적게 드는 장점도 있다.

사회복지기관이나 시설에서 시행하고 있는 기부자 관리 방법은 소식지 발송, 사업 보고서 및 연간 보고서 발송, 기부 관련 기타 정보 제공 등이다. 그 밖에 기부자를 위한 특별한 행사 또는 기부자의 특별한 날(생일, 결혼기념일)을 기념해 주는 방식의 관리도 있다. 따라서 사회복지기관 및 시설에서는 기부자 관리를 위한 적극적인 관리 프로그램 개발이 이루어져야 하며, 기부자에 대한 감사 및 보상 활동을 지속적으로 진행해야 한다. 기부자 관리는 표 7-6과 같이 관리 계획을 수립하여 관리하는 것이 효과적이다(김현호 외, 2018).

표 7-6. 기부자 관리

구분	내용
기부자 현황 파악	개인, 기업, 단체 등 기부자의 유형과 숫자 등의 기본 현황을 토대로 유입 경로, 단체 기부자 현황 등 특성에 대해서 파악한다.
기부자 정보 파악	가능하면 초기 기부 단계에서 관리에 필요한 수준의 정보를 확보하는 것이 좋다. 예를 들어, 기부자 명, 기부자 주민번호(기부금 영수증 연말 정산 발급 때 필요), 기부자 연락처(메일, 핸드폰), 성별, 나이, 주소, 직장, 제정 수준 등 기부자에 대해 거부감이 들지 않는 범위 내에서 정보를 수집하는 것이 좋다. 또한 기관에 기부하기 시작한 동기와 이유, 기관에 기대한 바, 요구하는 사항, 어떠한 소통을 원하는지, 어떤 방식으로 기부하기를 원하는지도 파악한다.
기부자 관리의 목표 수립	기부자의 정보 분석 및 피드백을 위한 전산 시스템을 구축하여 충성도 높은 기부자를 지속적으로 확보하는 데 목표를 둔다. 신규 기부자일 경우에는 기관에 대한 소개 자료나 리플렛, 또는 간단한 감사 편지나 문자 메시지를 송부할 수도 있다.
기부자 예우 프로그램 내용 구성	기부자 예우는 기부자의 기부에 대한 관심과 감사를 표현하는 방법에 대한 내용이다. 이러한 내용은 기부 영수증 발행, 감사 편지, 회보, 소식지 등을 전달하는 것이다. 예를 들어, 대중에게 알리는 방식으로 감사패 전달이나 기념품 전달 등의 방식이 있을 수 있다.
기부자 예우의 시기와 대상 정하기	기존 기부자인가, 신규 기부자인가, 정기 기부자인가, 비정기 기부자인가에 따라 다양한 방식과 시점으로 나누어 예우 방안을 수립한다. 예를 들어, 생일, 결혼기념일 등과 같이 기념되는 일정한 날에 특별한 선물이나 카드 보내기, 케이크 보내기와 같은 방식이 있을 수 있다. 그 밖에 성탄절이나 추석, 설 등의 명절, 연말연시 등과 같은 시기에 특별한 인사나 문자 메시지 등과 같은 방법으로 기부자를 관리하고 예우할 수 있는 소박한 방법도 필요하다. 가능하면 기부자의 기부 수준이나 기부자의 특성에 따라 각각 개별화된 방식으로 예우 관리를 하는 것이 효과적일 수 있다.

Chapter 08

지역사회복지의 실천기술 II

배울 내용

1. 옹호기술
2. 역량강화기술
3. 조직화기술
4. 지역사회교육기술
5. 지역사회복지계획기술

학습목표

1. 옹호기술을 이해하고 구체적인 기술을 숙지한다.
2. 역량강화기술을 이해하고 구체적인 기술을 숙지한다.
3. 조직화기술을 이해하고 구체적인 기술을 숙지한다.
4. 지역사회교육기술을 이해하고 개입방안을 모색해 본다.
5. 지역사회복지계획기술에 필요한 자질이 무엇인지 탐색해 본다.

Chapter 08

지역사회복지의 실천기술 II

1. 옹호기술

1) 옹호기술의 개념

옹호(advocacy)란 클라이언트나 시민의 이익 또는 권리를 위해 싸우거나, 대변하거나 혹은 방어하는 활동을 의미한다. 즉, 옹호는 클라이언트의 이익을 지키고 대변하는 모든 활동으로 클라이언트는 권리를 가지고 있으며, 그 권리의 보장은 법적으로 요구할 수 있는 것이라는 가정에서 출발한다. 따라서 옹호기술은 지역사회복지 실천과정에서 지역주민, 특히 취약하고 억압된 집단의 입장에서 정당성을 주장하고 지도력과 자원을 제공해야 한다는 점에서 매우 중요하며, 지역주민도 권리를 가지고 있으며, 그 권리의 보장은 법적으로 요구할 수 있다는 점에서 매우 중요한 기술 중의 하나이다. 다시 말해 옹호기술은 모든 사회복지사가 갖추어야 할 기본 기술로서 다양한 수준의 클라이언트로 하여금 문제해결에 적극적으로 참여할 수 있도록 돕고 그들의 이익을 대변하는 핵심기술을 의미한다(감정기 외, 2005).

옹호자로서 사회복지사는 클라이언트의 이익을 위하여 전문적인 대변인이나 대리인으로서 활동을 하게 된다. 옹호기술의 실제과정은 옹호활동의 계획, 문제 정의, 목표 설정, 표적 정하기, 옹호를 위한 재원의 획득, 개입 수준 결정, 개입 전략 실행, 결과평가 등 일련의 과정을 통해 이루어진다(오정수, 류진석, 2013).

2) 옹호기술의 특징

옹호의 기술로는 표 8-1과 같이, 설득, 대변, 고충처리와 이의신청, 변화의 표적을 궁지에 몰기, 정치적 압력 및 청원 등이 있다(감정기 외, 2009; 김성철 외, 2020; 김종일, 2006; 남진열 외, 2009).

표 8-1. **옹호기술의 특징**

구분	내용
설득	설득(persuasion)은 대상자에 대해 호의적인 해석을 얻어 내기 위한 제반활동으로, 설득의 효과를 높이기 위해서는 개인적인 권위와 정확한 사실 파악이 필수적이다. 설득은 메시지 전달자(communicator), 전달형식, 전달할 메시지, 그리고 전달대상 등의 네 가지 요소로 이루어진다.
대변	경험 있는 사람이 다른 사람의 의견을 대신해서 표현 또는 전달하는 행위로, 대변(representation)의 원칙은 문제 당사자 외에 누군가가 관여될 필요가 있는지 판단하고, 클라이언트와 공유하고, 클라이언트가 바라는 바를 발견하여 확인하며, 선택 대안들을 제시하고 클라이언트로 하여금 바람직한 것을 선택하게 하며 중요한 순서를 정하도록 하는 것이 필요하다. 또한 특수한 상황에 대한 파악과 추진과정의 공식화 수준을 결정하고 조정하는 것도 중요하다.
고충처리와 이의신청	고충처리(grievances)는 정책을 어긴 의사결정자에 대처하는 방법이다. 대개 기관 내부에서 직원이나 클라이언트의 불만이나 고충을 수리하여 처리하는 공식적인 절차를 의미한다. 이의신청(complaints)은 기관의 행위에 대하여 불만이나 이의가 있을 경우 관계법령에 의해서 규정되는 행정상의 절차를 뜻한다.

구분	내용
변화의 표적을 궁지에 몰기	변화의 표적을 궁지에 몰기(embarrassing the target)는 상대방을 당혹스럽게 만드는 것으로 직접적인 도전이나 공격이 어려울 때 사용하는 옹호기술 중의 하나이다.
정치적 압력	정치적 압력(political pressure)은 새로운 법을 통과시키도록 한다거나 새로운 프로그램 개발을 한다든지 지역사회 주민조직에게 이득이 되는 정책을 강구하고 시행하도록 하는 기술로 선출직 공무원을 대상으로 펼치는 옹호활동 중의 하나이다.
청원	청원(petitioning)은 특정 조직이나 기관이 일정한 방향으로 조치해 줄 것을 요청하는 다수의 서명지를 전달하는 활동을 말한다.

3) 옹호의 유형

옹호기술은 억압된 집단의 입장에서 대변하는 핵심기술이라는 점에서 매우 중요한 의미를 지닌다. 이에 하드캐슬 등(Hardcastle et al., 1997)은 옹호의 유형을 표 8-2와 같이 6가지로 분류하였다. 어떤 수준의 옹호전략을 선택하는가는 결국 문제를 어떻게 규정하는가에 따라서 다르며, 옹호의 수준에 따라 사용되는 옹호방법과 기술이 다르다고 할 수 있다(김성철 외, 2020).

표 8-2. 하드캐슬 옹호의 유형

유형	개념	사회복지사의 구체적인 기술
자기옹호	클라이언트 개인 및 집단이 스스로 자신을 옹호하는 활동, 때로는 자조집단 및 자치집단을 구성해서 활동	행정직 및 기술직 지원 · 격려 및 정보 제공
개인옹호	클라이언트가 스스로 자신을 옹호할 수 없을 때 사회복지사가 개인이나 가족을 대신하여 옹호하는 활동	개인 및 가족의 욕구 파악 및 사정 기술
집단옹호	유사한 문제를 경험하는 클라이언트들로 구성된 집단의 공동 문제를 해결하기 위한 옹호활동	집단사회복지실천기술, 의사소통 기술

유형	개념	사회복지사의 구체적인 기술
지역사회옹호	소외된 혹은 공동의 문제를 경험하는 지역주민들을 위한 옹호활동, 지역주민들이 스스로 지역사회를 옹호하기도 하고 지역사회를 대신하여 다른 사람들이 옹호하기도 함	주민을 모으고 조직화하는 기술 · 일일캠프 개최, 건강달리기 모임 활용
정치옹호	사회정의와 복지를 증진시키기 위해서 입법영역, 행정영역, 사법영역에서 다양한 형태로 전개되는 옹호활동	특정 법안의 통과를 제안하거나 저지하기 위한 로비 기술 · 사법 과정에서 증인으로 나서는 클라이언트를 보호하고 정보를 제공하는 기술
체제변환적 옹호	근본적인 제도상의 변화를 위해 구성원인 시민들과 사회체제 전체에 영향을 미치려는 옹호활동	캠페인 기술, 조직화 기술, 미디어 활용 기술

4) 옹호의 실천방법

옹호에 대한 실천방법으로는 표 8-3과 같이, 개별 옹호 또는 사례 옹호, 계층 또는 사회문제해결을 위한 옹호 및 정책 옹호로 구분할 수 있다.

표 8-3. 옹호의 실천방법

구분	내용
개별 옹호 또는 사례 옹호	단일사례를 옹호하는 활동을 말하는 것으로 목적은 일정한 혜택 또는 서비스를 받을 자격은 있지만 이를 획득하지 못한 클라이언트가 해당되며, 이득 또는 서비스를 획득하도록 적극적으로 돕는 것을 말한다. 이를 위해서 사회복지사는 다음과 같은 지식이 필요하다. • 기관의 정책, 규정, 행정적 구조에 대한 지식 • 기관의 탄원 절차에 관한 지식 • 가용한 법적 개선 대책들에 대한 지식 • 기관의 공식 및 비공식적 권력구조에 대한 지식

구분	내용
	• 기관이 반응해야 하는 외적 압력들에 대한 지식 • 클라이언트 또는 사람들에게 영향을 줄 수 있는 새롭게 부각된 이슈들에 대한 지식 등이 필요
계층 또는 사회문제 해결을 위한 옹호	특정 클라이언트 집단에 부정적인 영향을 미치는 이슈들을 다루는 옹호활동을 의미한다. 개인 사회복지사 한 사람의 주도로 이루어질 수 있지만 기관의 수준을 넘어서 이루어지는 옹호는 노력의 결집을 요구하기 때문에 다른 사회복지사들 그리고 다른 기관까지 연합을 이루어 실행하는 경우가 많다.
정책 옹호	여성, 아동, 빈민, 소수인종, 장애인과 같이 비교적 소외된 집단들이 그들의 자원과 기회를 향상하도록 돕는 정책실천을 의미한다. 정책은 어느 한순간에 형성되는 것이 아니라 지속적인 발전과정을 통해 형성되는 것이다. 따라서 정책 옹호를 위해서는 다음과 같은 기술들이 필요하다. • 자료를 수집하고 정책대안을 찾아내며, 각 대안들의 상대적 장점을 비교하여 건의안을 만들어 내는 데 사용하는 분석적 기술 • 옹호자로 하여금 정책의 실천 가능성을 사정하고 권력 자원을 찾아내며, 정치적 전략을 개발하고 실천하게 하는 정치적 기술 • 옹호자로 하여금 어떠한 접촉을 가능하게 하고 새로운 네트워크를 찾아내게 하며, 연합과 위원회 구성을 용이하게 만드는 상호 작용적 기술 • 정책 입안 과정에서 가치의 명확화나 윤리적 판단을 하는 기술

2. 역량강화기술

1) 역량강화의 개념

역량강화(empowerment)라는 용어는 사회적 · 조직적 환경에 관한 클라이언트의 통제력을 증가시키고자 하는 임상실천의 과정, 개입 및 기술을 의미한다. 특히 일반사회복지발달의 근간이 된 인보관 운동은 역량강화모델의 토대가 되었다. 그러나 제1차

세계대전 이후 문제해결 중심적이고 의료적인 모델이 주를 이루는 개별사회사업이 활성화되고 인보관 운동이 쇠퇴하면서 역량강화접근은 점점 약화되었다.

1970년대에는 일반체계이론과 생태학이론이 사회복지의 주요 이론들로써 활용되면서 생태학적 관점에 근거한 강점(strength) 지향 혹은 해결중심접근(solution focused approach)의 중요성이 대두되었고, 1970년대 중반에 역량강화 모델이 주목받기 시작하였다. 이러한 접근은 클라이언트를 문제중심으로 보는 것이 아니라 강점중심으로 봄으로써 클라이언트의 잠재역량 및 자원을 인정하고 클라이언트 내·외에 탄력성이 있음을 전제하여 클라이언트가 자신의 삶을 통제할 수 있도록 권한 혹은 힘을 부여하고자 하는 것이다.

이러한 역량강화기술은 지역사회 차원에서 볼 때, 지역사회 내 개인이나 조직들이 각각의 욕구를 충족시키기 위해 자신의 기술과 자원을 공동의 노력으로 이끌어 낼 수 있는 지역사회 전체 구성원들이 지지할 의사결정 구조를 구축하고 전반적인 지역사회복지 실천과정(문제의 명확화, 욕구조사, 전략 실행 및 평가)에 있어서 사회적 소외계층의 참여를 확대하는 것이 지역사회복지의 목표달성을 위해 필수적이라는 점에서 매우 중요한 가치를 지닌다고 할 수 있다.

2) 역량강화의 구성요소

역량강화는 개인 내적 역량강화와 상호작용적 역량강화로 구분할 수 있다. 먼저 개인 내적 역량강화에는 개인 자신의 능력 증진, 자신을 긍정적이고 강하게 보는 자기신뢰감의 증진을 포함한다. 즉, 자기효능감, 자기존중, 자기수용을 포함한 자존감 증진 및 능력 증진을 포함하며, 특히 자존감, 대인관계능력, 의사결정능력은 역량강화의 필수적인 요소가 된다. 개인 내적인 면에서는 특히 자기결정력이 중요하게 다루어지는 데, 개인이 자신에게 결정력이 없다고 느끼고 사회적으로 낮은 지위에 처해 있으며 상호 간의 신뢰가 없다고 느끼면 무력감을 높게 지각하기 때문이다. 여기서 '자기결정력'은 환경과 역동적으로 상호작용할 수 있는 것을 의미하며, 효율적인 자기결정 기술은 개인의 역량을 증진시킬 수 있다. 또한 개인 내적 역량강화의 구성요소를 생활 기술의 개발, 자기결정력과 자기옹호력의 증진, 지지 체계의 확보로 보는 시각이 있으며, 개인이 지닌 강점과 능력을 기반으로 자기효능감을 키우고 문제해결기술을 익힘으로써 역량강화를 증진할 수 있다고 보기도 한다.

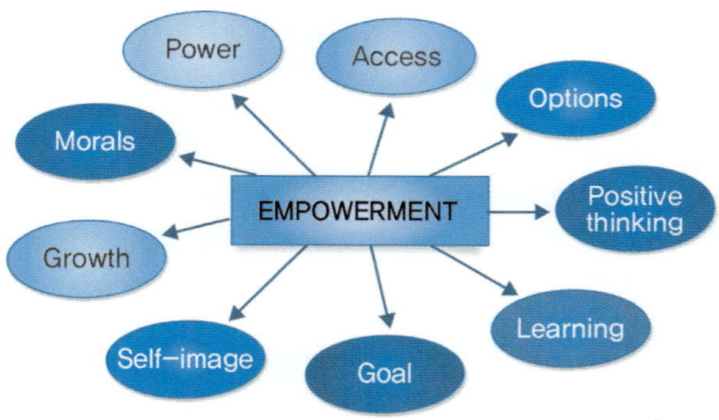

그림 8-1. **역량강화의 구성요소**

한편 역량강화를 개인의 역량 강화뿐만 아니라 세계와 상호작용하는 형식이라고 보는 관점에서는 역량강화를 "역량을 증진한 개인은 최상의 권위가 개인 내에서 비롯된다고 인식하며, 다른 사람의 복지에 관심이 있고, 외부적 보상을 받는 것에 덜 관여하며, 자신이 옳다고 생각하는 것을 행할 용기가 있는 사람이다. 또한 타인에게 자신의 생각과 감정을 표현할 수 있고 기꺼이 위험을 감수하며 자신의 실수를 다른 사람에게 인정할 수 있다"고 설명하고 있다. 그리고 타인의 말을 경청하며 성장을 촉진하는 논의에 기꺼이 참여하고 개방적이고 정직한 방식으로 타자와 관계할 수 있는 사람을 의미한다.

3) 역량강화의 특징 및 실천원칙

역량강화는 개념적인 측면에서도 다양한 의미로 사용되고 있으며, 표 8-4와 같은 특징과 표 8-5와 같은 실천원칙을 필요로 한다(김종일, 2006; 이태희, 2018).

표 8-4. 역량강화의 특징

- 힘과 권력을 중심 주제로 표출한다. 특히 힘과 권력의 획득을 사회복지실천의 목표로 본다는 것이다.
- 가능한 한 대상자를 긍정적으로 바라보는 관점을 가져야 한다. 즉, 대상자를 문제가 있어 도움을 받는 대상자라는 편견을 버리고 대상자가 스스로 문제를 해결할 잠재력이 있다는 점을 강조한다.
- 문제에 대해서 정치 · 사회적 맥락을 이해하려고 노력한다. 문제가 개인적인 것이든 사회적인 것이든 그 배후에 정치 · 사회적 힘과 요소가 작용하고 있다는 전제에서 문제를 본다. 특히 이러한 문제 중에서도 구조적 불평등과 억압에 대해서 주목한다.
- 역량강화를 순환적이고 유동적인 과정으로 이해한다. 역량강화 상태에 도달했더라도 이전의 상태로 되돌아갈 가능성이 존재할 수 있다. 따라서 지속적 역량강화를 강조한다.

표 8-5. 역량강화의 실천원칙

- 사회복지사는 클라이언트 스스로가 문제해결의 주체가 될 수 있도록 돕는 것이다.
- 클라이언트의 참여와 사회복지사의 헌신의 원칙은 클라이언트 스스로가 자신을 임파워먼트할 수 있고, 능력을 배양할 수 있도록 돕는 것이다.
- 클라이언트의 자발적 욕구표현의 원칙으로 클라이언트 스스로가 자신의 문제를 자신의 언어로 표현할 수 있도록 돕는 원칙을 뜻하는 것이다.
- 사회복지사는 클라이언트를 둘러싼 외적인 환경에도 초점을 맞추고 노력해야 한다.
- 클라이언트가 그동안의 억압으로부터 탈피할 수 있도록 클라이언트 스스로 자신의 주변 현실을 재구조화할 수 있도록 돕는다.
- 사회복지사는 클라이언트를 상대로 일하면서 경험한 실천지식을 활용할 수 있어야 하며, 아울러 클라이언트가 제시하는 지식도 활용할 수 있어야 한다.

4) 역량강화의 증진 기술

지역사회의 역량강화를 높이기 위한 구체적인 기술에는 의식제고, 자기 목소리 내기, 공공의제로 만들기, 힘 · 권력 키우기, 역량 건설 및 사회적 자본의 창출 등 다양한 기술이 있는데, 구체적인 내용은 표 8-6과 같다(김종일, 2006: 207; Rubin & Rubin, 2008).

표 8-6. 역량강화 증진을 위한 기술

구분	내용
의식제고	무력감을 느끼는 개인들을 한데 모아 문제의 원인이 자신들에게 있는 것이 아니라는 점을 알게 한다. 자신들은 억압과 배제의 희생자라는 사실을 깨닫게 하고 각자의 경험을 나누도록 한다. 의식화모임을 통해 사람들은 자신만이 문제를 갖고 있는 것이 아니며, 그 문제가 자신의 잘못 때문이 아니라는 사실도 인식하게 된다. 이러한 과정을 통해 사람들은 자신들을 억압하는 사회구조에 대해 비판적 의식을 가지게 된다.
자기 목소리 내기	문제의 원인과 소재를 파악한 다음에는 공개적으로 자기의 목소리를 내는 것이 중요하다. 개인적인 수준에서는 그 자체가 역량강화의 과정이 될 수 있다. 지역사회실천가는 이들이 공개적으로 자기 목소리를 내는 데 두려움을 갖거나 위축되지 않도록 도와준다.
공공의제로 만들기	쟁점이 공공의제가 될 수 있도록 그 틀을 짜는 과제이다. 지역사회실천가는 문제의 원인과 소재를 대중이 제대로 인식할 수 있게끔 쟁점을 효과적으로 정리해야 한다. 필요하다면 시위나 대중매체 캠페인을 벌일 수도 있다. 어떤 쟁점을 공공의제로 만드는 과정은 두 가지 면에서 역량강화에 도움을 준다. 첫째, 대중으로 하여금 긍정적인 눈으로 쟁점을 바라볼 수 있게 한 것 자체가 하나의 큰 성과이다. 둘째, 쟁점이 공공의제에 포함되는 것을 가로막는 제도적 바이어스와 싸움으로써 주민들로 하여금 가능성을 맛보게 한다.
힘 · 권력 키우기	자원 동원을 통해 주민들의 힘을 키우는 과정이다. 사람의 수와 열정이 가장 중요한 힘의 원천이다. 그 밖에 법적 행동, 전문성, 힘의 위협 등도 힘의 원천이 될 수 있다.
역량 건설	역량에는 두 가지 요소가 있다. 첫째, 조직건설과 캠페인 전개에 필요한 지식과 기술이다. 기득권 세력과의 싸움은 조직적인 것이 되어야 한다. 둘째, 성공에 대한 신념이다. 이것은 삶에 배어 있는 고질적 무력감을 극복하는 데 필수적인 요소가 된다.
사회적 자본의 창출	사회적 자본은 지역사회구성원의 사회적 관계에 바탕을 둔 자원으로서 구성원 간의 협력과 연대감을 높이는 데 기여한다. 지역사회실천가는 사회적 자본의 창출을 도움으로써 주민 유대와 책임의 공유의식을 강화시켜야 한다.

3. 조직화기술

1) 조직화기술의 정의

조직화기술은 클라이언트의 문제를 해결하기 위해 필요한 인력과 서비스를 모으고, 조직의 목표를 성취하기 위해 합당하게 운영해 나가는 일련의 과정을 의미한다(김범수, 신원우, 2019; 남일재, 문영주, 2015). 즉, 지역사회가 당면한 문제를 해결하기 위하여 전체 시민을 대표하는 주민을 선정하여 이들을 중심으로 조직을 구성하는 것을 의미한다. 사회복지사는 지역사회의 상황과 해결방향에 따라 목표를 정하고, 주민을 선정하여 모임을 만들고 이 조직이 스스로 지역사회의 욕구나 문제를 해결해 나가도록 돕는다.

따라서 조직화는 사회적 약자가 특별한 존재가 아니라 지역의 다른 주민들과 동격의 구성원으로 사회에 참여하고 일반 생활자로서 자립하도록 하는 데 그 목적이 있다. 또한 지역주민에 대해서도 사회참여과정에서 사회적 약자를 특별한 존재로 취급하지 않고 동등한 인격체로 인식할 수 있도록 돕는 것에 있으며, 그들의 역량을 극대화하여 지역사회문제의 예방 및 해결활동에 적극적으로 참여할 수 있도록 원조한다.

그리고 조직화(organizing)기술은 지역사회의 욕구나 문제를 해결하기 위해 지역주민이 주체가 되어 인력이나 서비스를 규합하고 사회복지조직의 목표를 성취하도록 합당하게 운영해 나가는 과정을 말한다(최옥채, 2005). 조직화는 지역사회에서 가장 널리 쓰이는 지역사회실천모델 전술 중의 하나로, 지역주민들로 하여금 지역사회발전에 지속적으로 함께 일할 수 있도록 하는 것이다.

2) 조직화기술의 원칙

효과적인 조직화를 이루기 위해서는 표 8-7과 같은 원칙들에 주의할 필요가 있다(김성철 외, 2020; 김종일, 2006; 남진열 외, 2009; Rubin & Rubin, 2008).

표 8-7. **조직화기술의 원칙**

- 사적 이익에 대한 관심을 조직화에 활용하도록 한다. 조직화를 통해 사익과 공익의 공동 영역이 존재한다는 사실을 가르치는 과정이 필요하다.
- 조직화는 지속적인 관심과 노력을 요구하는 역동적인 과정이다. 이 과정을 통해 지역주민들은 협력의 필요성과 효과적인 실천을 배우게 된다.
- 갈등과 대결에 익숙해지는 법을 배워야 한다. 조직화 과정에서는 필연적으로 갈등과 대결의 문제와 직면하게 된다. 지역사회조직의 목표를 달성하기 위해서 상대방에 대한 압력과 도전이 필요하다.
- 쟁점은 명확해야 한다. 지역사회조직화는 쟁점을 중심으로 이루어진다. 쟁점은 시급한 문제로 표현되고 구체적인 문제의식이 있어야 한다. 또한 명분보다는 실현 가능한 쟁점에 초점을 맞추어야 한다.

3) 조직화의 내용

조직화의 주요 내용은 사람과 자원을 끌어모으고(동원), 모인 사람들이 조직의 목표와 방법을 논의하여(회의), 조직을 이끄는 사람들을 찾아내는 일(리더십 개발)로 구성된다. 구체적인 조직화의 주요 내용은 표 8-8과 같다(김성철 외, 2020; 김종일, 2006).

표 8-8. 조직화의 주요 내용

구분	내용
동원	조직에 헌신적인 사람들을 모으는 일은 결코 쉽지 않지만, 동원 작업은 지역사회에서 활동하고 있는 기존 조직의 구성원을 접촉하는 것으로부터 시작한다. 어떠한 형태의 조직이든 상관없이, 조직 활동은 이미 하고 있는 사람일수록 사회운동에 적극적일 가능성이 높기 때문이다. 동원을 위해 사람을 접촉할 때는 그 접촉이 개별적이고 직접적인 것이 되도록 노력해야 한다.
회의	자주적이고 생산적인 회의가 되기 위해서는 철저한 준비와 계획, 즉 목표, 의사 일정, 장소, 회의장 세팅, 역할 배분, 참석 대상자 연락 등이 필요하며, 원활한 진행과 관리를 위한 규칙과 민주성이 보장되어야 한다. 또한 합리적인 의사결정 규칙을 가지고 있어야 하며, 실제적인 참여기회가 보장되며, 회의 종료 시에는 회의 내용이 요약 정리되어 구성원들에게 잘 전달되고, 다음 일정이 정해져야 한다.
리더십 개발	리더십이란 특정 집단으로 하여금 리더와 추종자가 공유하는 목적을 추구하도록 설득하고 모범을 보이는 과정을 말한다. 그리고 조직의 성패는 리더십에 의해 결정된다고 해도 지나치지 않는다. 지역사회 실천처럼 다양한 사람과 문제를 다루는 상황에서는 더욱 그러하다. 리더십 개발은, 첫째, 기존 리더가 지닌 책임과 권한을 조직원들에게 나누어 주는 것으로부터 시작되며, 둘째, 잠재적 리더를 상당기간 일대일로 가르치는 멘토링(mentoring), 셋째, 교환 프로그램에서 타 조직의 운영과 활동방법을 배우거나 자신들의 조직이 지니지 못한 기술을 습득하는 것, 넷째, 워크숍을 통해 잠재적 리더를 파악하고 이들에게 리더십을 발휘할 수 있는 기회를 다양하게 제공하는 방법 등이 있다.

4. 지역사회교육기술

1) 지역사회교육의 개념

지역사회교육은 지역사회와 교육의 복합어로서 지역사회(community) 개념과 교육에 대한 견해 자체가 다양함에 따라 한마디로 정의 내리기는 어려운 포괄적인 개념이다.

하지만 일반적으로 지역사회교육이란 지역사회 모든 주민들의 교육적 필요에 대비함으로써 지역사회 전체에 봉사하는 철학적 개념이다. 이를 통해 긍정적 지역사회 감정을 발전시키고, 지역사회 생활을 개선하며 지역사회 자체의 실현을 그 목적으로 지향하면서 지역사회의 과정을 발전시키고자 노력하는 것이다.

이처럼 지역사회교육에 대한 정의는 지역사회교육의 일환, 사회교육의 한 영역, 교육활동을 통한 지역문제해결 및 개인의 성장 도모의 과정, 지역공동체 형성, 지역사회 개발을 위한 교육활동 등 연구자의 관점에 따라 다양한 해석이 가능하다. 이러한 다양한 해석에도 불구하고 지역사회교육에 대한 개념을 종합해 보면, 결국 지역사회교육은 지역사회를 기반으로 교육을 통해 지역주민을 하나로 묶고 지역사회를 개발하여, 궁극적으로 지역공동체를 형성하고자 하는 포괄적인 의미를 내포하고 있다.

이러한 지역사회교육은 다양한 교육 형태를 가진다. 즉, 지역사회 안에서 나타나는 평생학습의 형태는 주로 비형식교육과 무형식학습의 형태를 가진다. 따라서 지역사회교육의 활동은 대부분 세미나, 강좌, 토론회, 마을모임, 견학, 워크숍, 학습동아리의 형태를 나타내며 교육의 내용은 주민자치 역량강화를 위한 리더십교육과 회원교육 등을 중요시하며, 지역의 발전 혹은 현안 중심의 지역학 프로그램, 주민자치대학의 교육이 강조된다. 즉, 지역사회교육 활동은 주로 지역의 역사, 문화, 현안문제 등 지역정체성 향상을 목적으로 하는 각종 지역학 프로그램으로, 교육방법은 토론중심의 학습동아리 형태로, 주민자치역량 강화를 위한 주민자치대학 등의 프로그램과 공부방, 마을도서관, 공동육아, 방과 후 교육 등의 활동으로 실천될 수 있다(방정은, 2013).

2) 지역사회교육의 성격

지역사회개발은 지역사회 내 주민들의 자발적인 참여를 통해 지역 내 문제를 공동으로 노력하여 해결함으로써 보다 바람직한 방향으로 지역 경제 및 사회적 발전을 추구하는 일련의 과정이라고 볼 수 있다. 한편 학습공동체는 학습을 주목적으로 개인들이 자발적으로 구성한 집단으로서, 구성원들이 협력적으로 상호작용하면서 학습에 새로운 가치를 부여하고 학습경험을 공유함으로써 개인의 교육적 성장을 지향하는 집단이라 정의할 수 있다.

또한 무어와 부룩스(Moore & Brooks, 2001)은 학습공동체가 지역사회개발의 영향을 준다는 점을 강조하면서 지역사회개발 활동에서 학습공동체의 특징을, 첫째, 학습공동체는 포괄성과 권한 이양에 관한 역량을 나타낸다. 둘째, 학습공동체는 공동체 사회자본을 가로지르는 생각과 대화 그리고 토론의 공유를 촉진시키고 격려한다. 셋째, 학습공동체는 생각을 행동으로 아주 잘 바꿀 수 있다. 넷째, 학습공동체는 계획을 끝까지 실천하며 문제에 집중하고 미래를 보는 데 집중한다. 다섯째, 학습공동체는 그들 자신의 생존과 존속성을 위한 계획으로 설명하였다.

일반적으로 지역사회에서 전개되는 다양한 유형의 사업에 있어서 언제나 요구되는 것은 지역주민을 대상으로 하는 교육과 지역주민 스스로의 학습으로(유귀옥, 2000), 지역주민들을 대상으로 하는 교육사업과 지역주민의 학습은 지역주민의 주체적 참여와 협조를 이끌어 낼 수 있는 기제로 작용한다. 즉, 지역 단위사업에 대한 주민의 참여와 협조는 주민 개개인과 지역사회 공동체 전체의 변화를 통하여 가능한데, 이 같은 지역사회 주민 개개인과 지역공동체 전체의 변화는 교육과 학습을 통해 가능하다(Tilburg & Moor, 1989). 이러한 지역사회개발과 학습공동체의 성격은 현재 지역사회에서 활발하게 이루어지는 평생학습 마을만들기의 개념을 통해 살펴볼 수 있다.

김득영(2006)은 평생학습 마을만들기 활동을 '평생학습을 위한 마을만들기'와 '평생학습에 의한 마을만들기'의 두 가지 관점으로 제시하였는데, 그 내용을 살펴보면 표 8-9와 같다.

표 8-9. 평생학습 마을만들기의 두 가지 관점

분류	평생학습을 위한 마을만들기	평생학습에 의한 마을만들기
기본사고	평생학습이 목적	평생학습이 수단
주목적	사람들이 평생학습을 실천할 수 있는 좋은 학습기반을 정비하는 것	사람들의 평생학습 실천이 마을을 활성화시키는 것
담당부국	교육위원회 사회교육 관계자	시도청의 마을 만들기 담당자
중점사항	평생학습 추진체제 정비	종합적인 행정이나 지역의 활성화
중심 추진체제	교육위원회 사회교육과 평생학습추진회의 평생학습 마을 만들기 모델 사업	도청 부국에 평생학습추진 평생학습 선언 도시
성과	교육발전	지역의 활성화

먼저 '평생학습을 위한 마을만들기'의 목표는 평생학습이며, 학습환경의 소프트웨어 부분에 중점을 둔다. 반면 '평생학습에 의한 마을만들기'는 평생학습을 통해 마을만들기를 진행하고자 하는 경우로 평생학습을 통한 지역사회개발이 궁극적인 목적이 된다. 즉, 전자의 경우 지역사회가 교육적 가치의 실현을 위해 평생학습을 지원하는 교육을 의미하며, 후자의 경우 학습을 수단으로 사회적 가치를 지향하는 지역사회개발로 볼 수 있다.

현재 우리나라에서 지역사회를 중심으로 시행되고 있는 대표적인 평생교육사업이라 할 수 있는 평생학습도시나 마을만들기 사업을 살펴보면 처음에는 '평생학습을 위한 마을만들기'의 성격이 강조되었으나 최근에는 점차 '평생학습에 의한 마을만들기'의 성격도 강조되고 있다. 이는 오늘날 현대사회에서 지역사회교육이 지역사회개발과 지역학습공동체 형성이라는 두 가지 가치를 통합적으로 구현해야 하는 시대적 과제를 안게 되었음을 의미한다. 즉, 지역학습공동체 측면에서는 지역주민들의 학습욕구 충족, 주민들의 지역 자치능력 향상, 주민들의 공동체 의식 형성이 중요한 원리가 되며, 지역사회개발 측면에서는 주민의 경제적 자립능력 강화, 지역사회의 경제적 발전에 기여하는 것이 궁극적인 목적이 된다(오혁진, 2007).

3) 지역사회교육의 구성요소

지역사회교육은 지역사회개발과 학습공동체 형성이라는 두 가지 과제를 지향하고 있으며, 개인이나 일부계층만의 성장이 아니라 지역주민 전체의 성장을 위한 것으로 이는 나아가 지역사회 전체의 발전과도 밀접한 관련이 있다. 이러한 공통의 원칙에 비추어 지역사회교육의 구성요소 정리해 보면(방정은, 2013), 첫째, 학습과정의 출발점으로서의 지역사회의 중요문제를 해결하고 지역주민들의 필요를 충족시키는 데 관심을 갖는다는 측면에서 지역성의 성격을 갖는다. 지역성은 지역의 주민은 동일 지역에 거주함으로써 연대감을 형성할 수 있고, 지역의 인적, 물리적, 역사적, 문화적 특성을 활용하며, 지역사회교육이 지역을 기반으로 지역의 특성과 관련된 것을 학습한다.

둘째, 지역사회에서의 공동생활을 위한 그리고 지역사회 공동체의 건설을 위한 평생학습을 촉진한다는 측면에서 공동체성의 성격을 갖는다. 여기에서 공동체성은 지역의 주민은 공통적인 경험을 통해 공통적인 가치체계를 형성하고 학습을 통해 구성원들 간의 사회적 결속과 공동체의식이 형성되는 것을 의미한다.

셋째, 개인과 집단의 자력갱생 정신을 개발하여 주체적인 성격을 강조한다는 측면에서 주체성의 성격을 갖는다. 주체성은 지역사회 안에서 발생한 문제를 지속적인 학습의 과정을 통해 스스로 해결하고 지역주민들이 주체적으로 지역사회교육 활동에 참여하는 것을 말한다.

넷째, 생산적, 기업적 교육을 함으로써 풀뿌리 사람들에 의한 밑으로부터의 경제발전의 중요성을 강조한다는 측면에서 경제성의 성격을 갖는다. 여기에서 경제성은 지역사회 안에서 공동체 구성원들의 경제적인 성장을 우선적으로 고려하고 지역사회교육의 결과가 지역의 경제적 발전에 이바지해야 한다는 것을 말한다.

다섯째, 불우한 지역주민들의 필요에 특별히 유의하고 불우한 처지를 극복할 수 있는 힘을 그들이 갖도록 교육적으로 지도한다는 측면에서 학습성의 성격을 갖는다. 학습성은 지역주민들의 전인적인 성장을 추구하고 지역주민들의 학습, 교육적 욕구를 충족시키는 것을 의미한다.

이상의 내용을 중심으로 지역사회교육은 표 8-10과 같이, 지역의 특성과 관련된 '지역성', 지역사회 안에서 발휘되는 '공동체성', 지역발전과 연계되는 '경제성', 자발적인 참여와 지속적인 동기부여의 '주체성', 구성원들의 학습과 의식화를 지향하는 '학습성' 등의 구성요소를 갖추고 있는 것으로 나타났다.

표 8-10. 지역사회교육의 구성요소

구성요소	내용
지역성	• 지역의 주민은 동일 지역에 거주함으로써 연대감을 형성할 수 있고, 지역의 인적, 물리적, 역사적, 문화적 특성을 활용함 • 지역사회교육이 지역을 기반으로 지역의 특성과 관련된 것을 학습함
공동체성	• 지역의 주민은 공통적인 경험을 통해 공통적인 가치체계를 형성함 • 학습을 통해 구성원들 간의 사회적 결속과 공동체 의식이 형성됨
주체성	• 지역사회 안에서 발생한 문제를 지속적인 학습의 과정을 통해 스스로 해결함 • 지역주민들이 주체적으로 지역사회교육 활동에 참여함
경제성	• 지역사회 안에서 공동체 구성원들을 경제적인 성장을 우선적으로 고려함 • 지역사회교육의 결과가 지역의 경제적 발전에 이바지함
학습성	• 지역주민들의 전인적인 성장을 추구함 • 지역주민들의 학습, 교육적 욕구를 충족시킴

5. 지역사회복지계획기술

지역사회복지계획기술은 사회서비스를 생산하는 지역사회복지조직이 지역사회에 필요한 재화와 서비스를 제공하는 활동과 관련되어 있다. 사회서비스를 생산하는 지역사회복지조직이 지역사회가 필요로 하는 재화와 서비스를 제공하는 활동과 관련된 지역사회복지계획기술은 지역사회의 문제와 주민욕구에 대한 분석 기술, 문제해결과 욕구충족을 위한 다양한 대안의 모색, 선택된 대안으로서 프로젝트와 프로그램의 단계별 실행 기술, 프로젝트와 프로그램의 관리와 평가를 위한 기술, 프로포절의 작성기술로 구성되어 있다. 지역사회복지기관이 제공하는 사회서비스에는 아동, 노인, 장애인 등을 위한 사회복지서비스, 지역사회 주민을 위한 보건, 교육, 주택 서비스 등이 포함된다. 또한 프로젝트와 프로그램의 재정조달을 위한 준비로 프로포절 작성기술이 필요하다(김성철 외, 2020).

Chapter 09

지역사회복지의 체계와 추진기관

배울 내용

1. 지역사회복지관
2. 지역사회복지협의회
3. 지역사회보장협의체

학습목표

1. 지역사회복지관의 개념, 목표, 특성, 기능, 운영원칙, 대상 및 사업내용을 파악한다.
2. 지역사회복지협의회의 개념, 특징 및 기능을 설명할 수 있다.
3. 지역사회보장협의체의 개념과 의의, 법적 근거, 운영원칙 및 기능을 숙지한다.

Chapter 09

지역사회복지의 체계와 추진기관

1. 지역사회복지관

1) 지역사회복지관의 개념

지역사회복지관(community welfare center)은 「사회복지사업법」 제45조에 근거를 둔 이용시설로서, 지역사회의 충족되지 않은 욕구와 문제를 발견해서 주민들에게 필요한 서비스를 제공하는 가장 대표적인 직접 서비스 기관이며, 지역사회 내에서 일정한 시설과 전문 인력을 갖추고 지역사회의 인적 · 물적 자원을 동원하여 종합적인 사회복지사업을 수행하는 사회복지시설이다.

2) 지역사회복지관의 목표

지역사회복지관은 사회복지서비스 욕구를 가지고 있는 모든 지역사회 주민을 대상으로 보호서비스 · 재가복지서비스 · 자립능력 배양을 위한 교육훈련 등 그들이 필요로 하는 복지서비스를 제공하고, 가족기능 강화 및 주민 상호 간 연대감 조성을 통한 각종 지역사회문제를 예방 · 치료하는 종합적인 복지서비스 전달기구로서 지역사회 주민의 복지증진을 위한 중심적 역할을 수행하여야 한다.

3) 지역사회복지관의 특성

지역사회복지관은 개인과 지역사회의 복지와 복지 증진을 목표로 하는 정부 또는 비정부 조직이다. 지역사회복지관은 사회적 문제를 해결하고 취약 계층을 지원하는 중요한 역할을 하게 되는데, 지역사회복지관의 특성을 살펴보면 표 9-1과 같다(김성철 외, 2020).

표 9-1. 지역사회복지관의 특성

- 지역사회복지관은 그 지역사회의 발전과 개선에 관심을 가지고 있는 집단의 계속적 노력이다.
- 사회복지 활동을 좀 더 체계적이고 계획적으로 추진해 나가고자 하는 종합적인 사회복지센터로서의 역할과 기능을 설치한 시설을 의미한다.
- 지역사회의 충족되지 않는 욕구와 문제를 발견하여 주민들에게 필요한 서비스를 제공하는 대표적인 직접 서비스 기관이다.
- 지역사회복지기관은 일정한 지역에 자리 잡고 있으며, 전문 인력을 통해 지역의 자원봉사자와 함께 지역주민들의 복지수요에 부응하여 종합적인 사회복지사업을 수행하는 사회복지시설이다.
- 지역사회복지관은 지역의 가족 및 가족 구성원에게 관심을 가지며, 지역의 어떤 특정한 연령층이나 계층과는 상관없는 서비스 전달체계의 하나이며, 지역주민들의 통합, 연대, 공동적인 관심사에 개입하며, 연구적이고 시범적인 사업을 수행한다는 공통적인 특성을 가지고 있다.

4) 지역사회복지관의 기능

지역사회복지관의 기능으로는 서비스 제공, 옹호 및 정책 개발, 지역사회 개발, 정보 및 추천, 연구 및 평가의 기능을 담당하게 되는데, 구체적인 내용은 표 9-2와 같다.

표 9-2. 지역사회복지관의 기능

구분	내용
서비스 제공	지역사회복지관의 주요 기능은 지역사회의 필요에 맞는 다양한 서비스를 제공하는 것이다. 이러한 서비스에는 의료 클리닉, 상담, 직업훈련, 법률지원, 보육 및 긴급 구호가 포함될 수 있다.
옹호 및 정책개발	지역사회복지관은 사회 정의를 옹호하고 지방, 지역 및 국가 차원에서 정책 개발에 영향을 미친다. 그들은 제도적 문제를 파악하고 해결책을 연구하며, 사회문제의 근본 원인을 다루는 정책 변화를 제안하게 된다.
지역사회개발	지역사회복지관은 사회적 결속력과 역량 강화를 촉진하여 지역사회개발에 중요한 역할을 담당한다. 커뮤니티 행사를 조직하고 풀뿌리 조직을 지원하며 네트워킹 기회를 촉진한다. 그리고 개인에게 권한을 부여하고 커뮤니티 유대를 강화함으로써 지역사회복지관은 소속감을 만들고 시민 참여를 장려한다.
정보 및 추천	지역사회복지관은 도움을 원하는 개인에게 정보를 제공하는 중심 허브 역할을 한다. 이들은 지침 및 소개 서비스를 제공하여 개인을 지역사회 내에서 사용할 수 있는 적절한 정보 및 프로그램과 연결한다. 의료 서비스를 이용하든, 주택을 찾든, 취업을 확보하든, 지역사회복지관은 복잡한 사회적 지원 시스템을 탐색하는 데 도움이 된다.
연구 및 평가	지역사회복지관은 그들이 다루는 사회문제를 더 잘 이해하고 개입을 개선하기 위해 연구 및 평가에 참여한다. 그들은 자료를 수집하고 추이를 분석하며, 프로그램의 효과성을 평가한다. 이러한 연구들은 증거기반 의사결정을 가능하게 하고, 사회복지개입의 영향을 강화하게 된다.

5) 지역사회복지관의 운영원칙

지역사회복지관이 행하는 사회복지사업은 인도주의와 서비스를 필요로 하는 자의 존엄성 유지를 전제로 지역성, 전문성, 책임성, 자율성, 통합성, 자원 활용, 중립성 및 투명성의 원칙에 따라 수행되어야 한다. 지역사회복지관의 운영원칙은 표 9-3과 같다(김성철 외, 2020).

표 9-3. 지역사회복지관의 원칙

구분	내용
지역성의 원칙	지역사회복지관은 지역사회의 특성과 지역주민의 문제나 욕구를 신속하게 파악하여 사업계획 수립 시 반영하여 지역사회문제를 해결하고, 이에 따른 서비스를 제공하여야 하며, 지역주민의 적극적 참여를 유도하여 주민의 능동적 역할과 책임의식을 조장하여야 한다.
전문성의 원칙	지역사회복지관은 다양한 지역사회문제에 대처하기 위해 일반적 프로그램과 특정한 문제를 해결할 수 있는 전문적 프로그램이 병행될 수 있도록 지식과 기술을 보유한 전문 인력이 사업을 수행하도록 하고, 이들 인력에 대한 지속적인 재교육 등을 통해 전문성을 증진하도록 하여야 한다.
책임성의 원칙	지역사회복지관은 서비스 이용자의 욕구를 충족하고 지역사회문제를 해결함에 있어 효과성을 극대화하기 위한 최선의 노력을 기울여야 한다.
자율성의 원칙	지역사회복지관은 다양한 복지서비스를 효율적으로 제공하기 위하여 사회복지관의 능력과 전문성이 최대한 발휘될 수 있도록 자율적으로 운영하여야 한다.
통합성의 원칙	지역사회복지관은 사업을 수행함에 있어 지역 내 공공 및 민간 복지기관 간에 연계성과 통합성을 강화시켜 지역사회복지 체계가 효율적이고 효과적으로 운영되도록 하여야 한다.
자원 활용의 원칙	지역사회복지관은 주민욕구의 다양성에 따라 다양한 인력과 재원을 필요로 하므로 지역사회 내의 복지자원을 최대한 동원 및 활용하여야 한다.
중립성의 원칙	지역사회복지관이 정치활동, 영리활동, 특정 종교활동 등으로 이용되지 않게 중립성이 유지되어야 한다.
투명성의 원칙	지역사회복지관은 자원을 효율적으로 이용하고 운영과정의 투명성을 유지하여야 한다.

6) 지역사회복지관의 사업대상과 사업내용

(1) 사업대상

지역사회복지관의 제반 사업은 저소득 취약계층과 지역주민에 대한 실질적인 사회복지서비스가 이루어질 수 있도록 각 사업을 유기적으로 연계하여 실시하여야 하며, 사회복지관 사업은 표 9-4와 같이, 사회복지서비스 욕구를 가지고 있는 모든 지역주민을 대상으로 사회복지서비스를 실시하여야 하며, 지역주민에게 우선 제공되어야 한다.

표 9-4. 지역사회복지관의 사업 대상

- 「국민기초생활 보장법」에 따른 수급자 및 차상위계층
- 장애인, 노인, 한부모가정 및 다문화가정
- 직업 및 취업알선이 필요한 자
- 보호와 교육이 필요한 유아 · 아동 및 청소년
- 그 밖에 사회복지관의 사회복지서비스를 우선 제공할 필요가 있다고 인정되는 자

(2) 사업내용

지역사회복지관에서는 저소득 취약계층과 지역주민에 대한 실질적인 사회복지서비스가 이루어질 수 있도록 각 사업을 유기적으로 연계하여 실시하여야 하며, 지역사회의 특성과 지역주민의 복지욕구에 대한 조사결과를 바탕으로 사업내용을 자율적으로 결정하되 각 사업내용 중에서 해당 사회복지관의 실정에 적합한 프로그램을 선정하여 수행한다. 대표적인 사업 내용으로는 사례관리, 서비스 제공 및 지역조직화 활동 등이 있다.

① 사례관리

사례관리는 현재의 파편화되고 분절화 되어 있는 지역사회복지서비스의 제한점을 극복하고 보다 통합적인 서비스 전달체계로 나아가기 위해 지역사회 내 민·관을 아우르는 서비스 네트워크 구축 및 다양한 지역주민의 복지욕구를 연결시켜 맞춤형 서비스를 제공하는 것이다. 사례관리의 구체적인 내용은 표 9-5와 같다.

표 9-5. 사례관리

구분	내용
사례발굴	지역 내 보호가 필요한 대상자 및 위기 개입 대상자를 발굴하여 개입 계획을 수립한다.
사례개입	지역 내 보호가 필요한 대상자 및 위기 개입 대상자의 문제와 욕구에 대한 맞춤형 서비스가 제공될 수 있도록 사례 개입을 실시한다.
서비스 연계	사례 개입에 필요한 지역 내 민간 및 공공의 가용 자원과 서비스에 대한 정보 제공, 연계 및 의뢰 활동을 지원한다.

② 서비스 제공

지역사회복지관의 지역주민의 다양한 욕구에 맞는 서비스를 제공하게 된다. 즉, 클라이언트에게 직접적인 전문서비스를 제공하는데, 서비스 내용을 가족기능강화, 지역사회보호, 교육문화 및 자활지원 등 기타로 구분하여 살펴보면 표 9-6과 같다.

표 9-6. 지역사회복지관의 서비스 제공 내용

구분	내용
가족기능강화	• 가족관계증진사업: 가족원 간의 의사소통을 원활히 하고 각자의 역할을 수행함으로써 이상적인 가족관계를 유지함과 동시에 가족의 능력을 개발 · 강화하는 사업 • 가족기능보완사업: 사회구조 변화로 부족한 가족기능, 특히 부모의 역할을 보완하기 위하여 주로 아동 · 청소년을 대상으로 실시되는 사업 • 가정문제해결 · 치료사업: 문제가 발생한 가족에 대한 진단 · 치료 사회복귀 지원 사업

구분	내용
	• 부양가족지원사업: 보호대상 가족을 돌보는 가족원의 부양부담을 줄여 주고 관련 정보를 공유하는 등 부양가족 대상 지원 사업 • 다문화가정, 북한이탈주민 등 지역 내 이용자 특성을 반영한 사업
지역사회보호	• 급식서비스: 지역사회에 거주하는 요보호 노인이나 결식아동 등을 위한 식사 제공 서비스 • 보건의료서비스: 노인, 장애인, 저소득층 등 재가복지사업 대상자들을 위한 보건 · 의료 관련 서비스 • 경제적 지원: 경제적으로 어려운 지역사회 주민들을 대상으로 생활에 필요한 현금 및 물품 등을 지원하는 사업 • 일상생활 지원: 독립적인 생활능력이 떨어지는 요보호 대상자들이 시설이 아닌 지역사회에 거주하기 위해서 필요한 기초적인 일상생활 지원서비스 • 정서서비스: 지역사회에 거주하는 독거노인이나 소년 · 소녀 가장 등 부양가족이 없는 요보호 대상자들을 위한 비물질적인 지원서비스 • 일시보호서비스: 독립적인 생활이 불가능한 노인이나 장애인 또는 일시적인 보호가 필요한 실직자 · 노숙자 등을 위한 보호서비스 • 재가복지봉사서비스: 가정에서 보호를 요하는 장애인, 노인, 소년 · 소녀 가정, 한부모가족 등 가족기능이 취약한 저소득 소외계층과 국가유공자, 지역사회 내에서 재가복지봉사서비스를 원하는 사람에게 다양한 서비스 제공
교육문화	• 아동 · 청소년 사회교육: 주거환경이 열악하여 가정에서 학습하기 곤란하거나 경제적 이유 등으로 학원 등 다른 기관의 활용이 어려운 아동 · 청소년에게 필요한 경우 학습내용 등에 대하여 지도하거나 각종 기능을 교육 • 성인기능교실: 기능 습득을 목적으로 하는 성인사회교육사업 • 노인 여가 · 문화: 노인을 대상으로 제공되는 각종 사회교육 및 취미교실운영사업 • 문화복지사업: 일반주민을 위한 여가 · 오락프로그램, 문화 소외 집단을 위한 문화프로그램, 그 밖에 각종 지역문화행사사업
자활지원 등 기타	• 직업기능훈련: 저소득층의 자립능력배양과 가계 소득에 기여할 수 있는 기능 훈련을 실시하여 창업 또는 취업을 지원하는 사업 • 취업알선: 직원 훈련 이수자, 기타 취업희망자들을 대상으로 취업에 관한 정보 제공 및 알선 사업 • 직업능력개발: 근로의욕 및 동기가 낮은 주민의 취업 욕구 증대와 재취업을 위한 심리 사회적인 지원프로그램 실시 사업 • 그 밖의 특화사업

③ 지역조직화

지역사회복지관은 지역사회의 조직화를 위한 노력을 하고 있으며, 구체적인 내용은 표 9-7과 같다(김성철 외, 2020).

표 9-7. 지역조직화

구분	내용
복지 네트워크 구축	지역 내 복지기관 · 시설들과 네트워크를 구축함으로써 복지서비스 공급의 효율성을 제고하고, 사회복지기관이 지역복지의 중심으로서의 역할을 강화하는 사업으로 지역 사회연계, 지역욕구조사, 실습지도 등의 사업이다.
주민조직화	주민이 지역사회문제에 스스로 참여하고 공동체 의식을 갖도록 주민조직의 육성을 지원하고, 이러한 주민협력 강화에 필요한 주민의식을 높이기 위한 교육을 실시하는 사업으로서 주민복지증진사업, 주민조직화사업, 주민교육 등의 사업이다.
자원 개발 및 관리	지역주민의 다양한 욕구 충족 및 문제해결을 위해 필요한 인력, 재원 등을 발굴하여 연계 및 지원하는 사업으로 자원봉사자 개발 · 관리, 후원자 개발 · 관리 등의 사업이다.

2. 지역사회복지협의회

1) 지역사회복지협의회의 개념

사회복지협의회는 시대와 상황에 따라 다양하게 정의될 수 있다. 던햄(1970)은 사회복지협의회를 "보건과 복지에 관한 지역사회 문제해결에 필요한 계획을 수립하고 사업을 실행함에 있어서 주민의 관심과 전문가의 기술을 결합시키는 지역주민과 사회기관들의 연합체(association)"라고 정의하였다. 여기서 사회기관들의 연합체는 지역사회 내 사회복지시설, 사회복지에 관심을 가지는 민간단체나 개인의 연합체 또는 협회를 말한다. 김경우 등(2009)은 사회복지협의회란 "지역사회조직이론에 의해 조직된 단체로서 지역사회복지사업을 추진하는 기관이고, 직접적인 지원보다는 기획, 연구, 조사 등의 간접적인 서비스를 제공하는 지원기관"이라고 정의하면서 지역사회 내의 자원 동원과 활용을 위해서 지역사회 내의 여러 기관 및 시설과 개인을 조정 · 협의해 나가는 민간단체의 협의체라고 설명하고 있다.

2) 지역사회복지협의회의 특징

사회복지협의회는 「사회복지사업법」 제33조와 「사회복지사업법 시행령」 제12조의 규정에 따라 비영리 공익 법인으로 한국사회복지협의회와 광역자치단체단위에 16개소의 지방사회복지협의회가 한국사회복지협의회의 지부가 아닌 독립된 법인의 성격으로 설치되어 있다. 그리고 2003년부터는 시 · 군 · 구의 지역사회복지협의회도 사회복지사업법의 적용을 받는 법정단체가 되었으며, 현재는 대다수의 시 · 군 · 구에 설치되어 있다. 이러한 지역사회복지협의회의 특징은 표 9-8과 같다(김성철 외, 2020).

표 9-8. 지역사회복지협의회의 특징

- 지역사회복지협의회는 지역주민과 지역 내 사회복지기관 및 여러 조직에 의해 구성된다.
- 지역사회복지협의회는 지역사회의 복지과제를 해결하기 위해 지역주민의 복지 활동을 조직화하며, 합의된 복지사회목표를 지향할 수 있도록 상호 간의 협의 · 조정을 통해 구체적인 사업계획 및 사회운동을 전개하는 기관이다.
- 지역사회복지협의회는 민간사회복지의 대표성을 지닌 기관으로서 자율성과 독립성을 갖추어야 하며, 지역사회복지의 중간 집단으로서 정체성을 확보하고 지역 내의 문제 및 욕구를 충족시키기 위해 지역 내 인적 · 물적 자원을 동원하고 서비스를 조정하는 기관이다.
- 지역사회복지협의회는 시민과 사회복지기관을 대표하고, 정부기관과 민간기관을 대표한다.
- 지역사회복지협의회는 사회복지기관이 관련되어 있는 경우 사회복지협의회는 기관이 공적으로 지명한 대표에 대해서 대변되는 연합체이다.
- 지역사회복지협의회는 대부분 대도시, 소도시 및 군 같은 지방 · 지역사회 내에서 활동한다.
- 지역사회복지협의회의 사업은 보건 및 복지계획 등 지역사회조직의 모든 활동이다.

3) 지역사회복지협의회의 기능

던햄(1970)은 사회복지협의회의 기능을 표 9-9와 같이 제시하고 있다.

표 9-9. 지역사회복지협의회의 기능

- 지역사회복지에 관한 기초자료를 수집하고 연구조사와 공동연구를 수행하는 등 지역사회의 복지 증진과 관련된 광범위한 사실을 발견하는 기능을 한다. 구체적으로 지역주민들의 복지욕구 해결과 문제예방을 위해 지역사회복지관의 업무와 재정상태 등에 관하여 통계자료를 수집하여 현황을 파악하고, 지역사회가 당면한 근원적인 문제해결을 위해 장기적인 조사나 연구들을 실시한다. 또한 지역사회복지관이 자체 프로그램과 관련된 연구 및 조사를 수행하도록 격려하고, 다른 연구기관들과의 공동연구를 수행한다.
- 사회복지기관들 간의 서비스 조정과 협력을 증진하는 기능을 수행한다. 구체적으로 지역사회복지관들 간의 회합과 회의를 개최하거나, 기관 간 갈등과 문제를 해결하기 위해 연구위원회 등을 구성하는 활동들이 있다.
- 지역사회복지를 위한 중추적인 역할을 한다. 즉, 지역사회 내 중요한 문제가 발생하거나 예상될 때 대책위원회를 구성하여 문제를 해결 또는 예방하고, 지역사회 내 사회복지문제들을 주제로 중요회의를 개최하여 지역사회의 관심을 집중시키며, 사회복지정책을 수립하여 지역사회문제의 해결을 도모하는 기능을 수행한다.
- 지역사회복지기관 간 서비스 조정활동의 기능을 수행한다. 지역사회복지관들 간의 지나친 경쟁으로 인해 서비스의 중복 등의 문제가 발생할 경우 사회복지협의회는 지역사회복지관 간 서비스를 조정하고, 공통의 사회복지 업무를 수행함으로써 조정적인 역할을 해야 한다. 주요 활동으로 사회복지에 관한 필요한 정보나 위탁서비스, 자원봉사자의 관리, 사회적 서비스 교환(social service exchange) 등이 조정기능과 관련된 주요 활동들이다. 이 경우 사회복지협의회는 개별적인 클라이언트를 상대하는 것이 아니라 일반주민과 복지기관을 위해 서비스를 제공한다는 점에서 직접서비스 기관과 구별된다.
- 사회복지협의회는 조정업무와 밀접하게 관련되어 있는 조직체로서, 사회복지기관들이 수행하는 업무의 질적 수준을 제고하는 기능을 담당한다. 이러한 기능 수행을 위한 집단적인 방법으로 공동조사, 업무기준에 관한 연구, 출판, 배포 및 공동토의나 회의, 회합들을 통한 지역사회복지기관 간 질적 수준이 향상될 수 있도록 노력하고 있다. 또한 개별적인 방법으로는 특정 기관에 대해 자문을 해 주거나 도움을 주는 것이 있다.
- 사회복지협의회는 지역사회복지를 위한 공동의 계획을 수립하고 실천하는 기능을 수행한다. 지역사회복지관들을 위한 프로그램, 업무기준, 효과성과 기관 간의 공동 프로그램 개발 및 조정을 위한 계획이 협의회의 핵심적인 업무이다. 또한 아동학대, 왕따 등 특수한 사회문제 등에 대한 장기적인 계획을 수립하며, 그에 대한 프로그램을 개발하여 실천한다.

- 사회복지에 관한 정보 제공, 교육 및 홍보의 기능을 수행한다. 사회복지협의회는 지역사회 내 사회복지기관들을 명부를 발간하여 배포하고, 정보 및 위탁 서비스, 각종 간행물을 제작하며, 지역사회 내의 중요한 이슈들에 대한 공청회 등을 개최하여 지역주민들에게 문제의 심각성을 인식시키고, 그에 대한 대안을 모색하는 기능을 수행한다.
- 사회복지 분야의 자원동원 및 재정안정 또는 개선을 위한 활동을 수행한다. 구체적으로 사회복지기관들이 효율적으로 예산을 편성할 수 있도록 자문활동을 하거나 사회복지기관들이 국내 · 외의 기관으로부터 보조금이나 차관 등을 획득할 수 있도록 주선하는 활동을 한다.
- 사회복지협의회는 사회행동의 기능을 수행한다. 구체적인 활동으로 공공의 이슈에 대한 입장을 밝히거나, 사회복지의 특수계층의 복지에 관한 입법대안을 제시하는 것 등이 있다. 특수계층의 복지를 위해 일하고 있는 기관 및 단체와 공동의 활동을 전개할 수 있다. 그러나 이러한 사회행동은 특수계층의 이해가 관계된 것이기 때문에 협의회 회원들 간의 어느 정도의 합의가 이루어져야만 실행이 가능하다.

3. 지역사회보장협의체

1) 지역사회보장협의체 개념과 의의

지역사회보장협의체는 「사회복지사업법」에 의해 법적 정당성을 부여받고 있다. 따라서 임의단체가 아니라 법적 단체이며 시 · 군 · 구 중심의 자방자치제에서 반드시 설치해야 하는 조직이 되었다. 이러한 지역사회보장협의체는 기능적으로 다음의 두 가지 역할을 수행하도록 설계되었다. 첫째, 사회복지 부문의 중요사항에 대한 심의기능이다. 이는 관할 지역 내 사회복지사업에 관한 중요사항과 지역사회복지계획을 심의하고 개선이 필요한 사항을 시장 · 군수 · 구청장에게 건의하는 기능이다. 둘째, 서비스 부문 간 연계 강화기능이다. 이는 사회복지와 보건 의료서비스의 연계 및 협력을 강화하기 위한 민관의 협력과 보건복지 등 관련 부문 간 연계 및 협력강화 기능을 말한다.

이와 같은 지역사회보장협의체의 구성 운영에 대한 추진 배경은 다음과 같이 정리할 수 있다(보건복지부, 2023). 첫째, 지방분권과 사회복지 전달방법의 근원적 변화이다. 정부기능을 중앙에서 지방정부로 이관한 것에 그치는 것이 아니라, 지역사회 중심의 사회복지 전달체계의 구축이라는 패러다임 전환에 따른 것이며, 이는 공공, 민간, 시민사회의 참여(participation)를 통한 지역복지의 통합적 체계 구축을 의미하고 이에 따라 각 지자체는 과거 중앙부처의 기획을 집행하던 차원에서 벗어나, 지역사회 중심의 사회복지 계획 수립 · 운영과 이에 필요한 지역 내 네크워크 구축과 자원 발굴 · 연계기능이 중요한 지자체의 과제로 부각시키면서 이러한 시대적 흐름을 반영하여, 2003년 7월에 「사회복지사업법」 개정 시 지역사회보장협의체의 설치 · 운영과 함께 지역사회복지계획 수립을 동시에 의무화하여 지역복지 활성화의 기틀을 마련하였다. 특히 2012년 1월에 개정된 「사회보장기본법」은 기존 사회복지서비스 외에 보건 의료, 교육, 고용, 주거 등 다양한 복지서비스를 포괄하는 사회서비스 개념을 도입하여 국민의 보편적 · 생애주기적인 특성에 맞게 소득과 사회서비스를 함께 보장하는 맞춤형 사회보장제도의 운영이 지향되어 국민중심의 맞춤형 복지전달체계 개편의 일환으로 국민의 복지체감도를 향상시키고자 민 · 관 협력 활성화의 중요성이 부각되었다.

둘째, 지역사회보장 환경의 특성을 반영한 연계 및 조직화의 필요성이다. 지역 차원의 사회보장급여(서비스) 제공 인프라(infrastructure)는 기존에는 민간 영역을 중심으로 발달하였고, 지역사회보장체계 구축을 위해서는 공공과 민간 영역의 협력적 파트너십(partnership)이 필요하며, 이는 '공공의 실패'와 '민간의 실패'라는 위험에서부터 동시에 벗어날 수 있게 하는 방안으로 개별 사회보장급여(서비스) 제공기관의 자율성과 탄력성을 보장하면서 지역사회 단위의 통합적 사회보장급여(서비스)를 제공할 수 있는 제도의 마련이 필요하게 되었다.

셋째, 지역사회 공동체 기능 회복과 사회적 자본 증대의 진실성의 필요성을 느끼게 되었다. 따라서 지역공동체 회복을 통한 복지문제 해결은 지역사회에서 발굴한 복지자원을 활용하여 복지문제를 현장에서 신속하게 해결함으로써 복지행정의 효율성과 주민 만족도의 효과성을 동시에 제고할 수 있는 접근방법으로 지역사회문제의 발굴부터 자원의 배분에 이르기까지 지역사회주민이 주도적으로 참여하고 지역사회 복지자원의 총량을 극대화하여 수요자에게 최대한 제공하기 위함이다.

넷째, 정보통신기술의 발전에 따른 새로운 사회 조직화의 가능성 때문이다. 정보통신기술의 발전으로 다자 간 직접 의사소통이 수월하게 이루어질 수 있는 물리적 조직구조의 구축이 가능해지고 사회보장분야에서도 저비용 · 고효율의 네트워크형 조직 운영의 가능성 대두, 다만 그러한 가능성도 궁극적으로 조직 구성원의 인식전환을 통해서만 가능함에 따라 지역사회보장협의체는 네트워크형 조직구조를 통해 당면한 지역사회보장의 현안을 해결하자는 것이 근본적인 취지가 되었으며, 이는 지역사회보장의 기획과 실행 기능을 위한 협의적 의사결정, 상생적 조직 관계, 지역사회 공동체, 사회적 자본 등을 주요 개념으로 두고, 네트워크 방법론을 토대로 설립 취지를 가지게 되었다.

2) 지역사회보장협의체의 운영 목적과 법적 근거

지역사회보장협의체의 설치 당시 정부의 추진 목적은, 첫째, 지역사회 내 복지 문제를 해결하기 위한 민주적 의사소통 구조 확립이다. 이는 지역사회보장계획 수립 · 집행 · 평가 등 지역사회보장 증진을 위한 과정에 민간의 참여 · 협력기반을 마련함으로써 국민 중심의 맞춤형 복지서비스 제공에 기여하기 위해서이다. 특히, 수급권자에게 필요한 급여(서비스)를 제공하는 기관의 대표 또는 실무자들의 복지문제 해결 의지가 지역사회에서 활발하게 논의될 수 있는 상향식 의사소통 구조의 확립을 말한다.

둘째, 수요자 중심의 통합적 사회보장급여 제공기반 마련을 위해 종전의 보건의료와 사회복지 위주의 서비스 제공에서 벗어나 고용 · 주거 · 교육 · 문화 · 환경 관련 서비스 제공자 간 연계망(network)을 구성하여 수요자의 다양하고 복합적 욕구에 대응한 서비스를 Any-stop, One-Stop 으로 제공하는 데 있다. 특히, 지역 내 서비스 제공 관련 기관 · 법인 · 시설 · 단체 간 연계 · 협력 강화를 통하여 지역사회보장협의체가 시 · 군 · 구의 희망복지지원단 또는 읍면동 행정복지센터의 통합사례관리를 효율적으로 지원하기 위함이다.

셋째, 지역사회 내 복지자원 발굴 및 서비스 제공기관 간 연계 · 협력으로 지역복지자원의 효율적 활용체계 조성을 위하여 지역사회의 다양하고 잠재적 복지자원을 발굴 · 확충하고, 서비스 제공기관 간 연계 · 협력을 통해 지역사회 복지자원 및 수급권자에 대한 정보 등을 공유함으로써 자원 제공의 중복과 누락을 방지한다는 것이다.

이와 같은 지역사회보장협의체 구성 및 운영의 법적 근거를 살펴보면 표 9-10과 같다(보건복지부, 2023).

표 9-10. 지역사회보장협의체 구성 · 운영의 법적 근거

명 칭	시 · 군 · 구 지역사회보장협의체	읍 · 면 · 동 지역사회보장협의체
근 거	「사회보장급여법」 제41조	「사회보장급여의 이용 · 제공 및 수급권자 발굴에 관한 법률」 시행규칙 제7조
목적 및 기능	– 지역의 사회보장 증진 및 사회보장과 관련된 서비스를 제공하는 관련 기관 · 법인 · 단체 · 시설과 연계 협력 강화 – 지역사회보장계획의 수립 · 시행 · 평가, 지역사회보장 조사 및 지역사회보장지표, 시 · 군 · 구 사회보장 급여 제공 및 사회보장 추진 등에 관한 사항 심의 · 자문	– 위기 가구 상시 발굴 – 사각지대의 발굴 및 맞춤형 지원을 위한 지역사회 인적 안전망 구축 – 민 · 관 협력을 바탕으로 한 지역사회 자원 발굴 및 연계(후원, 자원봉사, 사회공헌 등)
위원 자격요건	시장 · 군수 · 구청장이 임명 또는 위촉 – 사회보장분야 전문가 – 지역의 사회보장 활동을 수행하거나 서비스를 제공하는 기관 · 법인 · 단체 · 시설의 대표자	시장 · 군수 · 구청장이 위촉 – 사회보장 제공하는 기관 · 법인 · 단체 · 시설 또는 공익단체의 실무자 – 사회보장에 관한 업무를 담당하는 공무원

명 칭	시 · 군 · 구 지역사회보장협의체	읍 · 면 · 동 지역사회보장협의체
	– 비영리민간단체의 추천자 – 읍 · 면 · 동 단위 지역사회보장협의체 위원장 – 사회보장에 관한 업무를 담당하는 공무원	– 비영리민간단체에서 추천한 사람 – 「지방자치법」 제4조의2제4항에 따른 행정리의 이장 및 같은 조 제5항에 따른 행정동의 하부 조직으로 두는 통의 통장 – 주민자치위원, 자원봉사단체 구성원 – 지역의 사회보장 증진에 열의가 있는 사람
위원회 구성	– 위원장을 포함한 10명 이상 40명 이하의 위원	– 협의체 위원의 수는 공동위원장 2명을 포함하여 10명 이상이 되도록 구성
위원장 선출방법	– 위원 중에서 호선 (공무원인 위원/위촉직 공동위원장 선출)	– 협의체 위원장은 읍 · 면 · 동장(공공위원장)과 민간위원 중에서 호선한 민간위원장이 공동으로 구성하고, 부위원장은 민간위원 중에서 호선
위원 임기	– 2년, 위원장은 1회 연임 가능	– 민간위원의 임기는 2년으로 연임 가능(공무원 위원은 해당 직에 재직하는 기간으로 함)
협의체 운영	• 협의체 업무를 효율적으로 수행하기 위한 실무협의체 구성/운영 – 위원장 1명 포함 10명 이상 40명 이하의 위원으로 구성 – 위원장은 위원 중에서 호선, 위원은 협의체 위원장이 임명/위촉 • 보장기관 장의 인력 및 운영비 등 재정 지원 가능 • 읍 · 면 · 동 단위 지역사회보장협의체 구성/운영 – (기능) 관할 지역의 사회보장대상자 발굴, 지역사회보장 자원 발굴 및 연계, 지역사회보호체계 구축 · 운영 등 – (위원회 구성) 읍 · 면 · 동장과 읍 · 면 · 동장의 추천을 받아 시 · 군 · 구청장이 임명 또는 위촉(읍 · 면 · 동별 10명 이상), 읍 · 면 · 동장과 민간위원(호선)으로 공동위원장 체제 운영 – (위원임기) 2년, 연임 가능	– 복지사각지대 발굴, 자원 연계가 이루어질 수 있도록 소단위 분과 및 운영위원 등 운영 가능

출처: 보건복지부(2023). 2023년 지역사회보장협의체 운영안내.

3) 지역사회보장협의체의 운영원칙과 기능

(1) 지역사회보장협의체의 운영원칙

보건복지부(2023)의 지역사회보장협의체 운영지침 안내에 따르면, 지역사회보장협의체의 성공적인 운영을 위해서는 다음과 같은 기본원칙과 본래의 기능에 충실하여야 한다. 그 내용은 다음과 같다.

첫째, 지역성 원칙이다. 지역주민 생활권역을 배경으로 하는 조직 · 운영되는 지역사회보장협의체는 지역주민의 복지욕구, 복지자원 총량 등을 고려, 현장 밀착형 서비스 제공 체계를 마련하고 일반적으로 모든 지역에서 수행하는 보편적인 업무와 함께 해당 지역의 특성 · 복지환경 · 문화 등을 반영한 지역 핵심(고유)사업도 병행 추진해야 한다.

둘째, 참여성 원칙이다. 네트워크 조직을 표방하는 지역사회보장협의체는 법적 제도나 규제에 앞서 복지문제 해결을 위한 지역주민의 자발성이 일차적인 동력이다. 따라서 지역사회보장협의체의 원활한 기능 수행을 위해서는 공공과 민간의 적극적이고 자발적인 참여가 선행되고 지역사회 내 다양한 분야의 대표성을 가진 사회보장과 관련된 서비스를 제공하는 관계 기관 · 법인 · 단체 · 시설 등의 참여가 전제되어 이루어지도록 하여야 한다.

셋째, 협력성 원칙이다. 지역사회보장협의체는 네트워크형 조직 구조를 통해 당면한 지역사회복지 문제 등의 현안을 해결하는 민관협력 기구이며 지역사회보장계획의 수립 · 집행 · 평가를 위한 협의적 의사결정, 상생적 조직 관계, 지역사회 공동체, 사회적 자본 등을 주요 개념으로 두고, 네트워크를 바탕으로 민주적이고 합리적인 방법으로 운영하여야 한다.

넷째, 통합성 원칙이다. 지역사회 내 복지자원 발굴 및 유기적인 연계와 협력을 통하여 수요자의 다양하고 복잡한 욕구에 부응하는 서비스가 통합적으로 제공하여야 한다.

다섯째, 연대성 원칙이다. 자체적으로 해결이 곤란한 복지문제는 지역주민 간 연대를 형성하거나 인근 지역과 연계 · 협력을 통하여 복지자원을 공유함으로써 해결되어야 한다.

여섯째, 예방성 원칙이다. 지역주민의 복합적인 복지문제를 조기에 발견하여, 예방할 수 있도록 노력해야 한다.

(2) 지역사회보장협의체의 기능 및 역할

지역사회보장협의체의 주요 기능은 협치 기능, 연계 기능, 통합서비스 기능으로 분류될 수 있다. 구체적으로, 첫째, 협치 기능은 지역사회보장계획의 수립 · 과정 · 평가 등 지역사회보장의 주요 사항에 대하여 민간과 공공이 협력하여 정책적 심의 · 자문하는 것이다. 둘째, 연계 기능은 사회보장과 관련된 서비스를 제공하는 관계 기관 · 법인 · 단체 · 시설과 연계 · 협력 강화를 위한 계획 수립 및 실행을 지원한다. 셋째, 통합 기능은 협의체 내 각 분과 간 통합 및 조정역할을 수행하고 지역주민의 욕구를 반영한 통합적 서비스 제공체계 지원 및 기본 사업을 수행하고, 종합서비스 제공을 위해 기존의 보건복지뿐만 아니라 고용 · 주거 · 교육 · 문화 · 환경 등 다양한 영역과 연계를 확대해야 한다는 것이다(보건복지부, 2023).

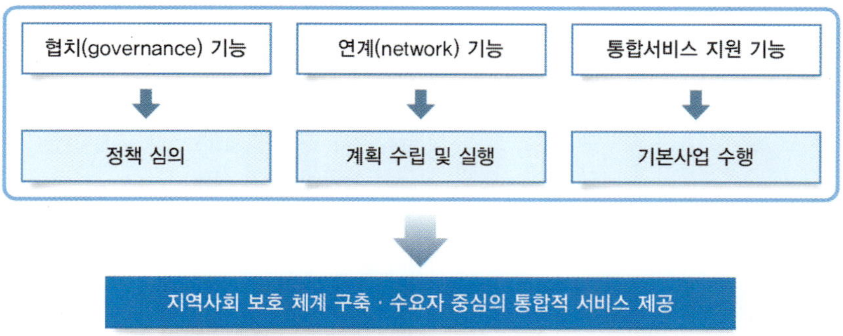

그림 9-1. 지역사회보장협의체 주요 기능

출처: 보건복지부(2023). 2023년 지역사회보장협의체 운영안내.

또한 지역사회보장협의체의 주체별 주요 역할을 5가지로 제시하고 있는데, 이를 다시 기능적, 즉 대표협의체, 실무협의체, 실무분과, 읍면동 단위 지역사회보장협의체 역할로 구분하여 살펴보면 그림 9-2, 표 9-11과 같다.

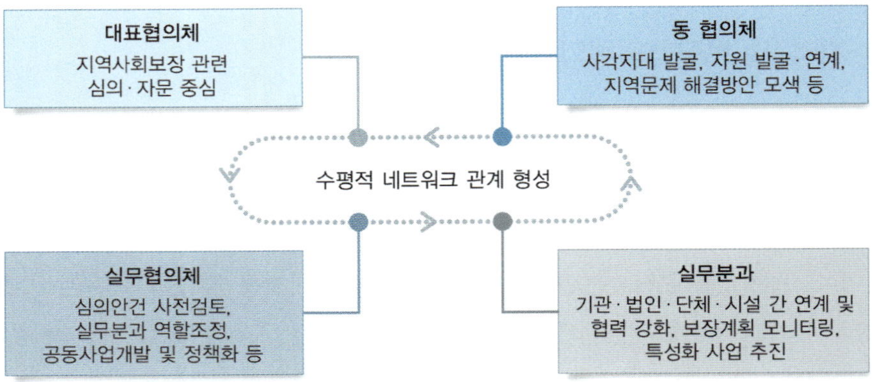

그림 9-2. **지역사회보장협의체의 역할**

표 9-11. **지역사회보장협의체의 역할**

구분	역할
대표협의체	• (목적) 지역의 사회보장을 증진하고 사회보장과 관련된 서비스를 제공하는 관계 기관 · 법인 · 단체 · 시설과 연계 · 협력을 강화 • 다음 각 호의 업무에 대한 심의 · 자문역할 수행 – 시 · 군 · 구의 지역사회보장계획 수립 · 시행 및 평가에 관한 사항 – 시 · 군 · 구의 지역사회보장조사 및 지역사회보장지표에 관한 사항 – 시 · 군 · 구의 사회보장급여 제공에 관한 사항 – 시 · 군 · 구의 사회보장 추진에 관한 사항 – 읍 · 면 · 동 단위 지역사회보장협의체의 구성 및 운영에 관한 사항 – 그 밖에 위원장이 필요하다고 인정하는 사항 • (전문위원회 운영) 대표협의체의 심의안건에 대한 효율적인 심의 · 자문기능 수행(개별 법령에 따라 사회보장사업별 심의를 위하여 시 · 군 · 구에 두는 위원회 심의기능 대신 수행)

구분	역할
실무협의체	• (목적) 협의체 업무를 효율적으로 수행하기 위하여 실무협의체 설치 – 공동사업개발 및 건의 – 지역사회서비스 제공 및 연계 협력에 관한 협의 – 대표협의체 심의(건의)안건 사전 검토 – 실무분과 간 역할조정 및 협력도모 – 그 밖에 위원장이 필요하다고 인정하는 사항
실무분과	• (목적) 지역의 사회보장 관련 기관 · 법인 · 단체 · 시설 간 연계와 협력 강화 – 사회보장 분야별 · 대상자별 사례회의 – 서비스 제공 및 연계 – 서비스 제공을 위하여 필요한 사항
읍면동 단위 지역사회보장협의체	– 관할지역 내 사회보장대상자 및 자원 발굴 – 사회보장대상자에 대한 서비스 연계 · 지원 – 지역사회보호체계 구축 · 운영 – 지역 내 복지문제 해결을 위한 자체 특화사업 수행 등

Chapter 10

지역사회복지의 특수 실천분야

배울 내용

1. 사회적 경제
2. 지역복지 지원기관
3. 비영리스타트업

학습목표

1. 사회적기업, 사회적협동조합, 자활기업 및 마을기업을 설명할 수 있다.
2. 사회복지공동모금회 및 자원봉사센터의 역할과 기능을 이해한다.
3. 비영리스타트업의 개념 및 운영방식을 설명할 수 있다.

지역사회복지의 특수 실천분야

Chapter 10

1. 사회적 경제

사회적 경제와 관련된 사업을 사회적기업, 사회적협동조합, 자활기업 및 마을기업으로 구분하여 살펴보면 다음과 같다.

1) 사회적기업

최근 상품판매 및 서비스 제공과 더불어 사회적 가치 창출에 목적을 둔 사회적기업(social enterprise)이나 사회적 목적기업(social purpose enterprise)에 대한 관심이 급증하고 있다. 정부재정 지원의 단기적 일자리 제공은 지속적인 일자리 제공으로 이어지는데 한계가 드러나면서 시민사회 내 비영리법인과 단체를 기반으로 하는 선진국의 사회적기업을 대안으로 주목하게 되었다. 즉, 한국사회의 사회적기업은 단기적 복지나 일자리 제공을 넘어 지역사회 경제활성화 그리고 지속가능한 복지를 지향하고 있다(이명진, 천희주, 2018).

이러한 사회적기업은 기업의 특성과 공공의 특성을 동시에 지니고 있으며, 최근 들어 공공의 특성을 강조하는 사회적기업을 사회적 목적기업으로 구분하는 경향이 나타나고 있다. 일반적으로 사회적기업을 사회적 가치를 실현함과 동시에 기업으로서의 자립능력을 가진 기업으로 정의한다(김동철, 김정원, 2016; Smith et al., 2012). 이러한 특성은 「사회적기업육성법」 제2조의 사회적기업은 "취약계층에게 사회서비스 또는 일자리를 제공하거나 지역사회에 공헌함으로써 지역주민의 삶의 질을 높이는 등의 사회적 목적을 추구하고 재화 및 서비스의 생산·판매 등 영업활동을 하는 기업"으로 정의하는 점에서도 잘 나타나고 있다. 여기서 사회적 목적은 취약계층의 일자리 제공 및 사회서비스 제공, 지역사회 발전 및 공익 증진, 사회적 목적 실현을 위한 수익과 이윤의 재투자 등으로 설명될 수 있다(진희선, 2013).

사회적기업의 사회적 기능에 대해 이도희(2012)는 취약계층의 경제활동 확대, 새로운 복지시스템 창출, 지역사회 발전에 기여, 사회결속 및 사회자본 창출, 양질의 공공서비스 제공, 마지막으로 기업의 사회적 책임 및 윤리의식 제고 등을 제시하였고, 조영복(2011)은 지속발전 가능한 경제활동을 통한 경제적 부의 창출에 기여하며, 사회적 필요를 충족시켜 주고, 지역사회를 재건하며 양질의 공공서비스를 제공하고 서비스를 혁신하여 윤리적 시장을 권장하는 등 경제적, 사회적으로 유용한 그릇으로 지역발전과 혁신에 중심적 역할을 할 수 있으며 사회통합에도 기여할 수 있는 것으로 보았다.

사회적기업의 기능과 관련하여 드푸르니(Defourny, 2001)는 사회적기업의 가치를 사회적 가치와 경제적 가치 측면으로 나누어 설명하고 있는데, 먼저 사회적기업의 사회적 가치에 대한 구체적인 내용은 표 10-1과 같다.

표 10-1. 사회적기업의 사회적 가치

- 지역사회의 발전 및 공헌을 목표로 두고 있다는 점이다. 사회적기업의 주요 목표 중 하나는 지역사회로의 공헌으로 지역 차원의 사회적 책임감을 가지고 있다.
- 시민 주도성에 의해 사회적기업이 시작된다는 점이다. 사회적기업은 외부의 영향력에 의해서가 아닌 특정 목표를 공유하는 집단의 구성원들의 주도적 행동의 성과이다.
- 의사결정의 민주성이다. 사회적기업의 의사결정은 자본에 의한 권력에 기반을 두지 않는다. 서비스 수혜자나 근로자 그리고 지역주민 등 이해관계자가 민주적으로 참여하여 투표권을 행사하는 것을 원칙으로 한다.
- 참여를 이끄는 성향을 가진다는 것이다. 사회적기업의 활동은 고객을 대표함과 동시에 고객의 참여를 이끌 수 있어야 한다. 따라서 사회적기업은 이해관계자 지향적이며 고객의 참여를 독려하는 특징이 있다. 궁극적으로 사회적기업은 경제적 활동을 통해 사회적기업 가치에 동참하는 이해관계자를 증가시켜 지역사회 내 민주주의 향상을 꾀한다.
- 재분배의 가치이다. 사회적기업이 거둔 이익은 사회적 목적 실현을 위한 활동에 재투자되어야 한다. 더불어 이익을 최대화하기보다 이익분배를 제한해야 한다.

또한 진희선(2013)은 사회적기업의 사회적 가치를 시민사회 주도성, 시민 참여성, 사회적 이윤분배, 지역사회 공헌의 네 가지로 구분하기도 하였다. 그리고 사회적기업의 경제적 가치의 네 가지 관점은 표 10-2와 같다(Defourny, 2001).

표 10-2. 사회적기업의 경제적 가치

- 옹호활동과 같은 전통적인 비영리조직과는 구분되는 사회적기업의 주목적은 상품생산 및 서비스 제공에 있다. 즉, 제품을 생산하고 수혜자에게 서비스를 공급하는 것은 사회적기업의 존재 이유 중의 하나이다.
- 사회적기업은 자발적으로 조직되며 자율적 과정을 통해 운영된다. 사회적기업은 종종 공공보조금에 의존하기도 하지만 기업의 운영과 관리에 대해 어떠한 기관이나 조직으로부터 통제당하지 않는 독립성을 가진다. 이와 관련하여 사회적기업은 'Voice and Exit'의 권리를 가진다. 이는 자신들의 의견을 이야기할 권리와 언제든 활동을 종료할 권리를 의미한다.
- 사회적기업의 설립자들은 일정 부분 위험을 감수해야 한다. 공공기관과 달리 사회적기업의 재정적 자립은 자원확보를 위한 구성원들의 노력이 담보되어야 하기 때문이다.
- 사회적기업은 전통적 비영리조직과 마찬가지로 물질적 자원과 비물질적 자원 그리고 자원활동가와 임금노동자로 구성된다. 그러나 사회적기업의 활동은 가장 적은 임금노동으로 수행되어야 한다.

종합하면, 사회적기업은 공공과 기업의 특성을 가지고 취약계층 고용과 서비스 제공, 지역사회 공헌 등의 사회적 목표 및 이윤창출과 창출된 이윤의 재분배 등의 기능을 한다. 이러한 기능에 따라 사회적기업은 사회적 가치와 경제적 가치를 지니고 있음이 분명해진다. 여기서 경제적 가치는 기업의 경제적인 가치를 의미한다. 경제적 가치의 판단방법은 기업의 재무제표로부터 그 편익과 비용을 추출하여 분석한 계량적 가치이다(한국사회적기업진흥원, 2019). 영국의 「사회가치법(Social Value Act)」에 따르면, 사회적 가치는 희소한 자원을 어떻게 할당하고 사용하는가를 고려하는 방식, 즉 자원 분배의 당위성과 방법과 관련된다. 또한 실천적 측면에서 사회적 가치는 복지와 관련된다.

이에 근거하여 사회적기업의 경제적, 사회적 가치 스팩트럼을 제시한 얼터(Alter, 2007)는 경제적 가치와 사회적 가치에서 사회적기업의 위치를 그림 10-1과 같이 설명하고 있다.

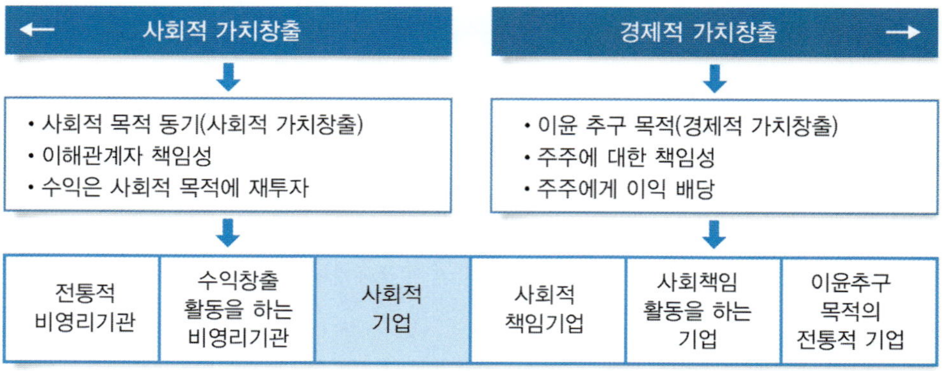

그림 10-1. 사회적기업의 스펙트럼

출처: Alter(2007). Social Enterprise Typology. Virtue Ventures LLC.

그림 10-1은 사회적 목적 동기를 가지고 이해관계자의 책임성이 강조되며 수익이 발생하면 사회적 목적에 재투자하는 것을 특징으로 하는 사회적 가치와 이윤추구를 목적

으로 하며 주주에 대한 책임성이 있는 반면, 주주에게 이익이 배당되는 경제적 가치 중 어느 것에 더 치중하느냐에 따라 기관의 종류를 구분한 것이다.

이에 따르면, 온전히 사회적 가치 창출만을 목적으로 하는 기관은 전통적 비영리기관이 해당하며 어느 정도의 경제적 가치를 고려하는 기관은 수익창출 활동을 하는 비영리기관으로 구분한다. 또한 전적으로 경제적 가치 창출을 목적으로 하는 기관은 전통적인 기업으로 어느 정도의 사회적 가치를 고려하는 기관을 사회책임 활동을 하는 기업으로 설명한다. 사회책임 활동을 하는 기업은 이윤추구가 목적이나 사회공헌 활동에도 참여하는 기관으로 경영상 이익을 위해 사회공헌 활동을 전략적으로 활용한다. 경제적 가치와 사회적 가치 중 다소 경제적 가치에 무게를 둔 기관으로는 사회적 책임기업이 해당하는데, 사회적 책임기업은 영리기업이면서 사회적 사명도 목적으로 두고 있는 기업이다. 이윤의 대부분을 사회적 목적에 투자하고, 기업 미션에 사회적 임무가 포함되는 경우가 많다. 여기에서는 사회적 가치와 경제적 가치 중 사회적 가치에 다소 중점을 둔 기관에 사회적기업이 해당한다고 설명한다. 이는 사회적기업은 사회적 가치와 경제적 가치를 동시에 추구하고 있으나 경제적 가치 추구의 이유 자체가 사회적 가치 실현을 위한 재투자 및 기업의 독립성 확보에 있음을 고려하면 충분히 동의할 수 있는 설명이다.

ㄹ) 사회적협동조합

사회적협동조합의 모태는 1965년에 설립된 성젬마협동조합이다. 성젬마협동조합은 처음에는 마을 주민 공동의 이익을 위해 활동을 했지만 점차 미성년자들이 겪는 문제를 해결해 주는 방향으로 활동을 바꾸었다. 성젬마협동조합 설립의 영향으로 1974년 27명의 비정규직 여성들이 모여 카디아이(CADIAI)라는 사회적협동조합이 만들어지면서 이탈리아에서는 1991년 법률 제381호로 사회적협동조합에 관한 법을 제정하게 되었다.

사회적협동조합과 관련해서 전 세계적으로 합의된 정의는 없지만 2009년 국제협동조합조직(CICOPA) 총회에서 사회적협동조합에 관한 세계기준을 채택하였다. 국내에서는 사회적협동조합과 관련해서 개별적인 법안은 없지만 「협동조합기본법」 제2조 제1호 및 제3호에 협동조합의 일부로 규정되어 있다. 전형수(2012)는 이와 관련해서 사회적협동조합이 일반협동조합과 구분되는 고유의 사업을 가질 수 있도록 독립적인 법적, 제도적 장치가 마련되어야 한다고 주장한다.

그리고 한국사회적기업진흥원(2022)에서는 표 10-3과 같이, 사회적협동조합의 원칙을 제시함으로써 방향성을 제시하고 있는데, 한국사회적기업진흥원에서 제시한 사회적협동조합의 원칙은 국제협동조합조직(CICOPA)이 제시한 기준과 거의 유사하다.

표 10-3. 사회적협동조합의 원칙

- 인간의 기본적인 필요와 열망, 그중에서 특히 경제적, 사회적, 문화적 인권에 해당하는 필요와 열망(고용, 교육, 보건 등)은 협동조합이 갖는 핵심적 사명이다.
- 교육과 훈련은 공동 소유권 및 민주적 지배와 연관성을 갖는다. 협동조합은 학습조직의 일종이며 학습과정은 지역사회의 임파워먼트를 직접적인 목표로 추구한다.
- 협동조합을 공동으로 소유하고 민주적으로 지배하는 조합원들은 동시에 협동조합을 통해 기본적인 필요와 열망을 충족시키기 원하는 이해당사자들이기도 하다.
- 지역에 기반을 둔 역동적인 상향식 조직에서 출발한 협동조합은 한편으로 조직, 다른 한편으로는 해당 지역, 그곳에서 노동자, 그리고 협동조합으로부터 혜택을 받는 지역주민 사이에 형성되는 강한 유대관계가 특징이며, 이에 따른 결과물로 신뢰를 창출한다.

한국사회적기업진흥원에서 제시한 원칙에는 고용 · 교육 · 보건이라는 구체적인 분야와 조합원들의 임파워먼트라는 목적이 포함되어 있다. 또한 조합원들은 조합의 이해당사자라는 점을 명시하며 조합의 활동에 적극적으로 참여할 것을 전제하고 있다. 사회적협동조합 원칙에서는 잉여금 배당과 관련한 내용은 언급되어 있지 않지만 사회적 협동조합 설립 조건에 잉여분을 배당하는 것을 금지한다고 명시되어 있다.

기획재정부(2013)의 협동조합 설립운영 안내서에 따르면, 사회적협동조합은 "지역주민들의 권익 및 복리증진과 관련된 사업을 수행하거나 취약계층에게 사회서비스 또는 일자리를 제공하는 등 비영리법인"이라고 명확하게 명시하고 있으며, 일반협동조합이 조합원들의 필요를 충족시킨다면 사회적협동조합은 사회의 목적을 실현하는 것이라고 한다.

표 10-4. 일반협동조합과 사회적협동조합의 차이

구분	협동조합	사회적협동조합
법인격	(영리)법인	비영리법인
설립절차 및 요건	시 · 도지사에 신고	기획재정부(관계부처) 인가
사업 분야	업종 및 분야 제한 없음 (금융 및 보험업 제외)	• 공익사업 40% 이상 수행 • 지역사회 재생, 주민권익증진 등 취약계층 사회서비스, 일자리 제공 • 국가, 지자체 위탁사업 • 공익증진사업 • 기획재정부령으로 사업범위 설정
감독규정	감독규정이 법상에 없음	기획재정부장관이 조합의 업무를 감독하고 필요한 명령을 할 수 있도록 규정 보고, 감사 권한
법정적립금	잉여금의 10% 이상	잉여금의 30% 이상
세금	관련 규정 별도 없음	국가나 지자체의 부과금 면제 규정, 출자금의 30% 이상 적립의무 부과
배당	배당 가능	배당 금지
청산 시 잔여재산	정관에 따라 잔여재산 처리	유사 사회적협동조합, 비영리법인, 국고 등으로 귀속

일반협동조합은 운영 사업에 제한이 없지만 사회적협동조합은 공익적 사업을 40% 이상 운영해야 한다. 설립 절차도 다른데 일반협동조합의 경우에는 시 · 도지사에 '신고'를, 사회적협동조합은 관계 중앙행정기관장의 '인가'를 받아야 한다. 가장 큰 차이점은 일반협동조합은 청산이나 배당이 자유롭지만 사회적협동조합은 비영리법인격이기 때문에 배당이 금지되고 청산 시 잔여 재산을 국고나 유사단체로 환수해야 하는 것이다. 하지만 사회적협동조합은 비영리법인격을 부여받음에 따라 기존 비영리법인과 같이 조세 이외의 부과금이 면제되는 근거를 가지고 있다.

또한 사회적협동조합은 기존의 비영리법인인 사회복지시설, 자선단체와도 차이가 분명하다. 구체적으로 사회적협동조합이 비영리 민간단체나 공공 복지지원 시스템과 비교해서 갖는 강점을 살펴보면(이희완, 2013), 첫째, 정규화되지 않은 수혜층에 제도화되지 않은 복지서비스를 제공할 수 있다는 점, 둘째, 배당금 전체를 모두 사회에 환원할 수 있다는 점, 셋째, 다양한 이해관계자가 참여함으로써 부족한 자원을 보완할 수 있다는 점이다.

3) 자활기업

자활(自活)이란 한자어 그대로 '스스로 활력을 불어넣는다'는 의미이다. 자활공동체는 자활과 공동체의 합성어로 여기서 자활은 역량강화 개념과 맥을 같이한다. 따라서 자활에는 여러 가지 이유로 삶의 의지와 약해진 빈민이 경제활동의 참여를 통해 현실을 지양하고 극복하는 과정이자 결과로서의 의미가 부여된다. 공동체(共同體)란 호혜성을 기반으로 공통의 유대와 감정, 상호의존을 특징으로 하는 집단을 의미한다.

따라서 자활공동체(self-support communities)는 가난한 사람끼리 서로 협력하고 연대하는 방식으로 경제활동을 하고, 이를 통해서 현실의 문제점을 해결해 가는 조직이다.

이를 좀 더 구체화하면, 자활공동체란 구조화된 가난으로 무력함에 빠진 빈민들을 조직하여 임파워먼트(empowerment) 집단을 형성하고 다양한 훈련과 교육을 통해 탈빈곤 자조조직으로 성장할 것을 목적으로 구성된 가난한 사람들의 사회 · 경제적 조직을 의미한다. 즉, 단순히 기업을 뜻하는 공동창업 형태의 경제조직이 아니라 경제활동을 수행하는 지역사회 단위에서 나누고 더불어 살아가는 문화를 형성하고 전파하여 보다 긍정적으로 사람과 세상을 변화시켜 나가는 시민운동조직으로서의 의미를 포괄적으로 담고 있다.

하지만 자활공동체의 용어만으로는 현장에서 창업되는 많은 소기업 형태들을 담아내기에는 근본적인 한계가 있어, 1인 창업, 공동창업, 자활 돌봄 관련 전문직협회, 마을기업, 사회적기업, 노동자협동조합기업 등 다양한 유형의 자활 관련 기업들이 생겨났다. 하지만 이들 중 상당수는 자활공동체의 성립 요건에 부합되지 않는 경우가 많다. 따라서 「국민기초생활보장법」 개정에 따라 2012년 7월 1일부터 '자활공동체'를 '자활기업'으로 명칭을 변경하게 되었다. 특히 광역자활센터 단위에서 본격적으로 자활기업이라는 용어를 사용하였다.

다시 말해 자활기업이란 「국민기초생활보장법」상 자활사업의 한 유형으로 자활근로참여에 대해 국가가 자활근로임금을 지급하는 것이 아니라 참여자들이 생산한 상품과 서비스를 판매하여 생기는 사업수익금에 의해 소득을 창출하는 방식으로 운영되는 사업단을 의미한다. 자활기업은 「국민기초생활보장법」에 의한 자활기업 요건을 갖추고 보장기관으로부터 인정을 받은 인정기업으로서 2인 이상의 수급자 또는 저소득층이 상호 협력하여 조합 또는 공동사업자의 형태로 탈빈곤을 위해 운영하는 사업을 의미한다.

4) 마을기업

행정안전부의 마을기업 육성정책은 마을기업 육성사업 시행지침에 근거하여 2011년부터 육성해 왔다. 마을기업이란 지역주민이 각종 지역자원을 활용한 수익사업을 통해 공동의 지역문제를 해결하고, 소득 및 일자리를 창출하여 지역공동체 이익을 효과적으로 실현하기 위해 설립·운영하는 마을 단위의 기업으로 정의하고 있다. 마을기업의 정의에서 단어들이 가지는 의미는 표 10-5와 같다(행정안전부, 2022).

표 10-5. 마을기업 정의의 의미

구분	정의
지역주민	동일한 생활권에서 공동의 목표와 가치를 가지고 실제 상호 교류하는 공동체의 구성원
지역자원	지역에 존재하는 유·무형의 인적·물적 자원
지역문제	지역 내 충족되지 않은 필요(요구) 사항이나, 지역주민 삶의 질 향상을 위해 필요한 사항
지역공동체 이익	마을기업의 이익뿐만 아니라 이해관계자 또는 지역사회 전체가 얻게 되는 편익의 총합
마을	지리적으로 다른 지역과 구분되거나 일상적 생활을 공유하는 범위 내에서 상호관계나 정서적 공감대가 형성되어 있는 곳

마을기업은 행정안전부(2009)의 '희망근로 프로젝트'를 통해 최초 국내에서 시작되었으며 2010년 후속 사업의 하나로 '자립형 지역공동체 사업' 확정을 통해 마을기업 시범사업을 시작하였다(행정안전부, 2022). 또한 마을기업은 해외의 커뮤니티 비즈니스와 유사하며 해외의 커뮤니티 비즈니스는 약 30~40년의 역사를 가지고 있지만, 마을기업 도입은 2010년부터 시작되었기에 그 역사와 연구가 상대적으로 짧은 편이다(조영복, 하태영, 2016).

다시 말해 마을기업이라는 용어의 유래는 영국의 '커뮤니티 비즈니스(Community Business: CB)[1]'에서 유래된 말이며(김효섭, 2012), 제6차 지역 일자리 창출 전략회의(2010. 6. 17.)에서 '커뮤니티 비즈니스'에서 '자립형 지역공동체 사업'으로 명칭이 바뀌었다가 2011년부터 현재 쓰이고 있는 마을기업으로 변경되었다. 커뮤니티 비즈니스의 개념을 살펴보면 그림 10-2와 같다(신경희, 2012; 유정용, 2022).

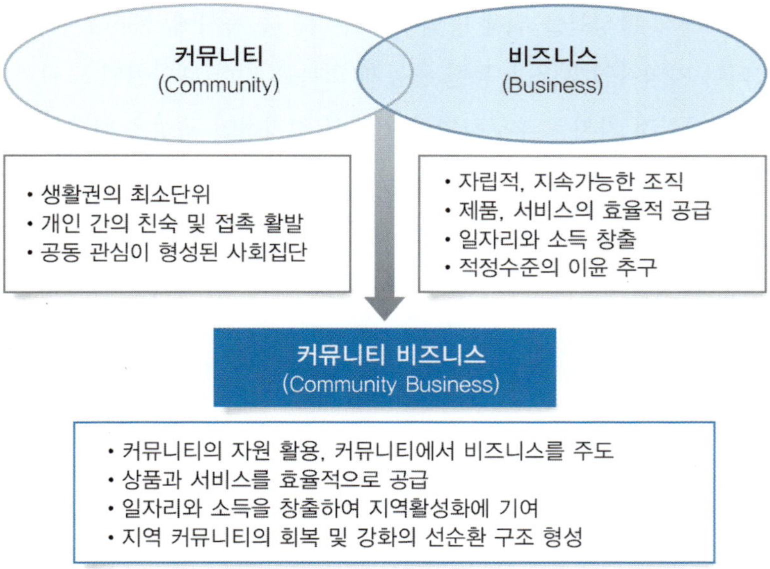

그림 10-2. **커뮤니티 비즈니스의 개념**

마을기업이 창출될 잠재성이 큰 시기는 지역공동체의 성장기와 네트워크 강화기 단계이다. 주민 모임 및 동아리와 다른 부분은 마을기업의 특성상 주민들이 재능, 금전

1) 커뮤니티 비즈니스는 보는 관점에 따라 다양하게 정의하고 있지만, 일반적으로 지역 내에서 생산과 분배가 이루어지고 이익이 지역으로 환원이 이루어지는 지역 경제활동으로써 지역의 문화, 특성, 관습 풍토 등을 존중하면서, 지역특성을 살려 지역사회 활성화를 추구하는 사업활동이라고 할 수 있다.

및 시간을 투자해야 하는 위험이 따른다. 그러므로 지역에서 오랫동안 주민들 간의 교류가 지속되어 오고 상호 간의 신뢰가 쌓인 지역공동체에서 마을기업이 생겨날 가능성이 커지는 것이다(신경희, 2012).

따라서 마을기업은 도시재생이나 지역경쟁력 강화, 고용정책에서 매우 중요한 영역을 담당하고 있으며, 지역의 지속가능성과 공공의 문제에 대해 공동체 차원에서 해결을 통한 자립형 공동체 형성이라는 목적을 궁극적으로 지향하고 있다. 마을기업은 지역사회 및 지역경제 활성화를 위해 공익성과 수익성을 동시에 추구하지만, 지역공동체가 주체가 되어 지역자원 활용을 통한 공동체 회복을 위한 대안적인 노력의 한 방안이다. 위와 같이 사회적 가치를 추구하면서 기업의 영리적인 특성을 함께 가진 마을기업은 사회적 가치 창출의 목적은 비영리기관의 목적과 유사하다고 볼 수 있지만 기업적인 특징 때문에 경제적 가치 창출과 성과도 중요하다. 경제적 가치와 사회적 가치를 함께 추구하는 특징을 가진 마을기업은 두 가지의 가치 중 사회적 가치에 보다 중점을 두고 있다(조영복, 하태영, 2016).

2. 지역복지 지원기관

지역복지 지원기관을 사회복지공동모금회 및 자원봉사센터로 구분하여 살펴보면 다음과 같다.

1) 사회복지공동모금회

(1) 공동모금회의 개념 및 주요 사업

공동모금은 사회가 발전하는 과정에서 필요에 의해 시작되었으며, 현재는 오늘날과 같은 공동모금회의 형태로 자리 잡게 되었다. 공동모금의 최초로 기록된 모금 캠페인은 1873년 영국의 리버풀에서 이루어졌지만, 모금형태의 기금 캠페인으로 자리 잡게된 것은 미국이었다. 우리나라 「사회복지공동모금회법」은 사회복지공동모금을 사회복지사업, 기타 사회복지 활동의 지원에 필요한 재원을 조성하기 위해 이 법에 의하여 기부금품을 모집하는 것을 말한다(법 제2조). 이러한 공동모금회의 필요성은 표 10-6과 같다.

표 10-6. 공동모금회의 필요성

- 공동모금은 기존의 산발적인 자선모금활동에서 벗어나 민간의 참여와 역할을 확대함으로써 법이 보장하는 제도적인 틀 안에서 민간자원을 동원할 수 있는 방안으로 인정받고 있다.
- 공동모금제도를 통하여 지역사회의 문제를 주민 스스로 해결할 수 있는 발판을 제공하게 되며, 이를 통해 지역사회에 '나눔 문화'를 확산하여 지역사회의 공동체 의식을 증진시켜 함께 나누는 삶으로 전환할 수 있다.
- 사회복지사업에 대한 일반 국민의 인식을 개선한다는 점이다.
- 사회복지 발전을 위한 정부와 민간의 동반자 관계를 형성한다는 점이다.

그리고 공동모금회의 주요 사업으로는 표 10-7과 같이, 위기가정지원사업, 생명의 손길 지원사업, 복지현안 우선지원사업 등이 있다.

표 10-7. 공동모금회의 주요 사업

구분	내용
위기가정지원사업	복지사각지대에 놓인 이웃을 보다 신속하고 정확하게 지원하기 위해 전국 415개 복지관에 위기가정지원센터를 설치하고, 이곳을 통해 급박한 도움을 필요로 하는 가정들에 간단한 확인을 거쳐 신속한 지원을 받도록 하는 사업이다.
생명의 손길 지원사업	중증질환이나 재난적 상황에 의한 질병으로 막대한 진료비로 인해 생계곤란의 위협에 놓여 있지만 소득 · 재산 · 부양자 등 지원기준에 부합하지 못해 정부 지원을 받지 못하는 분들을 지원하는 사업이다.
복지현안 우선지원사업	사회복지 현장의 긴급한 문제 및 복지 이슈에 신속하게 대응하기 위해 지원절차를 간소화하고 보다 빠르게 복지사업을 지원하는 사업이다.

(2) 공동모금의 모금 및 배분방법

공동모금회는 여러 가지 기능과 업무를 수행하지만(「사회복지공동모금회법」 제5조) 그중에서 재원조성과 배분기능이 가장 중요하다고 할 수 있다. 따라서 전 국민적으로 모금된 재원을 배분원칙에 따라 투명하고 효율적인 배분기능을 수행하여야 한다.

① 모금방법

공동모금회의 모금방법은 연중 모금사업이 가능하지만 대부분 연말연시에 전국적으로 언론기관 및 각종 언론매체를 통한 홍보캠페인으로 모금활동이 이루어지고 있다. 기부금품을 모집 · 접수한 경우 기부금품 접수 사실을 기록하고, 그 기부자에게 영수증을 발급해야 한다. 기부자가 성명을 밝히지 아니한 경우 등 기부자를 알 수 없는 경우에는 모금회에 영수증을 보관하여야 한다. 이러한 모금 방법은 모금대상자에 따라 개별형, 기업중심형, 단체형, 특별사업형 등 네 가지 유형으로 분류할 수 있다. 모금유형에 따른 비교는 표 10-8과 같다.

표 10-8. **모금유형에 따른 비교**

구분	개별형	기업 중심형	단체형	특별 사업형
특질	• 개인 및 가정을 통하여 모금	• 기업체와 그 기업의 근로자 중심의 모금	• 재단 및 협회 등의 단체 대상모금	• 특별한 프로그램이나 사업, 행사 등을 통해 모금
장점	• 모든 주민의 관심과 참여	• 적은 노력과 시간으로 일시에 많은 금액을 모금	• 손쉽게 많은 금액을 모금	• 기부자의 흥미를 제공하고 호응도가 높음
단점	• 많은 경비와 시간 소모 • 많은 금액의 단기간 모금에 제한적	• 다소 강제적이라는 부정적 측면	• 많은 주민의 참여는 어려움	• 안정적 모금확보의 어려움 • 사치성 및 낭비성의 문제제기
채택 국가	• 일본, 필리핀	• 호주, 영국, 캐나다, 미국, 홍콩, 싱가포르, 뉴질랜드, 대만	• 일본	• 인도, 요르단, 홍콩, 필리핀

* 중복된 국가는 중복으로 모금하고 있는 경우임.
출처: 이태희 외(2014). 지역사회복지론. 창지사.

② 배분방법

공동모금의 배분방법은 크게 네 가지로, 시설 및 기관 배분형, 문제 및 프로그램 배분형, 혼합형, 지역 배분형으로 나눌 수 있다. 먼저, 시설 및 기관 배분형은 사회복지시설이나 기관을 대상으로 모금액을 배분하는 방법이다. 이러한 방법은 사회적 취약계층에게 집중적으로 배분된다는 측면에서 긍정적이지만 기관의 지역별 분포가 고르지 않아서 지역의 격차를 초래할 수 있다. 문제 및 프로그램 배분형은 지역사회의 보건 및 사회문제를 해결하기 위한 프로그램을 대상으로 배분하는 방법이다. 이러한 방법은 복지의 사각지대에 대한 문제해결을 할 수 있고, 사회복지기관이 새로운 문제에 접근할 수 있는 기회가 많을 수 있다.

혼합형은 시설 및 기관 배분형과 문제 및 프로그램 배분형을 혼합한 방법이다. 이러한 방법은 두 방법의 장점을 극대화할 수 있으나 배분기준이 명확하지 않을 경우 배분의 효과성이 떨어질 수 있다. 한국의 경우 공동모금회 정관 27조에 따라 지회에서 배분하고 있으며, 지회의 배분 성격은 혼합형을 가지고 있다. 또한 지역단위의 지회로 배분하고 있어 지역 배분형의 방법도 사용한다고 볼 수 있다. 지역 배분형은 지역을 단위로 해서 배분하는 방법이다. 이러한 방법은 낙후된 지역을 중심으로 배분하여 지역별 특성에 맞는 복지문제를 해결하고 지역복지를 증진시킬 수 있다. 배분유형에 따른 비교는 표 10-9와 같다.

표 10-9. 배분유형에 따른 비교

구분	시설 및 기관 배분형	문제 및 프로그램 배분형	혼합형	지역 배분형
특질	• 사회복지시설 및 기관을 대상으로 배분	• 특정 문제해결을 위한 프로그램 수행에 배분	• 시설 및 기관 배분형과 문제 및 프로그램 배분형을 혼합	• 지역사회복지증진을 위한 사업에 배분
장점	• 특정 대상에 대한 지속적 배분	• 새로운 문제에 대한 탄력적 대응	• 양자의 장점을 극대화	• 지역사회복지증진 및 지역 간 균형유지
단점	• 지역적 불균형 초래	• 지속적 소외계층 간과	• 배분기준이 명확하지 않으면 효과성이 떨어질 수 있음	• 전국적 대규모 사업수행 불가
채택 국가	• 호주, 벨기에, 인도	• 필리핀, 대만, 자메이카	• 미국, 캐나다, 뉴질랜드, 싱가포르, 태국, 한국	• 일본

2) 자원봉사센터

(1) 자원봉사센터의 개요

우리나라 자원봉사활동은 「자원봉사활동기본법」(법률 제14839호, 2017. 7. 26.)과 「자원봉사활동기본법 시행령」(대통령령 제28211호, 2017. 7. 26.)을 근거 법령으로 한다. 행정안전부(2020)의 자원봉사 활성화를 위한 자원봉사센터 운영지침에 따르면, 「자원봉사활동기본법」(제19조 등)에 근거하여 '자원봉사센터 운영에 필요한 사항을 정하여 성숙한 자원봉사문화 확산에 기여함'을 그 목적으로 하고 있다.

그리고 자원봉사활동의 기본방침에 따르면, 자원봉사센터는 '민 · 관 협력의 기본정신으로 하여 법인형태로 운영하거나 비영리법인에게 위탁 운영하는 것'을 원칙으로 한다. 또한 자원봉사센터장의 임용 및 자원봉사센터의 조직 운영은 관련 법령 및 지침을 준수하도록 제시하고 있다. 마찬가지로 자원봉사센터의 활성화를 위해 지방자치단체는 센터운영과 근무자 처우개선 등 필요한 경비 일체를 지원하도록 규정하고 있다. 더불어 자원봉사센터에 대해서는 민 · 관 협력을 바탕으로 자원봉사활동을 개발 및 장려하는 거점으로서의 역할을 수행하고, 관련 단체 및 유관기관 등과 연계 · 협력을 강화하도록 적시하고 있다. 기타 주요내용은 자원봉사센터가 설립취지에 보다 부합하는 것을 원칙으로 자원봉사활동이 운영될 수 있도록 하고, 효율적 업무절차 · 규정 마련과 자원봉사자 및 자원봉사센터의 근무자에 대한 역량을 강화하여 질적인 발전을 도모하며, 1365 자원봉사포털 고도화로 인한 범정부 자원봉사 통합서비스를 제공하는 것 등이다.

(2) 자원봉사센터의 추진 체계 및 역할

행정안전부에서는 자원봉사센터의 역할을 명확히 규정하여 자원봉사센터와 자원봉사단체 간의 역할 중복에 따른 혼선을 방지하도록 하고 있다. 또한 중앙센터, 광역센터와 기초센터 간의 역할의 분명한 정립을 통해 자원봉사 활성화를 목표로 하여 체계적으로 업무를 추진하도록 하고 있다. 이를 위해 그림 10-3, 표 10-10과 같은 체계와 역할로 구분하고 있다.

그림 10-3. 중앙-광역시 · 도-시 · 군 · 구 자원봉사센터 추진체계

출처: 행정안전부(2020). 자원봉사활성화를 위한 자원봉사센터 운영지침.

표 10-10. 중앙 · 광역 · 기초 자원봉사센터의 역할구분

구분	역할
중앙센터	• 자원봉사 정책 개발 및 연구 • 중앙단위 자원봉사기관 · 단체, 기업과 협력체계 구축 • 지역 자원봉사센터 지원 및 협력 • 자원봉사 아카이브 운영 • 자원봉사 국제교류 및 협력 • 1365 자원봉사포털 위탁 운영 • 자원봉사센터 행정업무 정보화 지원 • 재난 대응 및 지원체계 구축(현장자원봉사센터 설치 및 운영지원 등) • 자원봉사 확산을 위한 홍보 및 문화행사 • 그 밖에 자원봉사 진흥에 기여할 수 있는 사업 추진
광역센터	• 중앙센터 및 시 · 군 · 구 센터와 협력체계 구축 • 광역단위 기관 · 단체, 기업과의 협력 • 시 · 군 · 구 자원봉사 관리자 및 지도자 대상 교육 • 자원봉사 아카이브 운영 • 자원봉사 프로그램 개발 · 보급 • 지역 자원봉사 활성화를 위한 조사 · 연구 • 시 · 군 · 구 센터 간 정보교류 및 사업 조정 · 지원 • 1365 자원봉사포털서비스 이용 및 회원정보 관리 · 운영 • 재난대응 및 지원체계 구축(시 · 군 · 구 현장자원봉사센터 설치 및 운영지원 등) • 그 밖에 특별시 · 광역시 · 도 지역의 자원봉사 진흥에 기여할 수 있는 사업
기초센터	• 기초단위 기관 · 단체들과의 협력체계 구축 • 읍 · 면 · 동 자원봉사자 모집 및 교육 · 홍보 • 자원봉사활동 수요처에 자원봉사자 배치 • 자원봉사 프로그램 운영 • 지역자원봉사 및 공동체 활성화의 거점 역할 수행 • 자원봉사 관련 정보의 수집 및 제공 • 1365 자원봉사포털서비스 이용 및 회원정보 관리 · 운영 • 현장자원봉사센터 설치 및 운영 • 그 밖에 시 · 군 · 구 지역의 자원봉사 진흥에 기여할 수 있는 사업

출처: 행정안전부, (재)한국중앙자원봉사센터(2020). 2020년 자원봉사센터 현황(통계편).

(3) 자원봉사센터의 조직 및 인력 구성

자원봉사센터 조직구성의 원칙은 「자원봉사활동 기본법」 제19조 및 같은 법 시행령 제15조에 명시되어 있다. 지방자치단체는 인구와 자원봉사자 규모 등의 자원봉사의 제반 환경을 고려하여 자원봉사센터 조직을 구성·운영하고, 자원봉사센터의 필요경비를 지원하며, 전문인력 확보 및 직원 사기진작을 위해 필요한 적정한 인건비를 지원해야 한다. 또한 자원봉사센터는 운영형태와 상관없이 민간인을 직원으로 채용하도록 하며, 공개경쟁을 원칙으로 한다.

시·도의 자원봉사센터 조직구성은 자원봉사 활성화를 효과적으로 추진하며, 광역자치단체의 인구 및 자원봉사자 규모 등 자원봉사 환경을 고려하여 자원봉사센터가 효과적으로 운영될 수 있도록 구성하여야 한다. 시·군·구 자원봉사센터 조직구성은 지역의 자원봉사 수요에 효율적으로 대응할 수 있도록 하며, 인구규모에 따라 대도시형·중도시형·소도시형으로 구분하도록 표 10-11과 같이 상세하게 규정하고 있다.

표 10-11. 시·군·구 자원봉사센터의 상근인원 최저기준

<table>
<tr><th>구분</th><th>인구규모</th><th colspan="4">상근인원 최저기준</th></tr>
<tr><td rowspan="2">소도시형</td><td>5만 미만</td><td colspan="4">4명 이상</td></tr>
<tr><td>5만 이상 10만 미만</td><td colspan="4">5명 이상</td></tr>
<tr><td>중도시형</td><td>10만 이상 20만 미만</td><td colspan="4">8명 이상</td></tr>
<tr><td rowspan="3">대도시형</td><td>20만 이상 35만 미만</td><td rowspan="2">특별시
광역시
자치구</td><td>9명 이상</td><td rowspan="2">도 지역
일반 시</td><td>10명 이상</td></tr>
<tr><td>35만 이상 50만 미만</td><td>10명 이상</td><td>11명 이상</td></tr>
<tr><td>50만 이상</td><td colspan="4">12명 이상</td></tr>
</table>

비고) 상근인원은 자원봉사전문요원(자원봉사 교육 코디네이터, 자원봉사 전산 코디네이터)을 포함하며, 전임인력으로, 공무원이 다른 사무와 겸임하는 경우 제외함

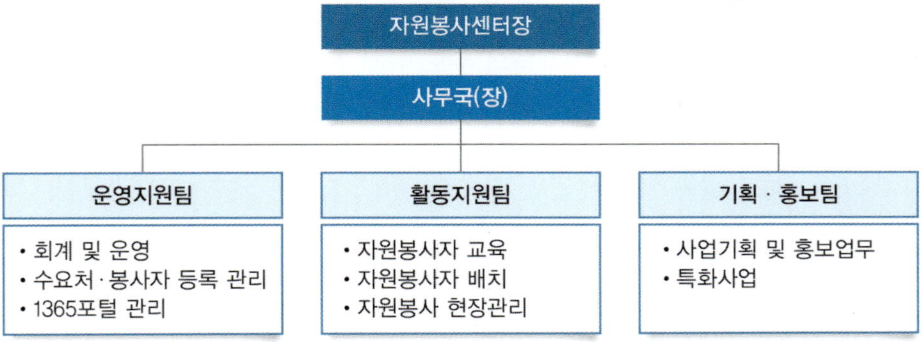

그림 10-4. **자원봉사센터 조직구성**

① 자원봉사센터 근무자의 역할과 책임

자원봉사센터 근무자에 대한 역할과 책임은 시행령 제15조에 의해 담당업무별 역할 · 책임을 명시하여 합리적 업무배분 및 협업체계를 확립하고 있다. 자원봉사센터 구성원들의 역할과 책임은 다음과 같다. 자원봉사센터의 장은 자원봉사센터의 대외적 위상제고를 위한 역할의 수행, 지역 자원봉사단체, 타 자원봉사센터, 유관기관 등 자원봉사와 관련한 협력 네트워크 구축, 예산확보, 조직 및 인사관리 등 자원봉사센터 운영에 대한 역할과 책임을 다하도록 한다. 사무국장은 자원봉사센터 운영, 예산의 집행 및 수행, 지역 자원봉사를 위한 협력 네트워크 구축, 자원봉사활동 관리와 자원봉사 수요처 발굴 및 관리, 자원봉사자 등 개인정보보호 관리 등이다. 팀장의 역할과 책임은 자원봉사활동 프로그램의 기획 및 자원봉사 일감 발굴, 자원봉사활동 프로그램의 진행관리, 자원봉사자 교육계획 수립 및 수행, 팀원의 역량강화 관리 및 지원 등을 규정하고 있다. 팀원(선임팀원)의 역할은 자원봉사자의 원활한 활동을 위한 실무 수행, 자원봉사자 상담, 자원봉사자 배치 및 현장관리 등 자원봉사 실적 관리 등 인정제도 업무수행 등이다.

② 자원봉사센터 근무자 역량강화 및 교육

실무자 교육은 시 · 도 자원봉사센터의 주도 아래 진행하고, 중앙자원봉사센터는 교육을 위한 매뉴얼 제작, 교육 커리큘럼의 기획 및 관리를 하도록 규정되어 있다. 코디네이터를 포함한 자원봉사센터 직원(코디네이터 포함)은 연 20시간 이상의 교육을 이수하도록 규정하고 있다.

(4) 자원봉사 인정 프로그램 운영

자원봉사활동에 대한 다양한 인정 프로그램 및 대상자 선정기준 등은 각 지자체별 자율적으로 결정하고 있으며, 지자체 상호 간 보상체계 및 내용에 혼란을 유발하지 않도록 협조를 필요로 한다. 자원봉사 실적 적립은 개인별 자원봉사 실적에 대한 적립 · 관리를 통해 자원봉사자에 대한 인정 프로그램을 적극 활용하도록 한다. 또한 학교, 직장 등에 자원봉사활동에 대한 공헌 인정을 위한 자료를 제공하고 자원봉사실적 관리를 위한 증명서 발급 등 소속감과 인정감을 부여하여 자원봉사활동에 대한 자부심과 사기진작 등을 목표로 한다.

표 10-12. **인정 프로그램 유형 및 내용 예시**

유형	인정 프로그램의 내용
정서적 인정	• 감사카드, 축하카드(생일, 성년 등), 연하장, 휴대폰 문자 등 • 언어적 · 비언어적 감사의 표시와 관심 표현
기회의 인정	• 국내 · 외 행사 참석기회, 보건소 무료 건강검진 기회 • 전문 심화교육, 워크숍 참석기회 • 국내외 연수, 테마여행 기회
상징적 인정	• 각종 기념품, 활동조끼, 자원봉사자 수첩 제공 • 자원봉사자 배지(누적 봉사활동 시간에 따른 금 · 은 · 동 배지) • 자원봉사자(리더) 명함 제작 또는 자원봉사 인증패 증정 • 이달의 모범 자원봉사자 선정 또는 봉사왕 선정 등

유형	인정 프로그램의 내용
간접적 · 경제적 인정	• 주차할인권, 공공시설 및 복지관 프로그램 이용료 할인 • 놀이공원 공연관람료 할인 또는 무료티켓 등 제공 • 할인쿠폰 제공(할인가맹점 이용)
사회적 인정	• 추천이나 추천서 제공 • 우수 자원봉사자 표창, 정부포상 추천 • 지역 또는 전국적 미디어 활용 홍보 • 상급학교 진학 시 경력 인정 • 자원봉사활동기록 및 자원봉사 명예의 전당 등재

3. 비영리스타트업

우리나라의 경제는 대내 · 외 불확실성의 증가로 투자 감소, 소비심리위축으로 인하여 저성장이 지속되고 있다. 그리고 고용시장의 구조조정과 경력직 채용선호현상으로 신규 일자리가 축소되고 있어 청년실업 증가로 이어지고 있다. 그럼에도 불구하고, 신사업은 확대되고 있으며 사회적 경제는 영역이 다양화되고 있다. 즉, 신기술을 이용한 여러 형태의 창업이 증가하고 있으며, 크라우드 펀딩을 통한 자금조달로 신산업 영역이 확대되고 있다. 또한 사회적 경제의 인식 확대와 지자체의 지원센터 운영 등으로 사회적 경제 영역은 다양화되고 있다. 이러한 흐름에 따라 새로운 창업의 형태로 비영리스타트업이 부각되고 있다.

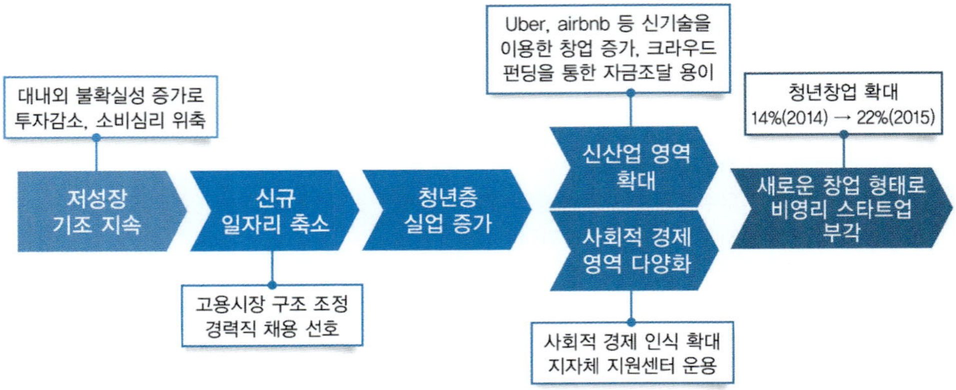

그림 10-5. **비영리스타트업 태동 배경**

출처: 박희석, 정현철(2017). 서울시 비영리스타트업 현황과 청년일자리. 서울연구원.

최근의 사회분위기 또한 비영리스타트업에 우호적이다. 사회 · 경제적인 경향을 종합적으로 고려한다면 비영리스타트업은 청년일자리문제를 해결하는 데 도움이 될 수 있다. 비영리스타트업은 청년일자리의 일부분만 차지하기 때문에 청년실업문제의 해결을 위한 완벽한 대안은 될 수 없다. 하지만 비영리스타트업은 청년실업문제를 해결하기 위한 새로운 방향을 제시할 수 있다(박희석, 정현철, 2017).

1) 비영리스타트업의 개념

비영리스타트업의 개념은 아직 학문적으로 정립되어 있지는 않다. 비영리스타트업은 매우 복합적인 형태로 구체적인 기업의 형태에 따라 비영리단체, 스타트업, 사회적 경제, 공유경제 등의 속성을 가지고 있다. 또한 기존의 비영리단체나 사회적 경제와 같이 사회공헌을 목표로 하며 이윤은 합리적으로 배분한다. 일반적인 단어상의 의미로는 비영리단체와 달리 새로운 아이디어와 방식으로 사업을 전개해 나가고, 스타트업과 달리 이윤추구가 아닌 사회적 목적을 추구하는 기업(또는 조직)으로 기부금 또는 현물 출자의 형태로 자원을 조달하여 운용되는 신생기업으로 해석할 수 있다.

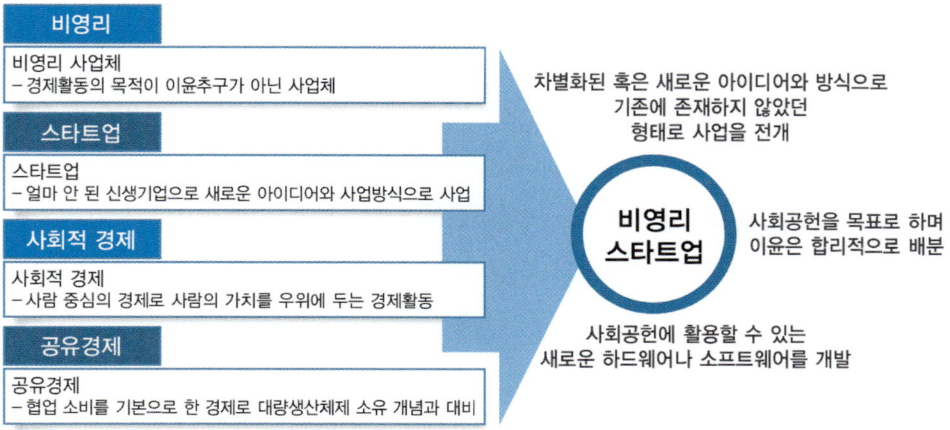

그림 10-6. 비영리스타트업 개념도

출처: 박희석, 정현철(2017). 서울시 비영리스타트업 현황과 청년일자리. 서울연구원.

그림 10-6과 같이 비영리스타트업의 개념도를 참고하여 비영리스타트업을 다음과 같이 정의할 수 있다. 비영리스타트업은 창의적인 아이디어와 새로운 사업방식으로 사회공헌도가 높고, 청년층이 설립한 비영리사업체로 사회적 경제의 틀에서 생겨나는 신생기업이며, 기부금 또는 현금출자, 민관 단체 및 개인의 후원에 의해 자원을 조달하여 운영하는 기업이다.

비영리스타트업의 창업 동기는 일반적으로 사회적 문제에 대한 고민에서 출발한다. 대표적인 사례로는 사회혁신아이디어에서 출발하여 아이템을 고민하고 비영리로 목적사업을 시작한 열린 옷장을 들 수 있다. 또한 비영리분야 또는 단체에 근무한 경험을 바탕으로 사회변화에 대한 고민을 실천으로 옮긴 진저티프로젝트, 비영리 IT지원센터나 FLRY 등이 있다. 그 외 공부를 하던 중에 괜찮은 사례를 발굴하고 이를 발전시켜 한국적 실정에 적용한 점프 등의 사례가 있다. 비영리스타트업의 목표는 기존 비영리단체와 사회적경제 분야와 큰 차이가 없다. 이윤추구가 주목적인 스타트업과 비영리스타트업의 가장 큰 차이는 사업체가 추구하는 목표에 있다. 스타트업은 이윤추구가 목적이지만 비영리스타트업은 사회적 경제의 범위 안에서 공익추구나 사회적 문제해결을 위해 노력하고 있다.

비영리스타트업은 전통적인 비영리분야인 종교, 돌봄, 자선 등의 분야뿐만 아니라 출판, 컨설팅, 공유경제, 도시재생, 교육, 문화 등 다양한 분야의 목적사업을 시행한다. 비영리스타트업은 기존의 전통적인 비영리분야에서는 새로운 방식으로 사업을 전개해 나가거나, 새로운 분야를 개척하기도 한다(박희석, 정현철, 2017).

2) 비영리스타트업의 운영방식

비영리스타트업은 비영리단체와 사회적 경제(사회적기업, 마을기업, 협동조합 등)의 복합적인 형태를 가지고 있다. 조직의 형태는 일반적으로 사무실이나 사무국을 운영한다. 하지만 일부 비영리스타트업은 점조직형태로 운영되며, 사무국이나 사무실에 상근 직원이 없는 등 주소지는 단지 단체 등록을 위해 이용하는 경우도 있다.

비영리스타트업은 창의적인 아이디어와 새로운 사업방식을 적극적으로 활용하기 때문에 기존의 비영리단체와 운영방식에서 일부 차이를 보인다. 비영리스타트업은 기부와 자원봉사, 민관후원, 타 사회단체(재단 등)와 연계하여 운영한다는 점에서는 비영리단체와 크게 다르지 않다. 하지만 공유경제 등의 새로운 분야에 대한 사업을 적극적으로 수용하고, 홍보에 있어서 소셜미디어를 활용하며, 재능기부 등을 통한 사회적 멘토링을 이용한다는 측면에서 스타트업의 성격을 지니고 있기 때문에 기존의 비영리단체와 차이를 보이고 있다. 그 외에도 비영리스타트업은 기부금 또는 현물출자의 형태로 자금을 조달하지만, 최근에는 엔젤투자를 받기도 하는 등 자금원이 다양해지고 있는 추세이다(박희석, 정현철, 2017).

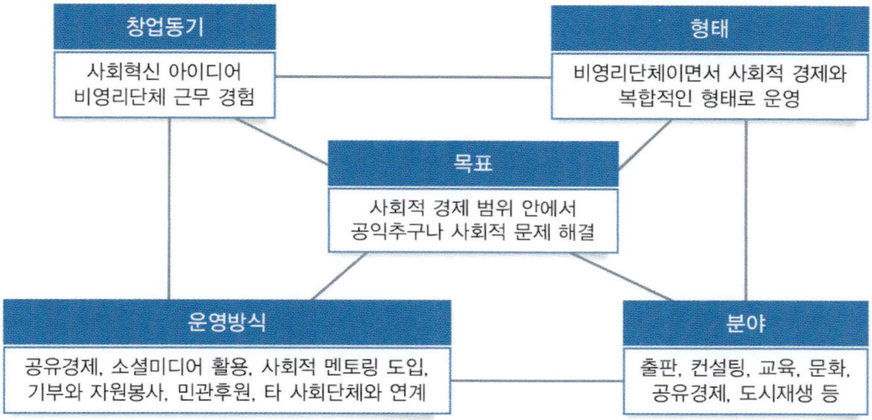

그림 10-7. 비영리스타트업의 운영방식

출처: 박희석, 정현철(2017). 서울시 비영리스타트업 현황과 청년일자리. 서울연구원.

Chapter 11

지방자치와 지방분권

배울 내용

1. 지방분권화와 지역사회복지
2. 주민참여와 마을만들기
3. 지역사회복지 전달체계의 통합화
4. 읍면동 찾아가는 복지와 주민협력

학습목표

1. 지방분권화에 따른 지역사회복지 변화를 이해한다.
2. 주민참여와 마을만들기 운동의 의미와 배경 및 목적을 파악한다.
3. 사회복지전달체계의 유형을 통해 지역사회로의 전달체계로의 개편을 설명할 수 있다.
4. 읍면동 찾아가는 복지서비스를 이해하고 발전방향을 모색해 본다.

Chapter 11

지방자치와 지방분권

1. 지방분권화와 지역사회복지

1) 지역사회복지 태동기: 1970년대~1990년

우리나라의 지역사회복지 실천모델은 1970년대의 새마을운동이 대표적인 지역사회 개발 모델로 시작되었고, 지역사회행동 모델로 점차 확대되어 발전된 역사를 가지고 있다. 이러한 지역사회행동은 1980년대에 들어와서 민주화 운동과 생활권 보장의 차원에서 지역사회를 중심으로 한 사회운동과 연관되면서 구체화되었다. 그리고 민간 차원에서는 사회복지수급대상자를 중심으로 활동하는 각종 자조집단이 출현하였는데, 장애인단체를 비롯하여 장애아동의 부모모임, 노인 등 다양한 자조집단이 상호정보를 교환하면서 자신들의 권익옹호활동을 적극적으로 수행하기 시작하였다.

1980년대에 들어오면서 지역사회복지는 커다란 전기를 맞이하였다. 구체적으로 이 시기의 지역사회복지는 정부주도하에 지역사회복지관의 설립, 재가복지서비스의 도입, 지역사회행동 모델의 확대 등 과거보다 진일보한 모습으로 구체화되었다. 우리나라의 사회복지관은 1980년대 초반까지는 양적 · 질적인 측면에서 기본적으로 1970년대의 골격을 그대로 유지하였다. 다만, 1983년 「사회복지사업법」의 개정에 따라 사회복지관은 종합사회복지관 가형과 나형 그리고 사회복지관으로 나누어지면서 공식적으로 국가의 지원을 받게 되었다. 그리고 1980년대 후반에는 사회복지관의 발전과정에서 몇 가지 특징적인 조치들이 이루어졌다. 이러한 특징들은 지역사회를 중심으로 하는 사회복지관사업이 본격적인 궤도에 진입하였음을 말해 준다. 또한 이 시기에는 지역사회중심의 사회복지서비스로서 재가복지가 도입되었다.

우리나라에서 재가복지는 노인복지와 장애인복지가 민간분야에서 처음으로 시도되었는데, 노인복지분야에서는 1980년대 초에 한국노인복지협회에서 노인결연사업, 상담사업 등을 추진하여 오다가 가정봉사원으로 확대 · 실시되어 왔다. 1987년에는 한국노인복지회에서 국제노인복지회의 지원과 국고보조금으로 가정봉사원을 파견하는 시범사업을 시작하였다. 가정봉사원 파견은 구호에 비중을 두는 기존의 방식을 탈피하여 대인 사회복지서비스의 제공이라는 원조내용의 변화, 자원봉사자의 활용, 정기적인 서비스 제공 등과 같은 특징을 가지고 있다는 점에서 주목되었다. 장애인복지의 발전은 1980년대에 장애인재활협회, 서울장애인복지관 등을 중심으로 지역사회중심재활사업이 실시되었다. 특히 재가복지서비스의 형태로 장애인 가정방문을 통한 상담, 진단치료, 교육 프로그램 등이 시행되었다.

무엇보다 지역사회복지의 발전에 있어서 커다란 영향은 사회복지전담공무원 제도의 도입이다. 우리나라는 1987년에 사회복지전담공무원 제도를 도입하여 전국 읍 · 면 · 동사무소에서 생활보호대상자를 중심으로 공공부조업무에 종사하도록 하였다. 사회복지전담공무원 제도의 의의는 공공부조업무의 성과뿐 아니라 지역사회중심의 공공사회복지전달체계의 새로운 전기를 마련하였다는 데 큰 의미가 있다.

2) 지역사회복지의 발전기: 1990년 이후

1990년대 이후 지역사회복지는 과거에 비해 지역중심성에 대한 강조, 전문성의 강화 등을 기초로 질적인 변화를 경험하게 된다. 특히 재가복지서비스의 확대, 지역사회복지실천 주체의 전문화 및 다양화, 지역사회중심의 자활사업 전개, 지방자치제의 실시 및 지역분권운동의 전개에 따른 지역사회복지의 내실화 요구 등 지역사회복지의 질적 전환이 이루어진 시기라고 할 수 있다.

우선 사회복지관사업은 1990년대 이후 급속한 양적 확대를 가져와 1990년의 58개소에서 2023년 현재 전국에 450개소 이상이 설치 · 운영되고 있다. 사회복지관은 민간법인의 운영, 정부의 지도감독 등 반관반민의 운영형태를 가지고 있다. 더구나 1997년 「사회복지사업법」의 개정에 의해 실시하게 된 사회복지기관 평가로 인하여 사회복지관의 운영 및 프로그램의 효과성과 효율성을 제고시키기 위한 다양한 노력과 더불어 지역사회중심의 자원동원 및 서비스 전달체계의 확립, 지역사회주민 조직화사업을 강화하는 등 지역사회복지의 실천 영역을 확대시키고 있다.

한편, 지역사회복지 실천모델과 관련하여 이 시기에 주목할 것은, 지역사회의 삶의 질 향상과 복지욕구의 해결을 공식적으로 표방하는 자주적인 지역사회복지조직의 활동이 구체화되면서 지역사회개발 및 사회행동 모델의 실험과 적용이 이루어진 점이다. 이들 조직들은 푸드뱅크사업, 보건의료 지원사업 등 저소득 · 빈곤계층을 위한 직접서비스 지원사업을 수행하고 있을 뿐만 아니라 지역복지정책개발사업, 각종 빈곤정책 프로그램 등과 관련된 조례제정 운동을 비롯하여 다양한 사회행동을 실현하고 있다.

이러한 자주적인 지역사회복지조직은 지역주민운동에 뿌리를 두고 있으며, 저소득층에 대한 직접서비스 기능뿐만 아니라 사회행동 등 다양한 지역사회복지 기능을 수행하고 있다. 그리고 IMF구제금융 이후 사회복지 이슈를 매개로 하는 시민사회 단체의 증대가 비약적으로 이루어졌다. 지역복지 이슈를 구체화하거나 노인 · 아동 · 장애인 ·

청소년 등의 문제를 집중적으로 제기하고 있다. 최근에는 사회적 약자에 관심을 보이는 등 지역복지의 이슈나 삶의 질 향상과 관련된 지역중심의 복지 이슈가 시민사회운동의 중요한 영역으로 자리잡고 있다. 이 밖에도 1998년에 광역단체 사회복지협의회의 독립법인화 및 기초자치단체 사회복지협의회의 조직화, 지역사회복지조직 및 관련 자원들 간의 네트워크를 통한 지역사회복지협의체의 구성, 지방자치시대 및 지방분권의 추진 등으로 지역사회복지는 활성화되었다.

또한 2000년 10월에 「국민기초생활보장법」의 시행으로 지역사회중심의 자활지원사업이 본격적으로 전개되었다. 자활사업의 전개는 과거와는 다르게 지역사회 차원에서 빈곤문제 해결을 위한 보다 구체적이고 전문적인 실천 활동이 요구되고 있으며, 지역사회복지 발전에 기여하고 있다.

2. 주민참여와 마을만들기

1) 주민참여 마을만들기 운동의 의의

지난 20여 년 동안의 지방자치 경험 속에서 지방자치의 내실화를 위해 주민참여와 주민자치를 활성화하고자 하는 노력을 하여 왔으며, 주민들이 직접 나서서 일상생활의 문제들을 풀어 가거나 지역사회를 개선 · 발전시키려는 활동들이 점차 활발해져 왔다. 이러한 활동 중의 하나인 "마을만들기 운동"은 1962년 일본의 나고야시 에이토 지구의 도시재개발 시민운동에서 처음 사용되면서 도시계획에 주민참여의 길을 열어 놓았다. 이후 주민의 일상생활 환경정비와 개선활동을 넘어 주민의 건강과 복지, 교육은 물론,

지역의 정체성 확립과 지역 활성화를 위한 핵심적 전략으로 발전되어 왔다.

민선자치 후 우리나라에서도 주민참여 마을만들기와 유사한 주민운동들이 서서히 발전하고 있으며, 특히 주민자치위원회의 구성과 함께 일부 자치단체에서나 시민단체에서 1999년부터 의욕적으로 추진하고 있다. 마을만들기는 주민 스스로가 마을의 주인으로 거듭나고, 주민들의 마음과 마음을 이어 주는 주민들이 더불어 살아가는 지역공동체를 창조하기 위한 활동을 말하며, 우리의 지방자치와 도시행정의 궁극적 목표도 이를 통해 실현할 수 있다.

2) 주민참여 마을만들기의 배경

"주민참여 마을만들기"사업은 마을만들기 사업 중에서 주민이 주도적으로 참여하는 사업을 의미하며, 주민이 주도적으로 참여한다는 것은 마을만들기 사업의 계획수립 및 추진과정 전반에 걸쳐 주민이 주도적으로 참여하는 것을 의미한다. 따라서 주민참여 마을만들기 사업은 주민이 자신이 거주하고 있는 환경을 개선하여 살고 싶은 환경으로 조성하기 위해 행하는 각종 노력과 운동 및 일련의 과정과 지속적으로 유지하기 위해 주민이 주도적으로 참여하는 사업을 말한다.

주민참여 마을만들기 사업은 초창기 마을만들기 사업의 사례에서도 간혹 발견되지만 본격적으로는 2000년대 이후에 발전되었다. 이러한 주민참여 마을만들기 사업의 등장 배경에는 지방자치의 부활을 통한 행정기관 및 시민들의 의식 변화와 온라인 문화의 확산 등을 들 수 있다.

1995년 지방자치의 부활은 크게 정치적인 측면과 행정적인 측면에서 주민들의 생활에 커다란 영향을 미쳤다. 즉, 지방자치제도의 부활은 정치적으로는 지방자치단체장과 지방의회 의원들을 주민들이 선출하는 주민자치시대의 도래를 의미하고, 행정적인 측면에서는 중앙정부의 상명하달에 의한 하부기관이었던 자치단체가 독립적인 의지를 가지고 지역주민들의 복리증진에 정진하는 지방정부시대의 도래를 의미한다. 이러한 지방자치의 부활은 마을만들기 사업에도 막대한 영향을 미쳤다. 1994년 한국YMCA를 시작으로 추진된 마을만들기 사업에 도시연대 등 많은 시민단체들이 참여하여 주민들의 생활 주변 환경을 바꾸는 운동이 전개되었다.

시민단체 주축의 움직임들은 1995년 민선 1기 지방정부의 출범과 함께 참여 형태를 바꾸어 진행되었다. 민선 1기 지방정부는 지역 활성화와 지역 이미지 및 정체성을 제고하기 위한 여러 사업들을 추진하게 되는데, 이때 거의 모든 지방자치단체에서 추진한 사업 중 대표적인 것이 지역 축제의 개최이다. 지역 축제는 지역의 정체성을 갖지 못하고 사업성 위주의 단기적인 축제 개최와 단체장의 실적을 위한 홍보성 축제라는 비판을 함께 받으면서 주민들의 관심을 끌지 못하게 되었다. 지역 축제의 개최와 더불어 일부 지방자치단체는 시민단체와 함께 일본의 마을만들기 사업을 흉내 내어 공동체 사업 등을 추진하였으나 관 주도의 사업 진행으로 효과는 크지 않았다.

IMF 체제와 함께 출발한 민선 2기는 경제난에 따라 지방행정조직은 구조조정에 따른 구조개편을 실시하게 되고, 새천년을 맞아 개방화, 국제화, 분권화하는 새로운 패러다임의 사회를 주도하던 시기이다. 이러한 사회적 분위기 속에서 읍·면·동사무소의 기능전환과 주민자치센터가 설치 및 운영이 시작되었다. 2000년 시 지역의 모든 동사무소에 주민자치센터가 설치되고 주민자치위원회가 구성되면서 마을만들기 사업의 형태와 양상 및 추진 주체는 변화의 모습을 보이기 시작하였다. 즉, 그동안 마을만들기 사업의 변두리에서 또는 객체로 자리를 잡고 있던 주민 또는 자생주민조직 위주의 주민조직이 보다 체계화되고 의식을 가진 조직으로 바뀌게 되면서 마을만들기 사업에 대한 주민 참여도가 증대할 수 있는 계기를 마련하게 된 것이다.

시민들의 의식 변화와 함께 중요한 또 하나의 변화는 인터넷으로 대변되는 온라인 문화의 확산을 들 수 있다. 정보화에 따른 고속인터넷망의 구축과 개인용 컴퓨터의 보급 확대는 온라인을 통한 정보 제공의 확대와 함께 주민의 참여 기회를 확대시켜 주고, 실시간으로 각종 정책에 대한 의견을 수렴할 수 있다는 장점을 활용하여 다양한 주민 의견을 수렴하는 마을만들기 사업의 추진을 가능하게 하였다.

3) 주민참여 마을만들기의 목적

주민참여 마을만들기의 목적과 필요성은 큰 틀에서 보았을 때 생활환경 개선, 생존권 확보, 지역상권의 활성화, 공동체적 삶의 구현 등으로 구분할 수 있다(이은영, 2012).

(1) 생활환경의 개선

주민들이 거주하고 살아가는 생활환경을 보다 나은 환경으로 바꾸고자 하는 의도에서 출발한 사례들이다. 주민들은 일상생활 속에서 쉽게 문제점을 인식할 수 있다는 점 때문에 최근 증가하고 있는 사례유형이다. 구체적으로 주요 아파트 단지와 일반 단독 주택지 등 주거지역에서 나타나는 유형으로 골목길 환경개선, 어린이 통학로 개선, 주민공용 공간 확보, 꽃밭 가꾸기, 벽화 그리기, 울타리 정비들이 있으며 보다 적극적인 경우로는 재건축시에 계획 마련 단계에서 아파트의 외부 공간을 위해 밀도를 낮추어 개발하는 사례 등도 이에 해당하는 유형들이다.

(2) 생존권 확보

대부분 전면 철거방식으로 진행되는 재개발지역에서 많이 발생하는 경우이며, 생존권을 지키기 위한 저항형 주민운동 성격에서 출발하여 주민들의 결속력을 토대로 다양한 생활환경 개선활동 등을 전개하게 되는 유형이다. 이러한 동기에서 시작된 마을만들기는 생존권에 대한 문제가 어느 정도 해결되면 환경과 주민들이 바뀜에 따라 주민들의 결속력은 약화되어 지속되지 못하고 중단되는 한계점이 있다.

(3) 지역상권의 활성화

지역상권의 활성화를 위해 시작된 마을만들기는 오래된 시장의 상인들이 특색 있는 거리를 조성하여 쇠퇴해 가는 지역 상권을 되살리기 위한 목적으로 시작되는 유형이다. 구체적으로 부평 재래시장의 문화의 거리 조성 사례와 일본의 노요나카역전 마을만들기 사례 등이 해당된다. 이런 경우 마을만들기의 주체는 상가번영회나 상인협의회와 같은 조직이 되고, 행정의 협조여부에 따라 마을만들기의 성패가 크게 좌우된다는 점이 특징이다.

(4) 골목, 지역 및 도시 공동체의 회복

공동체적인 삶을 구현하기 위한 시도로서 개인이나 뜻 있는 주민들이 시작하는 경우이다. 구체적으로 골목공동체 화목을 위해 전개한 대구시 삼덕동 담장허물기 사례와 더불어 살아가는 공동체 문화를 위해 10여 가구 주민들이 모여 시작된 부산 금샘마을 사례가 대표적이다.

3. 지역사회복지 전달체계의 통합화

1) 사회복지전달체계의 유형

(1) 공공전달체계

공공복지란 정부를 말하며 중앙정부 및 지방자치단체로 구분된다. 국가의 행정적 조직에 의하여 관리되므로 사회복지조직은 중요하다. 왜냐하면 국민의 사회복지 수요 요구 및 욕구를 효율적, 효과적으로 공급하고, 충족시키기 위해서 사회복지전달체계의 확립이 필요하기 때문이다. 그리고 전달체계는 정부 및 지방자치단체 등이 공공부조, 사회복지서비스 등을 대상자에게 전달하는 체계를 말한다.

공공전달체계는 보건복지부, 고용노동부, 안전행정부, 지방자치단체, 지방정부가 사회보험, 공공부조, 사회복지서비스 등을 대상자들에게 전달하는 체계이다. 사회보험을 보면, 정부에서 전달이 되고, 공공부조와 사회복지서비스는 정부, 지방정부도 전달한다. 보건복지부에서는 건강보험, 노인장기요양보험, 국민연금을 보건복지부 산하에 담당하고 있는 각 기관에서 행해지고, 국민연금공단과 건강보험공단의 각 지부를 통해 이루어진다. 보험가입자는 보험료를 납부하여야 하고, 수혜받는 자는 보험료를 수급받는 체계로 이루어진다. 고용노동부에서는 고용보험, 산재보험을 담당하고, 각 산하 기관은 근로복지공단의 지부를 통해 수급받는 수혜자들에게 전달한다.

한편 공공부조와 사회복지서비스는 보건복지부의 관할인데, 각 산하 지부조직이 존재하고, 행정안전부 시 · 도, 시 · 군 · 구 등 지방정부, 지자체가 담당하고 있는 구조를 이루고 있다.

(2) 민간전달체계

민간전달체계는 한국사회복지사협회, 사회복지공동모금회, 사회복지협의회 등이 사회복지서비스를 대상자들에게 전달하는 체계이다. 민간전달체계는 보건복지부 등에서 예산을 받고 행정지도와 감독을 받으며, 주로 장애인복지, 노인복지 등 서비스를 지원한다. 한국사회복지사협회는 사회복지사를 양성하여 공공전달체계와 협조하고, 전문적인 사회복지사의 증원 등을 위해 사회복지협의회는 한국사회복지사협회와 협력한다. 사회복지공동모금회는 후원 등을 통한 모금금액을 사회복지협의회와 협조를 하여 사회복지시설기관에 지원하고, 대상자에게 제공하도록 한다. 민간복지는 정부가 미치지 못하는 부분을 보조하는 보조적인 역할을 한다. 민간복지는 정부의 보편적 복지로부터 제외되는 지역, 취약계층을 대상으로 선별적 복지를 지원한다.

(3) 공공 · 민간 혼합전달체계

공공 · 민간 혼합전달체계는 각 체계가 갖고 있는 문제점들을 해결하여 사회복지 목표를 달성할 수 있게 하는 장점이 있고, 한편으로는 대상자들에게 공급할 수 있는 재화, 서비스가 한정적일 수 있다는 단점도 있다. 혼합된 체계에서는 정부가 민간의 보험회사와 계약을 통해서 하고, 미국의 산재보험 등 정부의 규제 아래 일부분에 대해서만 민간 보험회사와 계약을 통해서 시행한다. 대표적으로는 영국과 일본의 국민연금 등을 들 수 있다.

2) 중앙정부와 지방정부의 사회복지전달체계

우리나라 사회복지행정체계는 정책의 결정, 정책의 집행기관의 분리로 이원적인 구조를 가지고 있으며, 중앙정부 수준에서는 보건복지부가 지방자치단체 수준에서는 행정안전부가 사회복지정책을 관리, 집행하는 구조를 가지고 있다.

보건복지부는 기본정책, 사업계획을 수립하여 행정안전부의 지방조직인 시 · 도→시 · 군 · 구→읍 · 면 · 동에 전달하면서 하급기관들은 지침에 따라 업무를 수행하는 구조로 이루어져 있다. 현행 사회복지전달체계는 행정체계인 중앙-광역자치단체-기초자치단체 -동사회복지공무원-복지대상자로 되어 있어, 업무의 기능성, 지역주민의 편의성을 고려하여 복지업무의 성격에 따라 신속하고 정확하게 전달하는 방식으로 개편하여야 한다. 중앙정부가 산하기관을 통해 서비스 제공 기관을 확보하거나, 지역 내 민간서비스 제공기관에 대해 위임하는 현재의 방식은 기초지방자치단체가 예산과 집행 책임을 담당하는 방식으로, 기초지방자치단체 스스로가 사회서비스 전달체계 과업을 수행할 충분한 조직, 인력, 재정을 확보하여야 한다.

지방자치시대 이전의 복지전달은 중앙정부가 사회복지전달체계의 중심이었고, 지방화 시대가 되면서 사회복지전달 주체로서 지방정부가 중요한 역할을 담당하고 있다.

(1) 중앙정부

중앙정부 역할은 지역복지체계를 위한 주체들의 역할 정립 및 실천 방안 마련, 지역복지체계 정립이다. 중앙정부는 전체적인 사회복지정책의 방향 제시, 기준, 재정의 확보, 운용, 지자체와 산하단체, 민간기관의 심사, 조정, 평가업무를 담당하여야 한다. 사회복지서비스는 국민을 대상으로 하는 공공재적 성격의 복지서비스와 사회보험과 같이 전 국민을 대상으로 하는 경우에도 중앙정부가 관리하는 것이 더 효과적이다.

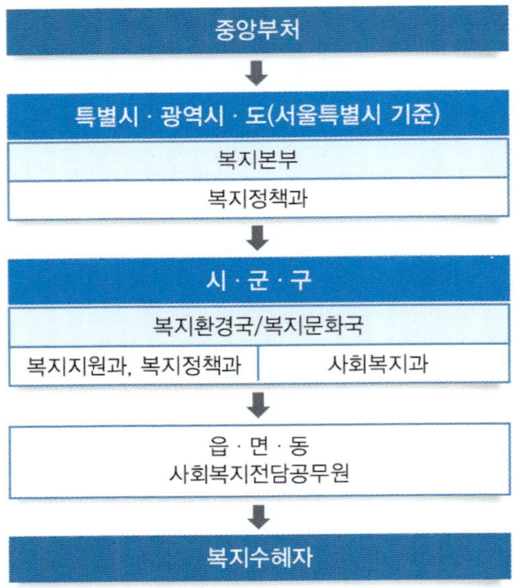

그림 11-1. **사회복지 공공전달체계**

(2) 지방정부

우리나라는 1995년 6월 27일, 4대 지방 선거를 통하여 지방화시대로 접어들었다. 지방자치란 주민의 의사와 판단에 의해 재원을 가지고 행해지는 자치행정이다. 이러한 자치행정은 지역주민의 복지증진에 관한 사회복지행정이며, 사회복지서비스를 중심으로 한 권한이 지방자치단체에 이양되고 있다. 지방자치단체는 지역사회 내의 문제점을 해결하기 위해 조사, 기획, 정책 우선순위 선정과 지역 내의 다양한 자원 조정, 동원, 민간자원과의 협력체계 구축 등을 담당해야 한다. 광역단체는 지역복지와 관련한 광역수준의 기획, 정책, 연구 및 정보관리를 담당하고, 광역단체의 산하단체, 민간, 기초자치단체의 심사, 조정 및 평가를 담당한다. 기초자치단체는 지역복지와 관련하여 기초수준의 정책 개발, 기획, 연구 그리고 정보 관리와 정책 집행을 담당하여 기초자치단체의 산하 민간기관의 심사, 조정, 평가를 담당한다.

(3) 지역사회로의 전달체계 개편

우리나라에서는 지방자치시대를 1990년대 전반부터 열었다고는 하지만 지방자치단체장의 선거만 이루어진 점이 변화일 뿐, 중앙정부가 여전히 지방정부의 조직, 인사에 대해 조정하고 있었으며, 무엇보다도 재정에 대한 중앙정부 의존도가 매우 심하여 지방자치 시대의 실현과는 거리가 먼 상태였다.

이처럼 진행되어 온 지방화시대에 노무현 정부는 지방분권혁신위원회를 대통령자문기구로 두고 5개년 계획의 개혁과제 47개를 발표하는 등 빠른 행보를 이어 나갔다. 정부의 이러한 정책의지는 복지 분야에도 영향을 미쳤고, 지역사회 및 지방정부의 복지를 둘러싼 새로운 역할이 대두되게 되었다. 복지의 지방분권을 조장하는 흐름에는 복지재정에서의 지방의 분권화이다.

지방의 재정자율권을 신장하기 위해 2005년 중앙정부의 국고보조금 사업 중 일부를 교부세라는 명목으로 지방에 이양하는 과정에서 보건복지부가 관장해 온 국고보조금 사업의 12.1%를 지방에 이양하였다. 국민기초생활보장제도하에서의 급여를 제외하면 주로 사회복지서비스로 분류되는 국고보조금 사업 중 무려 44.8%가 분권교부금으로 지방정부로 최종 결정권이 이양되는 사업이었다. 지방정부가 복지재정과 관련하여 전적으로 국고보조금에 의존하여 중앙정부의 운영지침과 관리방식에만 기대던 방식에서 자율적인 재원배분과 주체적인 사업운영의 가능성이 열리게 되었음은 그 자체가 의미하는 바가 크다.

후자는 국민의 정부 때 설계하여 이미 2002년 국회에서 「사회복지사업법」 개정을 통해 확정된 것이었으나 발효 시기가 노무현 정부 임기 초인 2004년 7월 30일이었기에 노무현 정부의 지방자치정책과 결합하여 그 효과가 커지게 된 부분이다. 지역사회 차원에서 볼 때, 자율적인 복지재원의 생성은 지역사회를 더 주체적으로 여기는 계기가 되었다(강지희, 2021).

4. 읍면동 찾아가는 복지와 주민협력

1) 읍면동 찾아가는 복지서비스 개념 및 특징

읍면동 찾아가는 복지전달체계는 국가의 정책으로 추동되고 있지만 사실 본 정책은 서울시의 찾아가는 동사무소 정책에서 그 기원을 찾을 수 있다. 서울시가 찾아가는 동주민센터를 추진하게 된 계기는 일선 동주민센터에서 근무하는 사회복지, 보건 등 분야의 인력을 획기적으로 증가시키고 이를 통해 시민의 복지에 대한 체감수준에서의 효과를 증진하기 위한 것이었다[1].

찾아가는 동주민센터의 전달체계의 개선은 주로 복지전달체계의 제공방식을 공급자 방문형을 원칙으로 하고 전달체계의 구조를 읍면동 단위로 세분화함으로써 지역주민과의 복지행정을 보다 밀도감 있게 제공하겠다는 가치를 반영한 것이다.

찾아가는 읍면동 복지서비스는 기존 동주민센터와는 달리 일반 및 민원행정중심의 동주민센터의 기능을 민원과 함께 복지행정의 허브기능으로 전환하고 공공부조의 단순한 급여제공업무를 건강과 고용 등을 상호 연계하는 원스톱 복지행정으로 전환하는

1) 찾아가는 동주민센터 사업은 민선 6기 서울시장 선거공약 작성시점에서부터 공식화되었다. 이는 그 이전 민선 5기 등에서의 관련 공약에서는 대개 공공의 휴먼서비스 영역에서 일자리를 창출하겠다는 방식으로 제안된 것에 비해서 보다 구체적인 지향을 나타낸 것이라고 할 수 있다. 이 사업은 민선 6기 복지공약 중 첫 번째로 선언된 바 있다.

내용이다. 기존 동주민센터에서는 단순 급여업무를 중심으로 수동적인 형태의 복지서비스가 제공되었다고 한다면 찾아가는 동주민센터에서는 빈곤사각지대의 발굴, 사례관리 그리고 자원연계 등을 종합적으로 제공하는 복지행정의 허브기능으로 확대 개편된 것이다.

이처럼 찾아가는 방문형 복지서비스는 지역주민이 동사무소를 방문하여 복지서비스에 대한 상담을 진행하는 수동적 방식에서 벗어나 복지담당공무원뿐만 아니라 간호 등 의료인력이 지역주민을 직접방문하여 복지급여뿐만 아니라 건강 등의 영역까지 종합적인 상담 및 복지서비스 연계 기능을 수행하는 수요자 중심의 전달체계로의 개편을 의미하는 것이었다. 즉, 찾아가는 읍면동 복지서비스는 지역주민의 복지체감도 향상을 목표로 기존의 복지전달체계의 혁신을 통한 지역주민의 욕구에 맞는 통합적 복지서비스의 제공을 위해 추진된 서울시 핵심사업 중 하나였다.

표 11-1에서 보는 것과 같이, 찾아가는 동주민센터에서는 기존 일상적인 행정업무에 더하여 복지상담 및 자원발굴 그리고 사례관리 등의 업무가 추가되었다.

표 11-1. 찾아가는 복지서비스 비전체계

비전	주민과 함께하는 복지공동체/주민과 함께하는 동주민센터			
목표	지역사회보장증진		주민자치실현	
전략	공공의 책임성 강화	민간 협력체계 강화		마을공동체 강화
방향	주민을 찾아가는 복지건강	주민을 위한 통합서비스	주민중심의 행정혁신	주민에 의한 마을의제 해결
세부	• 복지사각지대발굴 복지통반장, 동네주무관 • 빈곤위기가정 방문 차상위, 기초수급, 주거위기 • 돌봄위기가정 방문	• 동단위 사례관리강화 위기가구 적극 개입해결 • 원스톱 복지상담 복지상담전문관 배치 • 복지공동체	• 민관협치 등 행정구현 동장역할강화 • 주민생활민원해결 우리동네 주무관 • 동주민센터 공간혁신 · 주민공유, 자치공간 확대	• 주민자조모임지원 주민참여활성화 지원 • 주민회의체계 활성화 주민자치위원회 개선 • 공동의제 실행력강화 마을기금, 마을계획

	아동학대, 폭력, 방임 가구 등 • 65세 어르신 방문 복지건강 연계서비스 제공 • 임산부, 영유아지속방문 복지건강 연계서비스 제공	나눔이웃, 나눔가게운영 • 민관자원공유 통합사례관리 진행 • 보건의료스 연계 정신건강, 치매, 병원연계	• 직원직무역량강화 주민공유, 자치공간 확대 • 동행정조직 체계관리 복지자치중심운영	운영 • 마을공간 운영경험 마을활력소 마련 • 효과적 주민자치실현 주민자치회 전환
핵심 가치	인권, 성인지, 협치			

출처: 서울특별시(2017). 찾아가는 동주민센터 매뉴얼.

우리 정부는 급속도로 증가하는 복지 수요에 대처하기 위하여 읍면동을 보건·복지서비스의 허브로 운용하는 복지 허브정책을 추진하고 있다. 2016년 시작된 이 정책은 복지사각지대의 해소와 앉아서 복지서비스 신청접수만 받는 것이 아니라 복지수요자들을 찾아가는 맞춤형 복지를 주요 목표로 국민의 복지 체감을 증가시키는 것을 목적으로 두었다.

보건복지부 매뉴얼(2021)에서도 그동안의 복지서비스 전달체계 현황을 1987년 사회복지전담공무원 제도 도입 이후 1995년부터 1999년까지 보건·복지사무소 시범사업을 시행하였으며, 2002년에는 지역사회복지협의체 시범사업, 2004년 사회복지사무소 시범사업 등이 진행되었다. 2007년에는 주민생활지원 서비스 개편을 위해 시·군·구 주민 생활 관련 조직을 주민생활지원과로 통합하고, 시·군·구는 급여조사·결정 등 전문기능, 읍면동은 현장 방문 및 신청접수 업무 중심으로 재편하였다. 2012년에는 희망복지지원단 설치를 통해 기존 시·군·구 서비스 연계팀을 확대·개편하고 복지종합상담 및 통합 사례관리를 강화하였고 이를 바탕으로 2016년 행정서비스 중심의 읍면동 기능을 더욱 강화하는 읍면동 복지허브화 사업이 시작되었다.

그리고 찾아가는 읍면동 보건·복지서비스는 기존 서울시 찾아가는 동주민센터와는 달리 일반 및 민원중심 동주민센터의 기능을 민원과 함께 복지행정 거점기능으로 전환하고 공공부조의 단순한 급여제공업무를 건강과 고용 등을 상호 연계하는 원스톱 복지행정으로 전환하는 내용이다. 다시 말해 기존 동주민센터에서는 단순 급여업무를 중심으로 한 수동적인 복지서비스가 제공되었다면, 찾아가는 동주민센터는 빈곤 사각지대 발굴, 사례관리, 자원연계 등을 종합적으로 제공하는 허브기능으로 확대 · 개편되었다. 즉, 읍면동을 중심으로 그동안의 복지서비스 전달체계를 개편하고 이후 주민자치형 공공서비스 구축의 일환으로 읍면동 찾아가는 보건 · 복지서비스가 시작되었다. 읍면동 찾아가는 보건 · 복지서비스는 읍면동 중심의 공공서비스를 민과 관이 함께 계획 · 생산 · 전달하는 소(小)지역 단위 혁신을 위해 찾아가는 보건 · 복지서비스 확대 및 주민참여 활성화 등 풀뿌리 주민자치 기반 조성 추진을 목표로 하고 있다(전용준, 2022).

2) 읍면동 찾아가는 복지서비스 주요 내용

최근 3년간 읍면동 찾아가는 복지서비스의 주요 추진전략을 살펴보면 표 11-2와 같다.

표 11-2. 최근 3년간 읍면동 찾아가는 보건 · 복지서비스의 주요 추진전략

구분	2019년	2020년	2021년
추진 전략	**1. 공공서비스 플랫폼 기능확대** 1) 찾아가는 보건 · 복지팀 인프라 확대 2) 읍면동 공공서비스 확대 3) 읍면동 지역사회보장협의체 기능 활성화 4) 복지+건강 기능 강화	**1. 읍면동 공공서비스 플랫폼 기능 확대** 1) 찾아가는 보건 · 복지팀 인프라 확대 2) 읍면동 공공서비스 강화 3) 복지+건강 기능 강화	**1. 읍면동 공공서비스 플랫폼 기능 확대** 1) 찾아가는 보건 · 복지팀 인프라 확대 2) 읍면동 공공서비스 강화 3) 복지+건강 기능 강화

	2. 공공서비스 연계 · 협력 지역화 1) 공공서비스 연계 · 협력 지역기반 구축 2) 공공서비스 연계 · 협력 체계 활성화 3) 공공서비스 연계계획 수립 **3. 주민력 강화지원** 1) 주민 주도 마을복지계획 수립 · 실행 2) 지역 내 지식정보 공유 체계 마련 3) 주민 중심의 지역네트워크(주민망) 구축 4) 주민 생활 속 소통 · 돌봄 공간 확보	**2. 시군구 공공서비스 연계 · 협력 지역화** 1) 시군구 · 읍면동 연계 · 협력 행정기반 구축 2) 찾아가는 보건 · 복지서비스 기본계획 수립 · 실행 3) 주민생활현장의 공공서비스 연계 · 협력 **3. 주민력 강화지원** 1) 주민 주도 마을 복지계획수립 · 실행 2) 주민력 강화 기반 지원	**2. 시군구 공공서비스 연계 · 협력 지역화** 1) 공공서비스 연계 협력 지역기반 구축 2) 찾아가는 보건 · 복지서비스 기본계획 수립 · 실행 3) 공공서비스 연계 강화 사업추진 **3. 주민력 강화지원** 1) 주민 주도 마을 복지계획 수립 · 실행 2) 주민력 강화 기반 지원

출처: 보건복지부(2019, 2020). 찾아가는 보건 · 복지서비스 매뉴얼.

최근 3년간의 찾아가는 보건 · 복지서비스의 추진전략을 살펴보면 공공서비스 플랫폼을 읍면동을 중심으로 강화하고 지역기반 공공서비스 연계 · 협력체계를 구축하여 주민역량 강화지원이 공통적이다. 공통적인 추진전략을 살펴보면, 공공서비스 플랫폼 확대를 위하여 지속적으로 보건 · 복지 전문인력을 확충하고 전담팀 설치가 증가하고 있다. 이는 일자리 정책 5년 로드맵에서 17년부터 22년까지 보건 · 복지인력을 1.9만 명을 확충하는 것과 3,492개 읍면동 중 3,197개소에 찾아가는 보건 · 복지팀을 설치 · 운영하는 것으로 확인할 수 있다. 주요 사업 내용인 찾아가는 상담은 18년 310만여 건에서 20년도 396만여 건, 민간자원 개발 · 지원이 18년 41만 건에서 20년 45만 3천여 건, 민관복지서비스 연계 · 제공 379만여 건에서 20년 433만여 건으로 증가하는 것에서 그 성과를 확인할 수 있다.

Chapter 12

지역사회복지 운동의 이해

배울 내용

1. 지역사회복지운동
2. 로스만 모델과 지역사회복지운동
3. 지역사회복지운동의 의의
4. 풀뿌리운동과 풀뿌리단체

학습목표

1. 지역사회복지운동의 개념과 유형을 파악한다.
2. 로스만 모델과 지역사회복지운동과의 관련성을 설명할 수 있다.
3. 지역사회복지운동의 의의를 숙지한다.
4. 풀뿌리운동과 풀뿌리단체의 활성화 방안을 모색해 본다.

지역사회복지운동의 이해

Chapter 12

1. 지역사회복지운동

1) 지역사회복지운동의 개념

지역사회복지운동은 지역사회복지라는 용어에 운동을 조합한 것으로 지역사회복지 발전을 목표로 하는 사회운동적 노력이라고 말할 수 있다. 즉, 목표로서의 지역사회복지 발전과 이를 달성하기 위한 수단적 노력으로서의 사회운동의 조합을 의미한다. 운동(movement)이란 용어는 현재 또는 미래에 주어질 구체적인 무엇을 지칭하기보다는 미래에 얻고자 하는 그 무엇을 향해 나가는 과정이다. 또한 지역사회복지란 지역사회 주민들의 조직화란 전략을 통해 문제해결능력의 강화라는 목표를 지니고 있으며, 주민들의 공동체 형성을 통한 지역사회의 삶의 질을 끊임없이 향상시키려는 주체적 노력의 과정이다. 따라서 지역사회복지운동은 지역사회문제들을 해결하기 위해 지역사회의 변화 또는 지역사회의 역량강화를 통해 지역사회주민의 욕구충족과 사회연대의식의 고취, 지역공동체 형성이라는 목표로 전개되는 조직적인 운동이라고 할 수 있다. 즉,

지역사회복지운동은 사회구성원의 삶의 질을 높이기 위한 목적의식적이고 조직적인 집합적 활동이며, 사회복지수요자뿐만 아니라 사회복지실무자나 전문가, 넓게는 지역사회주민들이 주체적인 참여와 행동을 통하여 사회복지의 목표 달성을 위해 의도적으로 추진해 가는 지역사회복지 실천이라고 할 수 있다.

2) 지역사회복지운동의 유형

지역사회복지운동의 유형은 그림 12-1과 같이, 지역사회 주민운동, 지역사회 주민참여운동 및 지역사회 교육운동으로 구분할 수 있는데, 구체적인 내용을 살펴보면 다음과 같다.

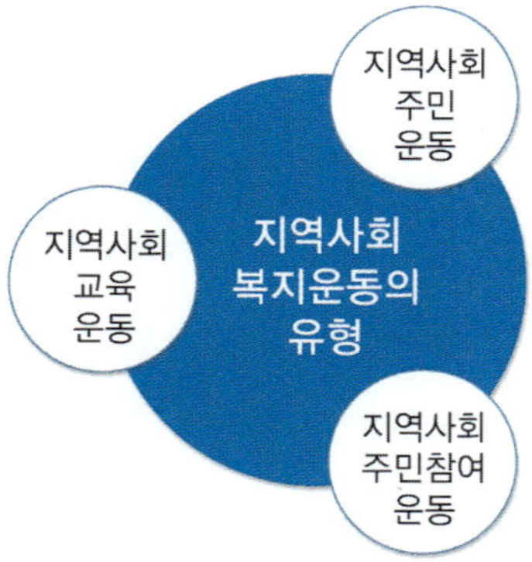

그림 12-1. **지역사회복지운동의 유형**

(1) 지역사회 주민운동

지역사회에서 주민들이 주체적으로 지역사회의 문제를 예방, 해결하거나 지역사회에서 바람직한 변화를 추구하기 위하여 전개하는 지역사회복지운동의 일환이다. 따라서 지역사회 주민운동은 지역사회운동 중 주민들이 주체적이고 직접적인 행동을 매개체로 하여 문제를 예방, 해결하는 한편 바람직한 방향으로서의 변화를 달성하려는 제반 활동으로 정의할 수 있다.

1990년대 이후에 본격적으로 대두된 지역사회 복지운동은 다음과 같은 두 가지 형태로 전개되어 왔다. 하나는 1997년 말 외환위기를 계기로 본격적으로 자활운동과 실업극복운동을 전개하기 시작한 지역사회 주민운동의 활성화이다. 도시 빈곤층에 대한 탈빈곤사업으로서 전개된 생산공동체운동은 1997년 「생활보호법」의 개정으로 자활지원센터로 제도화되기 시작하였다. 그 이후 2000년에 「국민기초생활보장법」이 시행되면서 본격적으로 자활후견기관이 확대 설치·운영되면서 자활운동은 공적 전달체계에 대부분 편입되었다. 실업극복운동은 외환위기 이후 전국 각 지역의 풀뿌리 주민운동단체, 노동단체, 여성단체, 종교계 등이 참여하였으며, 저소득 실직자들을 대상으로 긴급구호, 일자리 창출, 생계지원사업들을 전개하였다. 이미 빈곤계층의 탈빈곤화를 위한 노력을 전개하기 시작했던 지역사회 주민운동은 외환위기 후 자활운동과 실업극복운동에 적극적으로 참여하여 전자는 공식적인 서비스 전달체계로 편입되었으며, 후자는 저소득 실업계층에 대한 직접서비스 지원사업을 민간차원에서 진행하고 있다.

또 다른 하나는, 지역사회복지 운동단체의 설립과 활동이다. 지역사회복지 운동단체는 지역사회 주민운동에 뿌리를 두고 있으며, 정부에 독립성을 갖는 민간의 자주적 조직으로서, 저소득층에 대한 직접서비스 기능뿐만 아니라 지역사회복지 정책의 개발, 사회행동 등의 다양한 복지기능을 수행하는 지역사회 운동조직이라고 할 수 있다.

(2) 지역사회 주민참여운동

지역사회 주민참여운동은 지역사회 내에서 사회복지문제를 해결하고 예방하며, 지역사회를 바람직한 방향으로 변화시키기 위해서 이러한 쟁점과 관련하여 책임 있는 조직 및 기관과의 협의와 정책결정과정에 적극적 · 주체적으로 참여하도록 하는 것이 운동의 목적이다.

지역사회 주민들이 각종의 사회복지정책 · 제도 · 프로그램 및 실천 등에 참여함으로써 지역사회의 문제를 예방 · 해결하고 특정의 변화를 달성하려는 사회복지운동의 한 형태이다. 지역사회 주민참여운동은 직접적 행동보다는 사회복지 관련 정책결정과정이나 심사과정 · 실행 · 평가 및 실천과정에 참여하여, 궁극적으로는 지역사회의 사회복지문제를 해결하고 바람직한 변화를 가져와, 클라이언트의 복지증진과 문제해결에 기여하고자 하는 사회복지운동으로 볼 수 있다. 지역사회 내에서 사회복지를 위한 주민참여의 의의를 살펴보면 표 12-1과 같다.

표 12-1. 주민참여의 의의

- 지역주민들이 주체가 되어 지역문제를 해결함으로써 지역사회 및 지역주민의 생활상의 욕구에 즉각적으로 대응할 수 있다.
- 지역사회문제와 욕구를 해결하는 과정에서 주민이 직접 참여함으로써 공동체의식을 고취시킬 수 있고, 주민들에게 자신감과 책임감을 불러일으킬 수 있다.
- 주민참여는 주민의 다양한 의견과 욕구, 민간자원을 파악할 수 있는 기회를 제공한다. 따라서 지역과 주민에 관한 정보수집으로 지역특성에 적합한 사업을 계획하고 수립하는 데 용이하다.
- 정부나 지방자치단체 또는 민간단체에서 실시하는 사회복지사업이나 프로그램에 관한 자료나 정보를 주민에게 직접적으로 알리고 홍보함으로써 주민들에게 수혜를 받을 기회를 더 많이 제공할 수 있다.
- 지역사회복지와 관련된 새로운 정책의 계획, 입안이나 폐기과정에 주민이 참여하여 동의 · 승인함으로써 정책결정에 대한 주민의 협조와 지지를 확보할 수 있다.
- 주민참여는 주민 자신뿐만 아니라 타인과의 상호작용을 통하여 삶의 터전이 유지되므로 주민 상호 간 신뢰감을 확보할 수 있다.
- 나아가 사회복지와 관련된 제반문제나 지역주민의 생활상의 문제가 대부분 지역사회에서 나타나므로 지역주민의 주체적인 역할과 적극적인 참여는 지역사회의 문제해결과 동시에 지역주민의 욕구를 충족시켜 줌으로써 궁극적으로 지역사회복지의 질적 도약을 가져올 수 있다.

(3) 지역사회 교육운동

지역사회 주민들이 특정 쟁점이나 문제에 대하여 그들이 가진 생각이나 태도를 변화시키는 것을 목표로 하는 운동이다. 사회복지운동의 궁극적인 목적은 클라이언트의 문제를 해결하거나 문제를 만들어 내는 구조 및 환경의 변화에 있지만, 이를 위해서 중요한 하위목표는 이러한 변화를 이끌어 내는 힘으로서 클라이언트나 지역주민들이 가진 인식과 태도 등을 바꾸는 일이다. 비생산적인 생각 · 애매모호한 이념 · 잘못된 신화 · 부정확한 정보 · 지리멸렬한 태도 · 정보부족 · 잘못 인도된 생각 · 근거 없는 신념 등과 같은 것을 해소하고 변화시켜, 지역주민들이나 클라이언트들이 자유롭고 주체적으로 그리고 긍정적으로 자신의 문제와 지역사회의 문제를 처리할 수 있는 능력을 부여하는 것이다.

이러한 개인적인 심리적 · 정신적 태도와 함께 자기이익만을 챙기는 경제적 이기주의, 변화하지 않고 기득권만 유지하려는 태도, 다른 사람들의 어려움에 관심을 가지지 않는 무관심과 냉담함, 기회주의적 태도 등과 같은 사회적 · 경제적 · 정치적 태도와 인간관계의 특성을 변화시키려는 것이 바로 지역사회 교육운동의 목표이다.

2. 로스만 모델과 지역사회복지운동

지역사회복지 실천모델은 각 사회마다 각기 다른 전통과 사회 · 정치 · 경제발전과정과 관련하여 성장하여 왔다. 따라서 지역사회복지를 위한 실천모델은 단일한 것으로 설명하기 어렵다. 웨일과 갬블은 오늘날의 지역사회복지 실천모델은 인보관(Settlement House) 운동과 자선조직협회(COS) 운동 및 농촌개발 운동에서 발전된 것이라고 주장한다. 또한 노동운동과 소수민족 인권운동 등도 지역사회복지 실천모델의 발전에 많은 영향을 미쳤다. 나아가서 다양한 사회과학적 논의들이 실천모델의 이론적 기반을 형성하는 데 도움을 주었다. 그중에서도 지역사회복지 실천모델의 개발에 가장 직접적으로 많은 영향을 미친 것은 인보관 운동과 자선조직협회 운동이라고 할 수 있다.

웨일(1996)은 인보관 운동에서 지역사회개발, 지역사회계획, 지역사회조직화 등 지역사회변화를 위한 실천활동 발단을 찾을 수 있다고 주장한다. 그는 더 나은 지역사회를 만들기 위해 새로운 이민자들을 지역사회에서 수용하면서 이들의 정착을 지원했다는 점과 지역사회의 사회·경제적 개발을 위해 노력했다는 사실에서 인보관 운동을 지역실천모형의 원형이라고 주장한다. 그리고 자선조직협회 운동 역시 지역사회계획과 지역사회 서비스 조정 등의 실천활동 시초가 되는 역할을 수행했다고 설명한다.

미국의 경우 60년대에는 케네디와 존슨 대통령의 빈곤과의 전쟁, 위대한 사회 창출 등의 영향으로 다양한 지역사회복지 활동들이 전개되었다. 이러한 활동들을 체계적으로 분류하여 지역사회복지 실천모델로 제시한 사람은 로스만이다. 로스만(1995) 모델은 지역사회조직을 세 가지 형태인 지역사회개발, 사회계획 및 정책, 사회행동으로 구분하였다. 로스만이 제시하고 있는 12개의 변수는 지역사회 문제해결을 위한 개입변수로 잘 체계화했다는 평가를 받고 있다. 로스만의 세 가지 모델을 구체적으로 살펴보면 다음과 같다(김효경, 2010).

1) 지역사회개발 모델

지역사회개발 모델(Locality Development Model)은 기본적으로 지역사회 구성원의 자발적 참여와 역량개발을 통해 지역사회문제해결을 추구하고자 한다. 즉, 지역사회 구성원들의 의식개선과 역량강화를 통해 지역사회의 전반적 역량을 증가시키면서 지역사회가 갖는 통합능력을 제고하고자 하는 모형이다. 이 모델에서는 지역사회 구성원들이 자조할 수 있도록 동기화하고, 기본 능력을 가질 수 있도록 교육하며, 지역사회를 이끌어 갈 수 있는 지도력을 발전시키고, 지역사회 구성원들이 시민의식을 갖도록 돕는 과정을 강조한다. 그리고 이러한 과정에서 지역사회에의 참여를 통해 시민으로서의 의무와 권리를 행사할 것을 강조하고, 민주적 과정을 경험할 수 있게 되는 것을 강조하며, 지역사회 구성원들이 보다 협동적이고 조화로운 관계를 맺고 유지해 나가는 것을 강조한다. 이러한 속성들로 인해, 이 모델은 접근 자체가 지역사회 구성원의 가치 · 태도 · 의식과 같이 심리적 요소를 강조한다고 하여 심리적 모형이라고 평가하기도 한다. 지역사회개발 모델은 개발도상국이나 선진국의 낙후된 도시지역에서 많이 사용되며, 주로 의식과 태도 등의 강화를 위한 프로그램들과 교육, 건강, 주택, 사회복지, 청소년과 여성을 위한 프로그램, 그리고 지역사회발달에 중요한 요소가 되는 지역사회 지도자의 훈련 프로그램 등이 강조된다.

이 모델을 전개할 때 실천가는 지역사회 구성원들이 스스로 문제해결을 할 수 있도록 돕는 조력자, 촉매자, 조정자, 문제해결기술을 가르치는 교육자로서의 역할을 수행할 수 있어야 하며, 관계를 조정하거나 소집단을 이끄는 기술을 갖는 것이 필요하다. 그러므로 이 모델은 지역사회 구성원 스스로가 시민으로서 보편적 가치에 기반을 두어 지역사회활동에 참여하면서 상호작용을 통해 문제해결을 이끌어 나갈 수 있다는 것을 가정하고 있다.

그러나 지역사회개발 모델은 지역사회의 변화 노력을 위해 지역사회의 관련 집단들 간의 합의와 협력을 이끌어 내기가 용이하지 않고, 지역사회의 관련 집단들이 성, 계급, 인종 등과 관련된 경계를 초월하는 공통의 이해관계를 가지고 있다는 가정의 현실성 문제, 실질적인 정책결정자가 사회변화를 지지할 수 없는 경우 지역사회개발을 위한 협상을 거부할 수 있는 권력구조의 문제 등은 한계점으로 지적되고 있다.

2) 사회계획 및 정책 모델

사회계획 및 정책 모델(Social Planning · Policy Model)은 지역사회 내 주요 사회문제 해결에서 합리성에 기반을 두고 접근한다. 즉, 전문적 역량에 기초하여 비용 효과적으로 문제를 해결할 수 있는 가장 적합한 방안을 마련해 보고자 하는 모형이라고 할 수 있다. 이 모형이 추구하는 합리성은 목적과 수단을 일치시키는 합리성으로, 이는 해결해야 할 목적을 분명히 하면서 대안들을 명확하게 찾아내어 목적과 수단을 일치시키는 것을 의미한다. 합리성을 강조할 때 또 하나 중요한 것은 문제해결을 위한 모든 의사결정과정에서 기본적으로 편견, 권력, 충동 등을 제외시키고 철저하게 실증적 자료를 기반으로 선택해야 한다는 것이다.

사회계획 모델에서 강조하는 개념은 바로 계획이다. 계획은 사업의 목적과 행위 과정들에 대한 합리적 결정을 내리는 과정을 의미하는 것으로, 문제해결을 위해 체계적으로 생각해 보고, 조사하고 분석하는 것이다. 즉, 철저하게 사실을 수집해서 체계적으로 분석하는 것이 매우 필요하다. 더불어 중요한 것이 바로 목적을 달성하기 위한 여러 대안들을 모색하면서 각 대안이 가져올 결과들을 예측해 내는 것, 그리고 각 대안이 내포하는 가치 체계에 대해 분명하게 이해하며 치밀한 평가를 기반으로 합당한 선택을 하는 것이다.

실천가의 역할로 분석가, 전문가, 관리자, 협상가, 네트워커 등의 역할을 보다 중요하게 생각한다. 실천가에 의해 구체적인 목표수립, 전문적 계획과 정책이 마련되며 자료수집, 분석, 프로그램 개발, 실천, 효율성과 효과성에 대한 평가 역시 전문가에 의해 실행되어야 한다.

그러나 이러한 사회계획 모델의 한계점은 계획가는 무제한적인 시간과 자원을 가지고 있지 않다는 점, 계획 과정의 합리성을 전제하고 있기 때문에 문제해결과정에 미치는 정치적 영향력을 고려하지 못하고 있다는 점 등이 한계점으로 지적되고 있다.

3) 사회행동 모델

사회행동 모델(Social Action Model)은 지역사회에서 불의와 차별 및 무시 등으로 시민으로서의 권리를 인정받지 못하는 구성원들을 중심으로 사회정의에 기반을 두고, 이들이 보다 형평에 맞는 처우와 자원배분을 받을 수 있도록 지역사회문제를 변화시켜 나가는 접근이라고 할 수 있다. 따라서 사회행동 모델은 의식화, 조직화, 권리요구, 직접적 대치 등의 보다 적극적인 방법을 사용하여 불평등의 문제 및 기회제한의 문제 등을 개선시키는 활동을 전개한다. 이러한 활동들을 통해 지역사회에서 정의가 실천될 수 있는 기초를 다지고, 동시에 불의에 의해 차별받던 이들을 임파워링함으로써 이들이 스스로 자신의 권리를 찾아 나갈 수 있게 만든다.

사회행동 모델은 클라이언트를 희생자 또는 불이익을 받는 집단으로 인식하는 경향이 크다. 이러한 인식에 기반을 두고 클라이언트들의 사회 · 정치 · 경제적 권리의 회복 및 신장을 위해 관련 정책이나 기관들의 행동을 변화시키는 데 역점을 둔다.

실천가의 핵심적 역할로는 선동가, 조직가, 행동가, 대변가, 교육가 등이 있다. 그 외에 조사자로서의 역할, 대중매체 및 대중과의 관계형성자 역할, 장기행동에 따라 필요할 수 있는 자원동원가로서의 역할도 필요하다.

그러나 사회행동 모델의 한계점으로, 일부 실천가는 지역사회상황에서 실천활동을 대항활동(confrontation)으로 제한시키고 있어 지역사회 관련 집단들을 양극화시키거나 바람직한 결과를 달성하는 데 어려움으로 작용하고, 일부조직가와 지역사회구성원이 대항 전략에 대해 주저할 수 있으며, 윤리적 이슈와 관련된 것으로 대항 형태의 불법성이 있을 수 있고, 긴급 상황에서 사용될 수 있어 조직가와 조직구성원이 위험에 놓일 수도 있다는 점이다.

4) 로스만의 12가지의 실천변수

(1) 지역사회 활동목표

지역사회복지의 목표는 과정목표와 과업목표로 구분할 수 있다. 과업목표는 지역사회체계 안에서 제시된 문제를 해결하거나 구체적 과업을 완수하고자 하는 목표를 말한다. 과정목표는 체계를 유지하고 지역사회의 역량을 강화하는 것에 더 관심을 두는 것으로 문제해결 체계를 만들거나 지역사회의 현안에 대한 관심과 참여를 촉진하는 토착적인 리더십을 개발하거나 지역주민들 간의 협력체계를 만들어 가는 것을 말한다. 지역사회개발 모델에서는 지역사회활동이 성취하고자 하는 두 가지 목표 중 과정중심에 더 역점을 둔다. 이 모델은 지역사회가 기능적으로 통합을 이루고, 자조적으로 협동적인 문제해결에 참여하도록 하고, 민주적인 절차를 이용하도록 하는 능력 배양에 목적을 둔다. 한국의 새마을운동도 근면 · 자조 · 협동을 강조함으로써 구체적인 과업의 완수보다는 주민들의 태도와 의식변화라는 과정중심의 목표를 더 중요시하였다. 사회계획 모델에서는 과업의 완수가 더 중요시되며 주요한 사회문제의 해결을 목표로 삼는다. 사회계획을 담당하는 기관과 단체들은 구체적인 사회문제를 해결하도록 특수임무를 지역사회로부터 위임을 받는다. 사회행동 모델은 과업이나 과정 어느 쪽으로도 그 목표를 삼을 수 있다. 추구하는 목표는 소규모적이고 단기적인 문제상황을 해결하는 것보다는 체제의 변화에 따른 결과를 중시한다. 소규모의 활동이 흔히 추구되지만 이는 현실적으로 실현가능하고 단체를 육성하는 데 도움이 되기 때문이다.

(2) 지역사회의 구조와 문제상황에 관한 전제

지역사회개발 모델에서는 지역사회 주민들은 유익한 인간관계를 맺고 그들이 안고 있는 문제를 해결할 수 있는 능력과 기술이 결여되어 있을 뿐만 아니라 주민들이 상호

고립되어 아노미, 소외, 정신병적인 증상을 갖는다고 본다. 한편 교육수준이 매우 낮은 제3세계 국가에서도 지역사회개발 모델이 중요한데, 지역주민들에게 교육의 기회를 확대하여 지역사회 문제해결능력과 민주적 방법에 대한 이해를 높이는 것이 필요하기 때문이다. 사회계획의 모델에서는 지역사회가 수많은 사회문제, 즉 주택, 고용, 보건, 여가활용 등의 문제를 안고 있다고 본다. 따라서 사회행동 모델은 지역사회가 혜택과 권한의 분배에 따른 계층을 유지하고 있다고 본다. 그래서 억압받고, 박탈당하고, 무시당하고, 무력한 주민들이 정부나 대기업이나 사회의 기존 체제 등의 억압자들의 부조리와 착취에 의해 고통을 받고 있다고 전제한다.

(3) 변화를 위한 기본전략

지역사회개발 모델에서의 기본전략은 "함께 모여서 이야기해 보자"라고 표현할 수 있다. 즉, 광범위한 주민들이 참여해서 자신들의 욕구를 결정하고 자신들의 문제를 해결하려고 하는 것이다. 사회계획 모델의 기본전략은 "진상을 파악해서 논리적인 조치를 강구하자"라고 특징지을 수 있다. 즉, 문제에 관한 적절한 자료를 수집해서 문제해결을 위한 합리적이고 가능한 방안을 강구하자는 것이다. 사회행동 모델은 "우리들의 억압자를 분쇄하기 위해 규합하자"라고 표현될 수 있다. 즉, 불리한 처지에 놓여 있는 주민들의 합법적인 적이 누구인가를 찾아내고, 집단행동을 조직하여 선택된 적대집단에 대해 압력을 가하는 것이다.

(4) 변화를 위한 전술과 기법

지역사회개발 모델에 있어서의 중요 전술은 합의이다. 즉, 광범위한 개인들, 집단들, 파당들 간의 의사교환과 동의가 강조된다. 사회계획의 모델에서는 사실발견과 분석상의 기술이 중요시된다. 전문가의 상황분석에 따라 갈등이나 합의의 전술이 사용될 수 있다. 사회행동 모델에서는 갈등이나 대결의 전술이 이용되는데 정면대결, 직접적인 실력행사 등의 방법이 사용된다. 사회행동에서는 성토, 시위, 협력거부와 피케팅 등의 집단행동이 사용되기 때문에 비교적 다수의 대중을 규합할 수 있는 능력이 요청된다.

(5) 실천가의 역할

지역사회개발 모델에 있어서의 사회사업가의 특징적인 역할은 '조력자'나 '격려자'이다. 이는 지역주민 상호 간의 접촉과 네트워크 내의 맴버십을 촉진하고 주민들 간의 연대를 통해 임파워먼트를 강화하도록 격려하는 역할을 강조한다. 사회계획 모델에서는 사실발견, 프로그램의 실시, 여러 관료조직 및 여러 분야의 전문가들과의 관계수립과 같은 보다 기술적이고 전문가적인 역할이 강조된다. 사회행동 모델에서의 실천가는 '옹호자'와 '행동가'의 역할을 수행한다. 특히 대중 조직과 운동을 창출하고 정치적 과정에 영향을 미칠 수 있는 역량을 필요로 한다.

(6) 변화의 매개체

지역사회개발 모델은 변화의 매개체에 대해 과제지향적인 소집단 간의 조종을 들고 있다. 즉, 과제지향적인 소집단 간의 합리적인 조종을 지역사회 주민의 일반적인 복지를 위한 변화의 매개체로 파악하고 있다. 사회계획 모델은 공식집단과 자료의 조종을 변화의 매개체로 설명하고 있다. 공식집단은 지역사회의 기관, 정부의 기관 등이 될 수 있으며, 구체적인 자료수집과 자료분석을 통해 변화를 수반할 수 있다고 본다. 사회행동 모델은 대중조직과 정치적 과정의 조종을 변화의 매개체로 설정하고 있다.

(7) 권력구조에 대한 견해

지역사회개발 모델은 지역사회 전체를 대상 집단으로 보며, 권력을 가진 사람들도

전 지역을 향상시키는 목적을 위해 공동의 노력을 기울인다고 본다. 따라서 목표에 대해 상호 의견의 일치가 있을 때만이 그 목표를 합법적이며 적절하다고 받아들이고, 의견이 상충되는 목표는 부적절하다고 해서 무시해 버리는 것이다. 사회계획 모델에서는 권력의 소재가 전문가의 후원자나 고용기관이라고 본다. 이때 후원자는 협의회나 기관의 이사회가 될 수도 있고 정부의 기관이 될 수도 있다. 사회행동 모델에서는 권력구조는 행동을 전개하는 외부의 표적이라고 본다. 권력구조는 클라이언트 집단의 밖에 존재하여 이 클라이언트 집단에 대한 반대세력이나 강압세력으로 간주한다.

(8) 클라이언트의 집단 및 범위

지역사회개발 모델은 전 지역사회, 다시 말해 시, 동리(洞里), 부락 등을 클라이언트 집단으로 본다. 사회계획 모델에 있어서 클라이언트 집단은 전 지역사회가 될 수도 있고, 지역사회 내의 특수지역이나 일부계층이 될 수도 있다. 사회행동 모델에 있어서 클라이언트란 지역사회의 일부로서 광범한 지역사회의 손아귀에서 고통을 당하므로 전문가의 특수한 지원을 필요로 하는 집단으로 간주된다.

(9) 지역사회구성원 간의 이해관계에 대한 전제

지역사회개발 모델에서는 지역사회 내에 있는 상이한 집단과 계층들의 이해관계가 기본적으로 상호조화를 이룰 수 있다고 보며, 합리적인 설득이나 대화나 상호 간의 호의를 위해 쉽게 규합될 수 있다고 본다. 사회계획 모델에서는 지역사회 내의 집단들 간의 갈등적인 이해에 크게 개의치 않는다. 사용하는 방법은 실용적이며 특정 문제의 해결을 위해서만 관심을 갖는다. 사회행동 모델에서는 지역사회 내의 구성집단 간에 이해관계가 상충되며, 서로 조화를 이룰 수 없다고 본다. 따라서 이들 이해관계가 상호 절충을 이루기 위해서는 입법이나, 동조 · 거부하거나, 정치적 혹은 사회적 봉기 같은 강한 영향력을 행사해야 한다고 본다.

(10) 클라이언트 집단에 대한 개념

지역사회개발 모델에서 클라이언트란 아직 완전히 개발되지 않은 상당한 잠재력을 지닌 정상인으로 보며, 그들은 이 잠재력을 발휘할 수 있도록 전문가로부터 도움을 필요로 한다고 본다. 사회계획 모델에서 클라이언트는 서비스의 혜택을 받는 소비자라고 본다. 사회행동 모델에서 클라이언트나 구성원들은 '체제'의 희생자라고 생각된다. 이 경우의 체제란 차별 그 자체도 될 수 있고, 정부나 기업 등 클라이언트 집단에 불이익을 준다고 생각되는 일체의 조직과 제도를 포함한다.

(11) 클라이언트 역할의 견해

지역사회개발 모델에서 클라이언트(지역주민)는 지역사회문제의 해결과정에 적극적으로 참여한다고 생각된다. 즉, 클라이언트는 자기들의 욕구를 표현하고, 바람직한 목표를 결정하며, 적절한 조치를 강구하는 데 참여한다. 사회계획에서는 클라이언트는 서비스에 대한 수혜자로 간주되며, 소비자로서의 역할을 하는 것이다. 사회행동 모델에서는 클라이언트는 혜택을 받는 자로 간주될 수도 있고, 노동조합의 활동에서와 같이 회원으로서 적극 참여하는 경우도 있다.

(12) 권한부여의 방법

지역사회개발 모델에서 임파워먼트는 지역사회의 역량강화, 즉 주민들이 합의하여 함께 실행할 수 있는 결정을 수립하는 기술을 획득하는 것을 의미한다. 또한 지역사회복지 실천과정을 통하여 지역주민들이 개인적으로도 성장하여 통제감을 개발하는 것도 포함된다. 사회계획 모델에서는 소비자의 서비스 욕구를 규명하여 서비스를 선택함에 있어서 정보를 제공한다. 사회행동 모델에서는 지역사회 내에서 소외계층의 목적 또는 권력을 획득하는 것을 의미한다. 특히 해당 지역주민이 정책결정기구에 공식적으로 참여하여 정치적인 영향력을 직접적으로 발휘하는 것을 강조한다.

3. 지역사회복지운동의 의의

지역사회복지실천으로서 지역사회복지운동이 가지고 있는 의의는, 첫째, 지역사회복지운동은 지역사회주민의 주체성과 역량을 강화하고, 지역사회의 문제해결 주체로서 지역사회의 역할을 강조하며, 지역공동체성을 함양시킴으로써 지역사회주민의 의식화와 주체적인 참여 확대 그리고 지역사회주민 간 연대의식을 높이는 지역사회의 민주적 실천과정을 의미한다.

둘째, 지역사회복지운동은 주민 참여의 활성화에 의해 복지권리의식과 시민의식을 배양하는 사회권 확립운동이다. 지역사회복지운동이 추구하는 목표는 지역사회주민의 복지권리를 확보하고 시민의식을 고취시킴으로써 지역사회의 통합을 추진하는 데 있으며, 특히 사회적 약자의 생존권의 보장에 초점을 두고 있어 사회권의 확립과 밀접히 관련되어 있다.

셋째, 지역사회복지운동의 주된 관심사가 지역사회주민의 삶의 질과 관련된 생활영역에 두고 있기 때문에 지역사회복지의 확산과 발전을 위한 생활운동으로서 의미를 가지고 있다. 지역복지운동은 지역공동체 운동으로서의 속성을 지닌 것이기 때문에 단순히 복지적 욕구뿐만 아니라 지역사회 전반의 삶의 질을 높이는 생활운동이며, 주민운동이라고 할 수 있다.

넷째, 지역사회복지운동은 지역사회의 다양한 자원 활용 및 관련 조직 간의 유기적인 협력이 이루어지는 동원운동이다. 지역사회복지운동의 조직화 방식 및 활동내용은 주민참여 외에 지역사회의 다양한 자원 활용을 통해 문제해결을 도모하고 있다. 또한 지역사회복지운동은 지역사회 관련 조직 간의 연대와 협력이 이루어지며, 자치단체에 대항적인 활동으로 구체화되거나 협력관계를 구축하면서 활동이 전개되기도 한다.

4. 풀뿌리운동과 풀뿌리단체

1) 풀뿌리운동의 등장

조희연(1998)은 1980년대를 지나 1990년대 사회운동을 규정하고 있는 거시적 변동을 절대빈곤 상태에서 '왜곡된 풍요화'로의 이행, 군부정권에서 민간정권 시대로의 국가의 전형(轉形), 범지구화와 정보사회적 특성의 강화로 특징지어지는 전 세계적인 변화 등으로 요약하였다. 현대사의 새로운 순환기에 선 한국의 사회운동은 새로운 도전에 직면하여 왔다. 정당정치 영역 및 시민사회의 확장으로 다양한 시민운동이 등장하였다. 시민사회의 확장이라고 하는 지배의 변화는 대중운동발전의 공간을 확장할 뿐만 아니라 사회운동의 원심력적 분화경향을 강화하게 된다. 자율적인 시민사회의 확장은 과거의 민중운동과 다른 온건한 '신사회운동'의 분화, 출현을 가능하게 하였다. 한국에서 신사회운동은 1980년대 후반 이후 시민운동이라는 형태로 출현·분화·확대되었다. 서구에서 신사회운동은 계급적 대중운동으로 환원되지 않는 다양한 이슈들을 중심으로 하여 출현한 운동이라고 할 수 있는데, 한국의 시민운동도 이슈, 참여자, 가치와 목표, 활동양식, 지향 등에서 민중운동과 다른 특징을 드러내고 있다. 1980년대 후반과 1990년대 초반의 시민운동이 민중운동과 대립되는 위치에서 분화되어 가고 나아가 독자적인 연합조직을 결성하는 단계로까지 발전한 것은 원심력적 분화현상이라고 할 수 있다.

그리고 1990년대 이후에야 저항운동을 새로운 운동영역으로 확장하려는 시도들이 진보적 시민운동조직의 출현으로 나타났다. 이러한 변화는 노동운동이나 민중운동과 시민운동의 진보적 연합관계를 형성하는 기반으로 작용하고 있다.

이러한 한국의 민주주의와 사회운동의 변화 속에서 1990년대를 지나 지방자치제가 본격화되면서 시민들의 권리의식이 높아졌고 주민참여에 대한 관심이 높아졌으나, 2000년대에 들어서 시민 없는 시민운동이라는 성찰적 비판의 배경에서 시민사회는 대안적 시민운동, 주체의 참여를 중시하는 운동으로서 풀뿌리운동에 주목하기 시작하였다. 김영남(2012)은 시민 없는 시민운동이라는 말에 대해 1980년대와 1990년대 시민사회 논의가 활발해지면서 당시 민주화를 추동해 오고 시민사회 성장에 주도적인 역할을 한 시민단체들에 대한 일종의 자기반성적 비판에서 생겨났다고 주장한다. 압축적 근대화를 경험한 한국사회가 급속한 민주화를 겪으면서 시민사회와 시민운동의 성장도 압축적으로 일어났고, 이로 인해 시민운동이 중앙 집중적이고 엘리트 중심적인 특성을 갖게 되었는데, 이는 시민의 부재로 인해 시민사회를 지향하는 시민단체와 시민운동은 있으나 시민운동에 참여하는 시민은 없다는 것을 표현한 말이다. 이것은 곧 시민운동의 주체는 시민이라는 것을 강조하는 것이며, 시민운동의 주체로서의 시민참여가 부재함을 여실히 보여 주는 것이다. 그러므로 앞으로 시민운동의 과제에서 운동의 주체인 시민을 어떻게 참여하게 할 것인가가 중요하다고 할 수 있다.

이호(2005)는 시민사회가 주체의 참여를 중시하는 운동인 풀뿌리운동에 주목하면서 지역사회에 대한 관심을 높여 왔다고 주장하였다. 지역사회야말로 주민들이 사회의 문제를 생활의 문제를 통해 깨달을 수 있기 때문에 이의 개선을 위한 실천에 참여하기

용이하고, 또한 그러한 참여를 통해 실제 사회를 변화시키는 힘으로 유효하게 작동할 수 있는 것이다. 더 나아가 이러한 참여를 통해 참여자들에게 실질적인 자치 의식을 고양시킬 수 있는 유력한 공간이 지역사회라는 것이다.

역사적으로 지역사회는 자연발생적인 지역공동체였으나 급속한 도시화, 산업화로 인해 지역사회공동체는 파괴되고 있고, 신자유주의 경제 구조는 자본의 이익을 극대화하고 주민을 개별화시키며 자본 중심의 지역사회로 바꾸어 놓았다. 이렇게 물질만능주의가 심화되는 가운데 한국사회는 경제위기로 인해 빈익빈 부익부가 점점 심화되고 있다. 그러나 신자유주의 경제의 심화로 경쟁위주의 삶 속에서 소외된 우리의 삶이 점점 피폐해지면서 그에 대한 반작용으로 협동과 공동체의 가치에 대한 요구가 새롭게 높아지고 있다. 1990년대 이후로 높아진 주민들의 권리의식과 함께 참여와 자치의식이 높아지면서 협동하는 삶의 방식에 대한 관심이 높아지고 자발적인 공동체 운동이 생활운동의 일환으로 일어나고 있다. 이러한 경로를 거쳐 2000년 이후 본격적으로 생활 속의 과제로부터 출발하는 주체의 운동인 풀뿌리운동이 등장하게 되었다(유정란, 2015).

2) 풀뿌리단체의 개념 및 특성

풀뿌리단체의 개념을 알아보기 위해서는 먼저, 풀뿌리운동에 대한 정의를 살펴볼 필요가 있다. 이호(2005)와 하승수(2006)는 풀뿌리운동에서 '풀뿌리(grassroots)'라는 개념은 민초의 우리말로서 일반적 대중을 의미하며 정치적 의미로는 "특별히 권력을 지닌 자와 반대되는 일반 대중"을 의미하기도 하고 "근본적인 원리"를 의미하기도 한다고 보면서 풀뿌리운동은 권력을 갖지 못한 대중들이 보다 근본적인 사회를 변화시키기 위한 운동이라고 정의하고 있다.

김영남(2012)은 이러한 풀뿌리 운동이 중앙의 지역운동과 중앙의 시민운동과는 구분되는 개념으로 주체와 활동방식, 이슈가 다름을 강조한다고 주장한다. 풀뿌리운동의 주체는 삶에 접속되어 있는 개인들이고, 이슈는 생활 속의 과제로부터 출발하며, 무엇보다 주체형성을 강조하는 운동이라는 것이다. 다시 말해 "풀뿌리단체란 평범한 사람들이 일상생활 속에서 느끼는 문제와 바람들을 스스로 제기하고, 자신의 조직화된 힘으로 실천과정을 통해 자기 삶의 변화와 사회변화를 실현하며 성장해 나가는 풀뿌리운동을 하는 단체"라고 정의할 수 있다.

사회를 근본적으로 변화시키는 것은 사람들이 자기 삶의 주인답게 사회의 주인답게 나서야 가능하다. 변화는 조직화된 힘을 필요로 한다. 일반대중이라고 이야기하는 평범한 사람들은 풀뿌리답게 뭉쳐야 힘을 발휘할 수 있다. 풀뿌리운동을 하는 풀뿌리단체들의 다양한 사례연구에 의하면, 표 12-2와 같은 네 가지 특성을 가지고 있다(유영란, 2015).

표 12-2. 풀뿌리단체의 특성

- 회원들을 주인으로 세워 주체적인 참여를 조직한다.
- 회원들의 모아진 힘을 성장시킨다.
- 회원들의 힘과 지혜를 모아 공동선을 위한 활동을 전개한다.
- 민주주의를 바라는 여러 세력들과 연대를 통해 사회의 주인으로 함께 살아가고자 한다.

표 12-2와 같은 특성이 잘 발휘되지 않는 풀뿌리운동단체는 사회적 힘을 발휘하지 못하고, 이 특성이 잘 발휘되는 풀뿌리운동단체는 지속적으로 성장 · 발전하고 있는 것을 우리는 다양한 사례를 통해 알 수 있다. 풀뿌리운동을 하는 풀뿌리단체는 대변형시민단체(NGO)의 운동방식에 대한 시민사회 내부의 성찰 속에서 1990년대 이후 많은 관심을 받아 왔다. 풀뿌리단체는 개인의 변화인 개인역량강화와 지역사회를 변화시키는

지역사회 역량강화를 통해 시민사회를 건강하게 성장시키는 중요한 공간이자 관계망의 역할을 하고 있는 것 또한 중요한 특성이라고 할 수 있다.

Chapter 13

지역사회복지의 과제와 전망

배울 내용

1. 지역사회복지의 과제
2. 지역사회복지의 전망

학습목표

1. 지역사회복지의 과제를 통해 발전방향을 모색해 본다.
2. 지역사회복지의 전망을 통해 전문가의 역할을 모색해 본다.

Chapter 13

지역사회복지의 과제와 전망

1. 지역사회복지의 과제

사회복지의 중요한 방법론 중의 하나인 지역사회복지는 이론적 연구와 실천적 전략에 대한 사회복지학계의 관심과 지역사회복지 현장의 노력이 부족하였다. 왜냐하면 시설 중심 서비스에서 지역사회보호로 사회복지의 패러다임이 전환되고 있고 다양한 형태의 지역사회복지기관이 활동하고 있지만, 지역사회복지 실천의 근거가 되는 이론 전개나 모델 개발은 아직도 매우 부족한 실정이기 때문이다. 즉, 지역사회를 둘러싸고 있는 사회구조적인 상황은 빠른 속도로 변화해 왔는데 지역사회복지 이론과 모델은 과거의 것을 그대로 답습하는 수준에 머물러 있는 상황이다.

또한 지역사회복지의 이론적 배경이 대체로 다른 나라 사회를 중심으로 형성되어 왔기 때문에 우리나라 상황에서 이러한 이론을 실천과정에 접목하는 것이 매우 어려운 현실이다. 특히 우리나라의 경우 사회복지관을 중심으로 해서 지역사회복지 실천이 이루어지고 있는데 이는 정체성이 흔들리고 있는 상황이며, 이러한 상황은 우리나라 지역사회복지에 어려움을 주고 있다.

지역사회복지는 지역주민의 문제의식과 적극적인 참여의식의 공유와 책임감을 통하여 욕구를 해소하고 사회통합을 달성하기 위한 목표를 가지고 있다. 또한 평등성, 상호보완성과 연대성, 협동성, 다양성, 자율성, 존엄성, 지속성과 순환성 등 모든 지역주민의 삶의 질을 보장하기 위한 가치를 요구하고 있다. 이러한 환경적인 특성의 중심, 즉 지역사회복지 네트워크의 구축, 사회복지사의 문제의식 및 한국적 지역사회복지이론과 모델 정립을 중심으로 우리나라 지역사회복지의 과제를 살펴보면 다음과 같다(김성철 외, 2020).

1) 지역사회복지 네트워크의 구축

현대사회가 요구하는 사회복지의 궁극적인 목적은 경제적 · 사회적 · 문화적 욕구를 지닌 개인이나 가정, 집단이나 지역주민에게 그들의 사회적 욕구에 상응하는 서비스를 제공함으로써 보다 만족스럽고 자립적인 생활을 영위할 수 있도록 도와주는 데 있다. 이에 지역주민의 복지수요를 수용하기 위해서는 합리적인 사회복지정책의 수립도 중요하지만 복지서비스 대상자, 즉 복지수혜자에게 어떤 내용의 서비스를 어떤 경로를 통해 전달하는 것이 더 효과적인가 하는 복지서비스 전달체계의 확립도 중요하다. 왜냐하면 복지서비스 대상자의 선정이나 수혜 자격요건의 설정, 수혜 내용의 성격에 관한 정책의 실질적인 집행은 바로 복지서비스 전달체계를 통해서 이루어지고 있기 때문이다.

복지서비스 대상자에게 적합한 서비스를 가장 효율적으로 제공하기 위한 전달체계는 각 조직에 속한 인력이 서비스 대상자에게 제공하는 서비스의 성질과 직접적으로 관련되어 있으므로 사회복지사업의 성패와 밀접한 관련이 있다. 그 이유는 복지전달체계를 확립해서 전달기관 기능의 극대화가 이루어지지 않으면 서비스의 중복과 누락 등으로 자원의 낭비는 물론 복지대상자의 치료나 자활에 역기능을 초래하기 때문에 지역사회복지 전달체계의 확립은 효과적인 사회복지서비스를 수행하는 데 있어 복지 행정조직과 함께 불가분의 중요한 병행조건이라고 할 수 있다. 따라서 지역사회복지서비스 전달체계란 사회복지 전달체계를 사회복지서비스의 공급자 간에 그리고 공급자와 수혜자 간의 조직적 연결망을 의미한다.

지역사회복지 전달체계는 지역 차원에서 사회복지적 급부와 서비스를 산출하는 공공 또는 민간기관 상호 간의 관계와 서비스 공급 주체에 의해 수혜계층인 복지대상자에게 효율적으로 전달되는 데 필요한 공공 · 민간의 사회복지조직 연결망을 지칭한다. 복지서비스가 효율적이고 완전하게 그 기능을 발휘하기 위해서는 지역사회복지 전달체계를 이루는 각 단위의 복지기관 및 조직들의 적절한 기능이 수행되어야 한다. 지역사회복지 전달체계의 기능을 살펴보면 표 13-1과 같다(Perlman, 1975).

표 13-1. 지역사회복지 전달체계의 기능

- 초입기능으로 이는 전달체계가 완전한 기능 및 과업수행을 위하여 각급 복지기관이 복지수요 대상자에게 이용 가능한 서비스에 대한 홍보와 교육은 물론 이들 대상자의 문제해결을 위하여 지역사회에 있는 다른 복지기관과 협력하는 기능을 말한다.
- 복지수혜 대상자의 권리를 보호하기 위하여 대변자의 역할을 하는 책임 기능이다. 즉, 사회복지기관이 대상자의 문제를 사정하고 이용 가능한 자원을 발굴하여 복지 대상자가 이를 활용할 수 있도록 도와주거나 필요한 경우 대상자를 타 기관에 위탁하여 그 기관으로부터 필요한 서비스를 제공받을 수 있도록 보장해 주는 기능이다.
- 서비스 제공기능으로, 이는 사회복지기관이 복지대상자에게 제공하는 사례관리서비스나 재활서비스 등 특정한 형태의 서비스를 제공하는 기능이다.
- 계획 및 통제기능이다. 이는 복지수혜 대상자의 욕구와 그 욕구를 충족시킬 수 있는 능력을 평가하는 것과 관련된 기능으로, 지역사회에 충족되지 않은 욕구가 발견되었을 때 사회복지기관은 문제해결을 위해 지역사회의 타 기관과 공동협력하거나 가능한 한 욕구에 부합할 수 있도록 자체 서비스를 조정할 책임을 가져야 한다는 것이다.

따라서 지역사회복지 전달체계의 기능은 지역 차원에서 지역복지정책을 수립하는데 누구를 복지수혜 대상자로 선정하며, 어떤 종류의 서비스를 어떤 재원을 가지고 어떠한 조직체계를 통해 전달하느냐 하는 것으로써, 조직 및 복지정책의 중요성과 함께 궁극적으로는 지역주민 전체의 복지수요와 욕구를 효율적으로 공급하고 충족시키는 것을 보장할 수 있는 지역사회복지 전달체계의 구축이 시급하게 요구되고 있다고 할 수 있다.

2) 사회복지사의 문제의식

지역사회복지는 지역주민의 참여로 공동체의식을 강화하여 사회통합을 추구하는 것을 목표로 한다. 이러한 목표를 달성하기 위해서는 지역주민이 지역사회문제에 관심을 갖고 적극적으로 참여하고 활동하는 것이 바람직하지만, 그렇지 못한 경우가 많기 때문에 지역주민의 관심을 제고할 수 있는 다양한 활동이 이루어져야 한다. 이러한 활동을 적극적으로 수행할 수 있는 전문 인력이 바로 지역사회복지 실천현장에서 활동하고 있는 사회복지사이다. 따라서 사회복지사의 활동에 따라 지역주민의 참여 정도가 달라질 수 있으며, 지역사회의 문제에 대응할 수 있는 역량도 강화될 수 있다. 따라서 사회복지사는 지역사회의 문제해결에 따른 목표를 설정하고 이를 해결하는 방도를 강구하도록 지역주민들에게 지원함으로써 최선의 문제해결 방향과 방법을 선택하여 지역사회가 주체적으로 능력을 발휘하여 지역주민을 격려하고 지지하는 역할이 필요하다. 사회복지사의 활동에 따라 지역주민이 문제의식을 제고하고, 참여 정도가 달라질 수 있으며 지역사회복지 실천현장에서의 문제를 해결할 수 있는 역량도 강화될 수 있는 것이다.

3) 한국적 지역사회복지이론과 모델 정립

지역사회복지의 가치와 철학은 정상화와 사회통합의 이념이며, 이러한 가치를 실현하기 위한 다양한 모델의 기능적 접근방법을 중심으로 적용되고 있다. 지역사회는 독립적으로 존재할 수 없으며, 정의 · 권력 · 명분 등의 가치에 의해 영향을 받는 개방적인 체계이다.

사회복지학이 학문적인 형태로 소개되어 온 지도 60년에 이르고 있다. 그동안 서구의 이론을 바탕으로 이제는 한국 상황에 맞는 이론과 실천모델이 개발되고 정립되어야 한다. 지역사회복지가 명확한 정체성을 가지지 못하고 사회복지실천현장에서 겉도는 것은 실천현장에 적용할 한국적 모델이 없기 때문이다.

지역사회복지 실천모델이 지역사회의 상황이나 특성에 맞게 선택되고 사용되어 이를 통해 지역사회와 지역주민의 삶의 질이 개선될 수 있도록 하는 것이 중요하다. 따라서 어떠한 모델을 현장에 맞게 선택하는가는 매우 중요한 사항이다. 일반적으로 지역사회복지 실천모델로 선택할 때에 고려할 사항은 표 13-2와 같다(김현호 외, 2017).

표 13-2. 지역사회복지 실천모델 선택 시 고려사항

- 지역사회 구성원의 욕구와 문화적 가치를 고려해야 한다.
- 지역사회복지 실천가나 사회복지사가 선호하는 이론적 배경을 고려해야 한다.
- 지역사회복지 실천가나 사회복지사 자신의 인성과 성장배경을 고려해야 한다.
- 지역사회복지 실천상의 특정한 문제점이나 특수한 사항을 고려해야 한다.
- 지역사회복지 실천전략 수립상의 윤리적 · 사회적 가치가 가져올 사회적 파장을 고려해야 한다.

기존의 지역사회복지 모델은 사회복지서비스가 근본적으로 문제를 해결할 수 있는 원론적인 접근보다는 범죄 · 실업 · 질병 등과 같은 현상을 제거하는 수준에서 이루어진다는 점에서 분명한 한계를 가지고 있다. 따라서 우리나라의 정치 · 경제학적 환경의 변화와 지역사회복지 환경의 변화, 지역주민의 삶의 형태와 의식의 변화 등을 중심으로 우리만의 독특한 이론과 모델이 개발될 필요성이 있다.

2. 지역사회복지의 전망

최근 우리나라의 지역사회는 저출산, 고령화의 촉진, 장애범주의 확대, 가족기능과 형태의 변화 등으로 지역주민들의 욕구가 다양하게 나타나고 있다. 이에 정부의 정책은 지역적 특성과 지역주민의 욕구에 적극적으로 부응하고 다양한 과제를 해결하기 위한 대안으로 전문적이고 통합적인 서비스 전달을 위한 사회복지 전달체계의 구축으로 원스톱서비스가 제공되어야 한다.

지역사회복지서비스는 지역적 특성과 욕구가 반영되어 지역주민에게 필요한 서비스를 중심으로 제공되는 것이 바람직하며, 지역의 역량을 강화하여 선택적 서비스와 보편적 서비스가 다양하게 제공되어야 한다. 또한 지역사회보장협의체를 통하여 지역사회복지에 관한 체계적인 의견수렴과 협의를 바탕으로 한 지역사회복지 개선 방안을 마련하고 서비스 연계 및 조정역할을 수행하며 자원을 개발하고 효율적으로 활용하도록 하고 있다. 지역사회복지협의체의 구성은 민간 전문가, 공공복지 관계자, 학계, 보건 분야 관계자 등으로 구성되며, 지역주민의 다양하고 복합적인 욕구에 포괄적이고 종합적인 서비스를 제공할 수 있을 것이다. 이를 위해 민·관 협력과 복지보건의 연계를 강조하며, 민주적인 의사소통구조를 확립하고, 이용자 중심의 통합적 지역사회복지 서비스를 제공할 수 있는 기반을 조성하고자 노력하고 있다. 지역사회복지의 전망을 지역사회복지 전달체계의 개편, 지역사회복지운동의 강화, 다양한 서비스 기관의 출현 및 재원 확보를 중심으로 살펴보면 다음과 같다(김성철 외, 2020).

1) 지역사회복지 전달체계의 개편

지역사회복지가 양적 · 질적으로 증가함에 따라 기존의 지역사회복지 전달체계를 개선해야 한다는 필요성이 높아지고 있다. 즉, 지역주민의 복지수요가 증가함에 따라 복지대상자, 복지예산, 복지전담공무원 등이 증대되고 있어 수요자 중심의 사회복지서비스를 제공할 수 있는 지역사회 중심의 복지 전달체계의 강화가 필요하며 지방자치제의 지역사회복지 행정조직 또한 개편되어야 한다. 다시 말해 기초적 생계보장뿐만 아니라 간병과 가사지원 등의 재가보호, 재활, 취업 등에 필요한 서비스를 제공하기 위해서는 공공부문과 민간부문 지역사회복지 전달체계 간의 유기적 협력체계가 요청되고 있다. 우리나라의 경제적 · 사회적 · 문화적으로 급격한 환경변화에 부응할 수 있으며, 모든 지역주민들의 삶의 질의 증진과 동등한 기회보장 및 주체적인 복지참여 증진을 위한 전달체계의 구체적인 목적은 표 13-3과 같다(김용환 외, 2014).

표 13-3. 주민참여 전달체계의 목적

- 저출산 및 고령화 등 최근 복지환경의 큰 변화와 국민의 복지 수요 증가, 서민 경제의 어려움 등으로 인한 생계형 사건, 사고가 증가함에 따른 위기가정을 조기에 발견하고 지원하므로 모든 사람이 가치 있는 인간으로서 양질의 삶을 향유할 수 있는 복지체계 구축이 요구된다.
- 위기가정을 조기에 발견하는 체계구축과 국민의 복지 체감도 향상을 위한 사회복지 전달체계 개선이 과제로 대두되었다.
- 지역주민들의 개인적인 차이에 따른 욕구들이 존중되며, 지지와 도움제공 및 지역과 계층 간에 '균등'하게 삶의 질이 향상될 수 있는 복지실현이 요구된다.
- 개인, 가족, 지역사회, 기업 그리고 정부 모두가 복지의 주체로서 '상호 동반적인 관계와 참여'가 이루어지는 복지체계 구축이 필요하다.
- 지방분권화로 인해 복지사업의 지방이양이 확대됨에 따라 지방자치단체의 복지역량강화라는 과제

가 부여되어 시 · 군 · 구, 읍 · 면 · 동의 복지기능 조정 후 적정 인력을 충원하여 시 · 군 · 구의 복지기획능력과 읍 · 면 · 동의 현장성을 강화하며 지역 자치단체에 대한 복지부문 평가 내실화 등을 중심으로 전달체계 개편의 기본방향과 정책방안을 제시하기 위해서이다.

지역사회복지실천은 민 · 관의 협력과 민 · 민의 협력으로 그 필요성을 요구하고 있으며, 이는 서비스를 조정하고 연계하는 네트워크 구축이 형성되지 못하여 현재의 사회복지서비스가 단편적으로 제공되거나 중복 또는 분리되는 경우가 있다.

지역주민의 욕구는 다양하게 폭발적으로 증대하고 있지만 사회복지서비스는 단편적이어서 그 욕구를 충분히 충족시키지 못하고 있다. 서구에서는 이미 사회복지발전과정에서 COS(The Charity Organization Society, 자선조직협회) 등의 단체를 통하여 전문가 단체의 기능과 역할을 조정하고 연계하여 왔다. 우리나라에서도 사회복지협의회, 지역사회복장협의체, 직능단체협회 등 다양한 조정기구들의 관계성을 정립하여 네트워크 구축 개선의 효과적인 지역사회복지서비스를 강화하여야 한다. 지역사회복지서비스 전달체계를 활성화하기 위한 역할은 표 13-4와 같다.

표 13-4. 지역사회복지서비스 전달체계 활성화를 위한 역할

- 공공복지서비스 전달체계는 복지사무소의 도입이 필요하며, 복지사무소에서는 각종 사회복지서비스를 제공하고 사회복지 관련 기관과의 횡적 업무관계를 유지한다. 또한 정부의 지역복지사업을 총괄 운영하는 기구로서의 역할을 한다.
- 민간복지서비스 전달체계는 협의회가 지역사회의 욕구를 파악하고 복지정책을 수립 제안하여 복지기관들의 프로그램을 조정하는 데 있어서 중심적인 역할을 한다.
- 민간기관들과의 연계활동을 활성화하여 유사한 성격의 복지 활동을 전개하는 사회복지기관들의 연계활동이 더욱 강화되어야 한다.

2) 지역사회복지운동의 강화

지역사회복지는 지역주민의 다양한 욕구를 충족하기 위하여 주민들의 자발적이고 적극적인 참여가 필요하다. 우리나라는 지난 60년 동안 절대적 빈곤을 극복하기 위하여 많은 노력을 기울여 경제성장을 이루어 냈지만, 이러한 과정에 성장과 개발에 중점을 두다 보니 지역사회에 다양한 문제가 양산되는 부작용이 나타나고 있다. 이러한 부작용과 역기능 해소를 위한 새로운 패러다임이 이미 다양한 형태로 실험되고 있다. 그 예로 생산과 소비를 자립적으로 유지하고자 하는 생활기능적인 측면에서의 생활협동조합, 생산자협동조합, 의료협동조합, 지역통화운동, 공동육아 등과 문화와 생활에 역점을 두는 복합 기능적 측면인 수돗물 불소화 반대운동, 공동주거(co-housing)운동, 마을만들기 그리고 기타 환경을 강조하는 녹색공원 조성이나 National Trust 등 다양한 운동이 실현되고 있다.

이러한 다양한 측면이 어우러지는 공동체야말로 바람직한 인간공동체라고 할 수 있으며, 자립 지향적이고 공동체 지향적인 생활방식은 타인에 대한 관계를 인식하는 것이고, 공동체의식을 키우는 것이며, 삶을 주체적으로 살아간다는 것을 의미한다. 이렇게 다양한 시도들은 미래사회에 대한 기대이며 희망으로서 정치 · 경제 · 사회 · 환경적으로 지속 가능한 개발의 실현을 위한 지역적 활동이 활발하게 전개되어야 함을 입증하고 있는 것이다.

따라서 민주적인 운영과 합리적인 의사결정 구조, 다양한 조직의 참여, 민 · 관의 공동 협력 등이 기본적으로 전제될 때 효과적인 복지공동체가 구축될 수 있으며, 이는 주민들의 다양한 욕구와 의견이 합리적으로 표출되고, 민주적 과정을 거쳐 결정됨으로써 지역주민의 지지를 받을 수 있다. 또한 지역주민의 적극적인 지지가 다양한 조직의 참여를 이끌어 낼 수 있음은 물론, 민 · 관의 협력을 통하여 상호 간의 장점을 최대화하여 지역공동체를 구축할 수 있도록 노력해야 한다.

3) 다양한 서비스 기관의 출현

우리나라는 1990년대를 전후하여 사회복지 패러다임이 절대적 빈곤을 비롯한 특정 욕구를 가진 지역주민을 보호하기 위한 생활시설에서 전체 지역주민의 삶의 질 강화를 위한 참여 중심의 이용시설로 바뀌고 있으며, 이러한 과정에서 다양한 지역사회복지실천 기관이 설립되었다.

지역사회복지는 지역주민 개개인의 삶의 질을 향상시키고, 공동체의식을 강화하여 사회통합을 추구하는 것을 목표로 하며 이러한 목표를 달성하기 위하여 다양한 활동을 실천하고 있다. 즉, 지역사회복지의 핵심적인 기능인 지역사회보호, 재가복지, 사례관리 등을 실천할 수 있는 지역사회복지관, 노인복지관, 장애인복지관, 지역사회정신건강센터, 지역자활센터, 건강지원센터, 주민자치센터, 다문화센터 등이 빠른 속도로 설립·증설되고 있다. 이러한 기관이 구체적이고 직접적인 서비스를 개별적으로 제공하는 과정에서 서비스의 중복, 제한적 서비스, 근본적 원인 해결 노력 부족이라는 한계를 가지고 있으며 이러한 문제를 해결하여 발전적인 방향으로 전개되는 것이 중요하다.

4) 재원 확보

우리나라의 대표적인 민간모금기관인 사회복지공동모금회는 1971년 발족된 이후 꾸준히 발전하여 왔다. 높아지는 복지욕구를 충족시키기 위한 민간재원의 확보는 우리나라 지역사회복지 분야의 발전과정문화에 기여하였고 지역사회복지에 대한 주민들의 관심과 참여를 유도함으로써 우리사회의 연대와 통합에 기여해 왔다. 또한 지역사회의 복지재원 불균형을 시정하고, 국가복지의 한계와 사각지대를 해소하여 기여하기도 하였다. 하지만 여전히 해결되지 않고 있는 문제가 제기되고 있어, 향후의 발전방향을 모색해 보면 표 13-5와 같다(김성철 외, 2020).

표 13-5. **모금활동의 발전방향**

- 모금의 다변화와 일상화가 이루어져야 한다. 우리나라의 기부참여는 OECD 국가 중에서 여전히 가장 낮은 편에 속해 있고 정기적인 기부보다는 비정기적이고 일회성 기부가 다수를 차지하고 있고, 모금도 주로 연말에 집중되어 있다. 이에 모금방식의 다변화와 일상화로 연중모금이 활성화되어야 하며, 정기기부가 가능할 수 있는 다양한 기부방식을 개발할 필요가 있다.
- 공동모금회의 독립성의 확보가 필요하다. 국가복지정책 방향에 영향을 받을 수밖에 없지만 법적인 보장을 받는 민간모금기관이라는 본질적인 정체성이 훼손되지 않도록 보다 높은 독립성을 확보할 수 있어야 한다.
- 공동모금과 배분과 운영에 있어 전반적으로 투명성과 합리성을 높일 필요가 있다. 공동모금회의 운영 전반에 시민의 참여를 확대함으로써 공동모금에 대한 투명성을 높이고, 기금배분에 있어서 전문가를 비롯한 시민들의 다양한 의견을 수렴할 수 있는 시스템을 확보함으로써 배분의 합리성을 높여야 할 것이다. 더불어 선정된 사업이나 프로그램에 대한 평가도 보다 철저하게 이루어져야 할 것이다.
- 지방지회의 자율성을 높일 필요가 있다. 지역사회의 니즈나 이슈에 보다 빠르고 적극적으로 대응할 수 있는 지방지회에 보다 높은 자율성을 발휘할 수 있도록 공동모금의 구조도 지역중심으로 점차적으로 변화될 필요가 있고 지방지회의 모금활성화를 위한 노력도 병행되어야 할 것이다. 즉, 민간사회복지관 또한 지방자치제도하에 중요한 것은 주민지원이며 사회복지기관이 주민을 위한 주민의 기관이라는 인식을 주민들에게 각인시켜 주어야 하며 공동모금회의 활성화를 중요시해야 한다.

참고문헌

간순옥, 이재연, 정윤옥, 조현철, 한수미(2020). 지역사회복지론. 경기: 양성원.

감정기, 백종만, 김찬우(2011). 지역사회복지론. 경기: 나남출판.

강세현, 서혜전, 오정영, 임원선, 전영록(2020). 인간행동과 사회환경. 경기: 양성원.

강순희, 김연진, 김이영, 김재현, 김중기, 김현실, 배경란, 시옥진, 이용환, 장지현(2022). 영유아발달. 경기: 수양재.

강정한, 김문조, 김종길, 김홍중, 유승호, 하홍규(2013). 현대사회학 이론: 패러다임적 구도와 전환. 서울: 다산출판사.

강지희(2021). 기초자치단체 사회복지전달체계의 개선방안에 관한 연구: 장성군을 중심으로. 조선대학교 정책대학원 석사학위논문.

강철희, 정무성(2006). 지역사회복지실천론. 경기: 나남출판.

강철희, 정무성(2013). 지역사회복지실천론. 경기: 나남출판.

고문익(2021). 한국의 지방소멸위험지수 분석과 시사점. 한국교원대학교 대학원 석사학위논문.

구자헌(1970). 한국사회복지론. 서울: 한국사회복지연구소.

구형수, 김태환, 이승욱, 민범식(2016). 저성장시대의 축소도시 실태와 정책방안 연구. 경기: 국토연구원.

권기헌(2009). 정책학: 현대 정책이론의 창조적 탐색. 서울: 박영사.

권중돈(2004). 노인 학대에 영향을 미치는 요인. 한국노년학, 24(1), 1-19.

권중돈(2004). 노인복지론. 서울: 학지사.

김광희(2011). 지역사회복지론. 경기: 공동체.

김광희(2015). 지역사회복지론. 경기: 공동체.

김규수, 정운석(2001). 민간 사회복지서비스 전달체계에 관한 연구. 사회복지 개발연구원, 27, 439-459.

김동철, 김정원(2016). 사회적기업 성과분석에 관한 연구. Korea Business Review, 20(2), 143-162.

김득영(2006). 日本평생학습도시 프런티어: 평생학습이 국가를 바꾼다. 서울: 학지사.

김만호(2016). 지역사회복지론. 경기: 양성원.

김범수(2003). 기초자치단체 지역사회복지협의회의 이념과 구조. 한국지역사회복지학, 8, 149-162.

김범수, 신원우(2007). **지역사회복지론**. 경기: 공동체.

김범수, 신원우(2014). **지역사회복지론**. 경기: 공동체.

김범수, 신원우(2019). **지역사회복지론**. 경기: 공동체.

김병, 김용준, 박무열, 염동문, 이은정, 이인순, 임성혜(2014). **사회문제론**. 경기: 양서원.

김성철, 이문국, 김정원, 김화신, 모아라, 박경원, 박윤희, 박정하, 염영옥, 오현주, 정종화(2020). **지역사회복지론**. 경기: 양성원.

김영남(2012). 풀뿌리 여성운동을 통해본 여성주의 시민성의 확장에 관한 연구: 대전여민회활동을 중심으로. 성공회대학교 NGO대학원 석사학위논문.

김용환, 김순연, 김영대, 김재경, 신경희, 이덕희(2014). **지역사회복지론**. 서울: 동문사.

김융일, 조흥식, 김영옥(2000). **사회복지실천론**. 서울: 나남출판.

김은아(2007). 지역사회복지 실천가의 경험에 관한 연구: 지역사회네트워크 변화와 실천가의 성장을 중심으로. 서울시립대학교 대학원 석사학위논문.

김종일(2005). **지역사회복지론**. 서울: 현학사.

김종일(2006). **지역사회복지론**. 서울: 청목출판사.

김준기(2006). **한국 사회복지 네트워크의 구성과 효과성**. 서울: 서울대학교 출판부.

김진화(2001). **평생교육 프로그램개발론**. 서울: 교육과학사.

김창기(2005). 지역사회복지협의체 형성 과정에서 로컬 거버넌스 연구: 제천시 지역사회복지협의체를 중심으로. 숭실대학교 대학원 박사학위논문.

김현호, 김형준, 전진호, 한상미(2017). **지역사회복지론**. 경기: 공동체.

김현호, 소재진, 오미희, 유주희, 이영희, 이용환, 이장희, 정명희, 조영선, 주민경(2020). **지역사회복지론**. 경기: 양성원.

김현호, 소재진, 오미희, 유주희, 이영희, 이용환, 정명희, 조영선(2018). **지역사회복지론**. 경기: 양서원.

김형명(2010). 민간 및 공공 부분 고객 관계 관리(CRM)의 성과에 관한 연구. 강원대학교 대학원 박사학위논문.

김형모, 유정원, 이귀애(2009). 지역복지 전달체계 네트워크를 위한 지역사회복지협의체와 지역사회복지협의회의 역할과 과제. **임상사회사업연구**, 6(1), 65-85.

김형수, 양성관, 주익수(2010). **지역사회복지론**. 경기: 학현사.

김효경(2010). 가나안 농군학교의 지역사회복지운동에 관한 연구. 상지대학교 사회복지정책대학원 석사학위논문.

김효섭(2012). 사회적기업과 마을기업 비교연구. 한남대학교 대학원 석사학위논문.

남기민(2005). **현대사회복지학**. 경기: 양서원.

남일재, 문영주(2015). **지역사회복지론**. 경기: 양서원.

남진열, 강세현, 전영록, 유용식(2009). **지역사회복지론**. 경기: 공동체.

남진열, 강세현, 전영록, 유용식(2010). **지역사회복지론**. 경기: 공동체.

노경환(2013). 평생교육 프로그램 기획과정에 관한 연구. 한국교원대학교 교육정책전문대학원 석사학위논문.

노윤석(2003). 지역사회복지 증진을 위한 주민자치센터 역할강화방안: 부산광역시 주민자치센터를 중심으로. 부산대학교 행정대학원 석사학위논문.

박균열(2005). 대북 인도적 지원에 따른 진단과 통일정책을 위한 시사점. **윤리연구**, **58**(1), 313-341.

박기석(2010). 사회복지사의 지역사회복지네트워크에 대한 인식과 태도에 영향을 미치는 요인 연구. 경성대학교 대학원 박사학위논문.

박태영(2008). **지역사회복지론**. 경기: 학현사.

박태영, 채현탁(2014). **지역사회복지**. 경기: 정민사.

박혜숙, 임정희, 성정혜, 신승이, 정정희, 조귀영, 허금희, 허현점(2021). **다문화의 이해와 건강**. 경기: 양성원.

박희석, 정현철(2017). **서울시 비영리스타트업 현황과 청년일자리**. 서울: 서울연구원.

방정은(2013). 지역재생사업에서의 지역사회교육 현상과 특성에 관한 연구: 부산 산복도로 르네상스 사업을 중심으로. 동의대학교 대학원 박사학위논문.

백영균, 박주성, 한승록, 김정겸, 최명숙, 변호승, 박정환, 강신천, 김보경(2010). **유비쿼터스시대의 교육방법 및 교육공학**. 서울: 학지사.

보건복지부(2019). **찾아가는 보건 · 복지서비스 매뉴얼**.

보건복지부(2020). **찾아가는 보건 · 복지서비스 매뉴얼**.

보건복지부(2023). 2023년 지역사회복장협의체 운영안내.

서울특별시(2017). 찾아가는 동주민센터 매뉴얼.

서정창(2001). 지역사회복지실천을 위한 주민자치센터 활용방안에 관한 연구. 세종대학교 행정대학원 석사학위논문.

성낙돈, 김창엽(2013). **평생교육 프로그램 개발론**. 서울: 청목출판사.

신경희(2012). **서울형 마을기업을 통한 지역 공동체 활성화**. 서울: 서울시정개발연구원.

신정헌, 최지원, 이홍범(2013). 네트워크 거버넌스에 관한 연구: 서울시사회복지기관을 중심으로. **한국행정학회**, 12, 440-469.

양옥경, 김정진(2005). **사회복지실천론**. 경기: 나남출판.

양정남, 최선령(2004). **사회복지실천론**. 경기: 양서원.

오정수, 류진석(2013). **지역사회복지론**. 서울: 학지사.

오정수, 류진석(2014). **지역사회복지론**. 서울: 학지사.

오혁진(2007). 학습마을에서의 지역공동체. 이천시 2007주민자치활성화를 통한 학습마을 만들기 세미나 자료집. 51-63. 10월 12일. 이천시 설봉공원내 세계도자센터 세미나실.

원석조(2008). **사회문제론**. 경기: 양서원.

원석조(2014). **사회문제론**. 경기: 양서원.

원아연(2018). 평생교육 프로그램 평가방법의 유효성에 대한 연구: 평가설문지를 중심으로. 서강대학교 교육대학원 석사학위논문.

유귀옥(2000). 지역사회개발의 자조적 접근과 자기주도학습. **지역사회개발과 사회교육**. 서울: 교육과학사.

유란희(2018). 네트워크 거버넌스 유형과 효과성에 대한 연구. **지방정부연구**, 22(2), 147-172.

유영란(2015). 풀뿌리단체와 지역사회복지관의 주민조직화에 관한 비교 연구. 부산대학교 행정대학원 석사학위논문.

유정용(2022). 마을기업의 사회적 가치 요인 개발에 관한 연구. 부산대학교 대학원 석사학위논문.

이경은, 장덕희, 김휘연, 문도원, 이마리아(2016). **지역사회복지론**. 서울: 학지사.

이경은, 정송화, 하나영(2022). **지역사회복지론: 공동체 만들기 지침서**. 경기: 양성원.

이광혁(2019). 노인의 지역사회만족도 예측요인에 관한 연구: 생태체계이론을 중심으로. 경희대학교 동서의학대학원 석사학위논문.

이기원, 정혜선, 남미애, 전영신, 임채윤, 오함초롬(2023). **인간행동과 사회환경**. 경기: 양성원.

이기원, 헌형렬, 정예진, 김정숙, 김미경, 황세연(2022). **평생교육경영론**. 경기: 양성원.

이도희(2012). 사회적기업 관련 제도 고찰. **경영경제연구**, 35(1), 109-138.

이마리아(2007). 사회복지관의 지역사회조직화에 영향을 미치는 변인에 관한 연구. 서울여자대학교 일반대학원 석사학위논문.

이명진, 천희주(2018). 사회적기업의 지역사회 내 사회적 가치 평가에 관한 탐색적 연구. **노동연구**, 36, 115-142.

이복희, 유인숙(2020). **평생교육 프로그램개발론**. 경기: 양성원.

이상민(1998). 한국과 일본생활 협동조합의 형성과정에 관한 비교연구. 중앙대학교 대학원 석사학위논문.

이선영(2004). 생태체계관점에서 본 정신장애인 삶의 질 영향요인 연구. 서울여자대학교 대학원 박사학위논문.

이신주, 김대라, 김민경, 김태경, 이자현, 이정아(2021). **영유아프로그램 개발과 평가**. 경기: 양성원.

이영자, 박미라, 정주원, 최경애, 오애순(2017). **영유아프로그램 개발과 평가**. 경기: 양서원.

이은영(2012). 주민참여형 마을만들기를 통한 도시어메니티 창출의 바람직한 발전방향모색. 영남대학교 대학원 석사학위논문.

이재완(2005). 지역복지 연계협력(네트워크)체계 구축에 관한 연구. **한국사회복지행정학회 학술대회자료집**, 10, 73-90.

이재완, 김승용(2012). 지역사회복지협의체에 대한 비판적 검토: 조직, 인력, 사업, 재정의 지역별 비교를 중심으로. **비판사회정책**, 34, 195-236.

이주헌, 박치성(2010). 지역사회서비스 전달 네트워크 거버넌스 유형에 대한 탐색적 연구: 서울시 자치구를 중심으로. **한국행정학보**, 44(3), 1-35.

이태희, 나혜숙, 백창환, 신민정(2018). **지역사회복지론**. 경기: 지식공동체.

이태희, 전태숙(2010). **지역사회복지론**. 서울: 창지사.

이태희, 전태숙, 승금희(2014). **지역사회복지론**. 서울: 창지사.

이해주, 최운식, 권두승(2009). **평생교육 프로그램 개발**. 서울: 한국방송통신대학교 출판부.

이호(2005). 풀뿌리운동과 지역정치운동. **도시와 빈곤**, 74, 92-114.

이희완(2013). 우리나라 사회적협동조합의 제도적 특성과 과제. **제도와 경제**, 7(2), 205-225.

장윤재(2016). 경제양극화 극복을 위한 화해의 선교. **대학과 선교**, 31, 73-106.

전용준(2022). 사회복지전담공무원의 민관협력 인식이 읍면동 찾아가는 보건 · 복지서비스 성과에 미치는 영향: 조직사회자본의 조절효과를 중심으로. 계명대학교 대학원 석사학위논문.

전우일(2020). 네트워크 거버넌스 수준에 영향을 미치는 요인에 관한 연구. 숭실대학교 대학원 박사학위논문.

전형수(2012). 협동조합기본법에서 본 사회적협동조합의 문제점. **한국협동조합연구**, 30(1), 61-78.

정남숙(2014). 노인 여가복지서비스의 지역사회 네트워크 활성화에 관한 연구: 서대문구 노인여가복지시설을 중심으로. 명지대학교 대학원 박사학위논문.

정승환(2017). 사회교환이론과 사회적 자본을 통한 온라인 환경에서의 사회적 지식공유에 대한

논의: 게임이론과 행위자기반모형을 적용하여. 한양대학교 대학원 박사학위논문.
정정길, 최종원, 이시원, 정준금(2005). **정책학원론**. 서울: 대명출판사.
정지웅, 이성우, 정득진, 고순철(2001). **지역사회학**. 서울: 서울대학교 출판부.
조영복(2011). 한국의 사회적기업 육성모델과 국제비교. **사회적기업연구, 4**(1), 81-103.
조영복, 하태영(2016). 일터영성이 직무열의와 갈등해소에 미치는 영향에 관한 연구: 사회적 경제 조직의 마을기업을 중심으로. **사회적기업연구, 9**(1), 99-126.
조창빈(2014). 장애인 평생교육 여가활동 프로그램 기획과정 분석. 단국대학교 대학원 석사학위 논문.
조추용, 김양이, 송미영, 전영록, 신재명(2015). **지역사회복지론**. 서울: 창지사.
조흥식, 오승환, 박현선, 공계순, 신영화, 우국희(2000). **사회복지실천분야론**. 서울: 학지사.
조희연(1998). **한국의 민주주의와 사회운동**. 서울: 당대.
진희선(2013). 한국 사회적기업에서의 사회적 가치와 그 구성요소에 대한 논의. **윤리연구, 91**, 127-167.
차갑부(2014). **평생교육론**. 경기: 교육과학사.
차소영(2007). 노인복지실천의 개입방법과 사례. 청주대학교 대학원 석사학위논문.
최선화, 박광준, 황성철, 안홍순, 홍봉선(2014). **사회문제와 사회복지**. 경기: 양서원.
최옥채(2001). **지역사회실천론**. 서울: 아시아미디어리서치.
최옥채(2005). **지역사회실천론**. 서울: 아시아미디어리서치.
최일섭, 류진석(2003). **지역사회복지론**. 서울: 서울대학교 출판부.
최일섭, 이현주(2006). **지역사회복지론**. 서울: 서울대학교 출판부.
하승수(2006). 왜 풀뿌리운동이 희망인가? **도시와 빈곤, 82**, 103-122.
한국고용정보원(2018). 한국의 지방소멸 2018 보고서.
한국사회복지협의회(2012). 지역사회복지 네트워크 모델 구축 연구. **사회복지연구, 7**, 1-19.
한국사회적기업진흥원(2019). 한 손에 잡히는 사회적기업.
한국사회적기업진흥원(2022). 사회적 가치 이슈페이퍼.
행정안전부(2020). 자원봉사 활성화를 위한 자원봉사센터 운영지침.
행정안전부(2022). 2022년 마을기업 육성사업 시행지침.
행정안전부, (재)한국중앙자원봉사센터(2020). 2020년 자원봉사센터 현황(통계편).
황철수, 류기덕, 류성봉, 백혜영, 임구원, 전대성(2011). **지역사회복지론**. 경기: 정민사.

Agranoff, R. (1991). Human services integration: Past and present challenges in public administration. *Public Administration Review, 51,* 533-542.

Alter, S. K. (2007). *Social enterprise Typology.* Virtue Venture LLC.

Anderson, R. & Carter, I. (1990). *Human behavior in the social environment: A social systems approach.* New York: Aldine DeGruyter.

Berk, L. E. (2000). *Child development* (5th ed.). Boston, MA: Allyn & Bacon.

Bertalanffy, L. V. (1969). *General System theory: Foundations, Development, Applications.* New York: George Braziller Inc.

Boone. E. J. (1985). *Developing Programs in Adult Education.* Englewood Cliffs. N.J.: Prentice-Hall. Inc.

Brager G., & Specht, H. (1973). *Community Organizing.* New York: Columbia University Press.

Bronfenbrenner, U. (1979). *The ecology of human development: Experiments by nature and design.* Cambridge, Mass: Harvard University Press.

Bronfenbrenner, U. (1994). Ecological models of human development. *International Encyclopedia of Education, 3*(2), 37-43.

Brueggemann, W. G. (2006). *The practice of macro social work* (3rd ed.). Belmont, CA: Thomson Brooks/Cole.

Dahrendorf, R. (1959). *Class and Class Conflict in Industrial Society.* Stanford, CA: Stanford University Press.

Defourny, J. (2001). Introductions: form third sector to social enterprise. In Borzaga, C & Deforurny, J. (eds.), *The emergence of social enterprise.* London, New York: Routledge.

Dunham, A. (1970). *The New Community Organization.* New York: Thomas Y. Crowell Co.

Ertmer, P. A., & Newby, T. J. (1993). Behaviorism, cognitivism, constructivism: Comparing critical features from an instructional design perspective. *Performance improvement quarterly, 6*(4), 50-72. doi:10.1111/j.1937-8327.1993.tb00605.x

Germain, C. B. (1973). An Ecological Perspective in Casework Practice. *Social Casework, 54*(6), 323-330.

Goldsmith, S., & Eggers, W. D. (2004). *Governing by Network: The New Shape of the Public Sector.* Washington D.C.: Brookings Institution Press.

Hardcastle, D. A., Powers, P. R., & Wenocur, S. (1997). *Community Practice: Theories and Skills for Social Workers.* New York: Oxford University Press.

Hardina, D. (2002). *Analytical Skills for Community Organization Practice.* New York: Columbia University Press.

Harper, E. B., & Dunham, A. (1959). *Community Organizing in Action: Basic Literature and Critical Comment.* New York: Accociation Press.

Johns, R., & Demarche, D. F. (1951). *Community Organization and Agency Responsibility.* New York: Association Press.

Kenis, P. N., & Provan, K. G. (2009). Towards an exogenous theory of public network performance. *Public Administration, 87*(3), 440-456. https://doi.org/10.1111/j.1467-9299.2009.01775.x.

Kitkert, J., Klijn. E., & Koopenjan, J. (1997). *Managing Complex Networks: Strategies for the Public Sector.* London: Sage Publications.

Klijin et al. (2010). The Impact of Network Management on Outcomes in Governance Networks. *Public Administration, 88*(4), 1063-1082.

Levi-Strauss, C. (1969). *The elementary structures of kinship.* Boston: Beacon Press.

Lindeman, E. Co. (1921). *The Community.* New York: Association Press.

Marx, K., Engels, F., & Stedman, J. G. (2002). *The Communist manifesto.* London: Penguin Books(원저출간: 1848).

Mattessich, P., & Monsey, B. (1997). *Community building: What makes it work.* Saint paul: Amherst H. Wilder foundation.

McMillan, D. W., & Chavis, D. M. (1986). Sense of community: A definition and theory. *Journal of Community Psychology, 14*(1), 6-23.

McNeil, C. (1954). Community Organization for Social Welfare. *Social Work: Year Book.* New York: American Association of Social Workers.

Mooney, L. A., Knox, D. & Schacht, C. (2002). *Understanding Social Problems* (3rd ed). Belmont, CA: Cengage Learning.

Moore, A. B., & Brooks, R. (2001). Learning communities and community development: Describing the process. *Learning Communities, 1*, 1-15.

Netting, F. E., Kettner, P. M., & McMurtry, S. L. (1997). *Social work macro practice.* New York: Longman.

Perlman, H. H. (1957). *Social Casework: A Problem-Solving Process.* Chicago: The Univ. of Chicago Press.

Perlman, R., & Gurin, A. (1972). *Community Organization on Social Planning.* New York: John Wiley & Sons.

Perlman, R., & Gurin. A. (1975). *Community Organization and Social planning.* New York: John Wiley & Sons.

Pincus, A., & Minahan, A. (1973). *Social Work Practice: Model and Method.* Itasca, IL: Peacock.

Popple, K. (1996). Community Work: British Models. *Journal of Community Practice, 3,* 3-4.

Provan, K. K., & Kenis, P. (2008). Modes of Network Governance: Structure, Management, and Effectiveness. *Journal of Public Administration Research and Theory, 18*(2), 229-252.

Reed, B. G. (2005). Theorizing in Community Practice: Essential Tools for Building Community, Promoting Social Justice, and Implementing Social Change. In M. Weil (Ed.), *The Handbook of Community Practice* (pp.84-102). Thousand Oaks, Calif: Sage Publications.

Ross, M. G. (1955). *Community Organizing: Theory and principles.* New York: Harper and Brothers.

Ross, M. G. (1967). *Community Organization: Theory and Principles and Practice*(2nd ed.). New York: Harper & Row.

Rothman, J. (1974). Three Models of community organization practice. In Fred M., Cox, et al. (eds.). *Strategies of Community Organization: A Book of Readings.* Itasca, Ill.: F.E. Reacock Publishers.

Rubin, H. J. & Rubin, I. S. (1986). *Community Organizing and Development.* Toronto: Merrill Publishing Company.

Rubin, H. J. & Rubin, I. S. (2008). *Community Organizing and Development.* Boston: Pearson.

Saleebey, D. (2005). The strengths perspective: Principles and practices. In B Compton, B. Galaway & B. Cournoyer (Eds.), *Social work processes* (6th ed.). Belmont: Brooks/Cole Publishing Company.

Sheafor, B. W., Charles, R., Horejsi., & Gloria, A. H. (1999). *Techniques and Guidelines for Social Work Practice* (4th ed.). Boston: Allyn and Bacon.

Simmel, G. (1978). *The philosophy of money,* (trans. T. Bottomore & D. Frisby). London: Routledge & Kegan Paul(원저출간: 1907).

Smith, W. K., Besharow, M. L., Wessels, A. K., & Chertok, M. (2012). A Paradoxical

Leadership Model for Social Entrepreneurs: Challenges, Leadership Skills, and Pedagogical Tools for Managing Social and Commercial Demands. *Academy of Management Learning & Education, 11*(3), 463-478.

Taylor, S. H., & Roberts, R. W. (1985). *Theory and Practice of Community Social Work.* New York: Columbia University Press.

Tilburg, E. V., & Moore, A. B. (1989). Education for rural adults. In Sharan B. Merriam and Phyllis M. Cunningham (Eds.), *Handbook of adult and continuing education* (pp. 537-549). San Francisco: Jossey-Bass.

Turner, J. H. (2001). **현대 사회학 이론(6판)**. [Contemporary sociological throry] (정태환, 한상근, 정일준, 김윤태, 송영민 역). 서울: 나남출판(원저출간: 1997).

Warren, Roland L. (1963). *The Community in America.* Chicago: Rand McNally & Co.

Watson, J. B. (1913). Psychology as the behaviorist views it. *Psychological review, 20*(2), 158-177. http://dx.doi.org/10.1037/h0074428.

Weil, M. O., & Gamble, D. N. (1995). Community practice models. In R. L. Edwards(Ed.), *Encyclopedia of social work* (19th ed., Vol. 1, pp. 577-594). Washington, DC: NASW Press.

찾아보기

저자 소개

■ 서민호

대구한의대학교 대학원 사회복지학박사
현, 영남외국어대학교 사회복지과 교수
〈저서〉
사회복지실천기술론, 사회복지학개론,
인간행동과 사회환경, 정신건강론 외

■ 김송고

동국대학교 사회복지학석사
대구대학교 일반대학원 철학박사(사회복지정책 전공)
현, 포항대학교 사회복지과 겸임교수
〈저서〉
노인복지론 외

■ 김수림

백석대학교 사회복지학박사
현, 세경대학교 사회복지과 교수
〈저서〉
사회복지윤리와 철학, 장애인복지론 외

■ 김영일

청주대학교 대학원 경영학박사
현, 강동대학교 창업경영과 교수
〈저서〉
사회복지실천론, 경영학원론 외

■ 김현경

연세대학교 대학원 철학박사
현, 경민대학교 자율전공학부 사회복지전공 교수
〈저서〉
사회복지학개론, 사회복지와 인권, 사회문제론 외

■ 백민수

연세대학교 경영학과 석사
대구대학교 사회복지대학원 석사과정 수료
현, 구미대학교 사회복지과 교수
〈저서〉
아동권리와 복지 외

■ 윤명길

서울신학대학교 일반대학원 사회복지학박사
현, 강동대학교 사회복지과 겸임교수
〈저서〉
사회복지법제와 실천, 사회문제론,
사회복지와 문화다양성, 빈곤이해의 기초 외

■ 전대성

단국대학교 대학원 행정학박사
현, 경북전문대학교 사회복지과 교수
〈저서〉
사회복지학개론, 사회복지윤리와 철학,
사회복지실천론 외

지역사회복지론

1판 1쇄 인쇄 — 2023년 8월 14일
1판 1쇄 발행 — 2023년 8월 18일

저　　자 - 서민호 김송고 김수림 김영일 김현경 백민수 윤명길 전대성
발 행 인 - 강철원
발 행 처 - 양성원
주　　소 - 경기도 파주시 검산로 173번길 29-12
전　　화 - 031-946-3861(代)
팩　　스 - 031-946-3864
이 메 일 - tnwpub@naver.com
홈페이지 - tnwpub.co.kr
출판등록 - 2015년 8월 31일 제 2015-000211 호

ISBN 979-11-6126-549-0

정가 22,000원